Miss Dior

A STORY OF COURAGE AND COUTURE

迪奥小姐

时 尚 王 国 背 后 的 先 锋 女 性

[英]贾斯迪妮·皮卡蒂/著 邓悦现/译

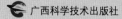 广西科学技术出版社

著作权合同登记号　桂图登字：20-2021-265号

图书在版编目（CIP）数据

迪奥小姐：时尚王国背后的先锋女性 / (英) 贾斯迪妮·皮卡蒂 (Justine Picardie) 著；邓悦现译. —南宁：广西科学技术出版社，2023.11
ISBN 978-7-5551-1972-2

Ⅰ．①迪… Ⅱ．①贾… ②邓… Ⅲ．①卡特琳娜·迪奥—传记 Ⅳ．①K835.655.7

中国国家版本馆CIP数据核字（2023）第105014号

DI'AO XIAOJIE: SHISHANG WANGGUO BEIHOU DE XIANFENG NÜXING

迪奥小姐：时尚王国背后的先锋女性

[英]贾斯迪妮·皮卡蒂　著　　邓悦现　译

策划编辑：刘　洋　　　　　　　　责任编辑：冯　兰
版权编辑：尹维娜　　　　　　　　责任印制：高定军
责任校对：冯　靖　　　　　　　　协助编校：陈　阳
装帧设计：古涧千溪

出版人：梁　志　　　　　　　　　出版发行：广西科学技术出版社
社　　址：广西南宁市青秀区东葛路66号　　邮政编码：530023
电　　话：010-65136068-800（北京）　　0771-5845660（南宁）
传　　真：0771-5878485（南宁）

经　　销：全国各地新华书店
印　　刷：雅迪云印（天津）科技有限公司　　邮政编码：301505
地　　址：天津市宁河区现代产业区健捷路5号
开　　本：710mm×980mm　　1/16
字　　数：366千字　　　　　　　　　　　印　　张：27.5
版　　次：2023年11月第1版　　　　　　　印　　次：2023年11月第1次印刷
书　　号：ISBN978-7-5551-1972-2
定　　价：168.00元

献给我的丈夫菲利普

四年来，

我们持续工作，不断探索，

就像炼金术士追寻魔法石一样。

随后，"迪奥小姐"（Miss Dior）诞生了……

正如你所知道的，

对于一款要传世的香水来说，

它首先必须能在创造者自己的

心中留存很长时间。

——克里斯汀·迪奥（Christian Dior）

目　录

走进玫瑰园　*001*

迷宫花园　*007*

镜中世界　*027*

阴影之地　*049*

皇家街　*065*

庞贝街　*091*

黑暗降临　*111*

深　渊　*125*

地下世界　*159*

回　家　*183*

玻璃宫殿　*209*

魔法思维　*235*

新风貌　*259*

烬中重生　*285*

花之少女　*307*

迪奥公主　*319*

表明立场　*351*

墨山城堡　*367*

没有不带刺的玫瑰　*389*

致　谢　*399*

引用来源说明　*402*

参考书目　*417*

图片版权　*422*

卡特琳娜·迪奥（Catherine Dior）在她位于普罗旺斯的花园里。

走进玫瑰园

这是关于一个幽灵的故事。她在初夏一个阳光明媚的星期天早上，走进了我的生活，无论我有时多么希望能摆脱她，她都不曾离开我。她的名字叫卡特琳娜·迪奥。当时，我正在普罗旺斯乡村的山间，漫步于她哥哥克里斯汀改造的景色优美的墨山城堡之间。卡特琳娜生前时常来到这里。1957年，52岁的克里斯汀因心脏病突发猝死之后，她还曾在这里小住过一段时间。

克里斯汀出生于1905年，是一个富裕家庭的二儿子。卡特琳娜出生于1917年，比克里斯汀小12岁，是五个孩子中最小的一个。在她出生后不久，他们的大哥雷蒙德·迪奥（Raymond Dior）就前往法国军队服役，加入了第一次世界大战。但是在墨山城堡那迷人的一天中，我完全没有去想战争，而是完全沉醉于精致美丽的建筑与园林之中。克里斯汀·迪奥在1946年创建了自己的品牌并大获成功，随后在1951年用品牌的收益购置并修复了这处宅院。

1947年2月12日，克里斯汀·迪奥的处女作系列于巴黎展出，并被《哈泼芭莎》（*Harper's Bazaar*）的编辑（我也曾有幸担任这一职务）卡梅尔·斯诺（Carmel Snow）命名为"新风貌"（New Look）。尽管该系列被赋予了这样一个名字，但它更多的还是对"美好年代"（Belle Époque），也就是一战前那段黄金岁月充满了怀恋之情的重新想象。那时，克里斯汀正处于童年时代，在诺曼底海滨小城格兰维尔（Granville）的迪奥家族中安然成长。正是母亲玛德莱娜当时所穿的那浪漫的曳地长裙激发了克里斯汀的灵感，让他以束腰上衣和美丽的大裙摆打造出沙漏般的廓形。克里斯汀在巴黎高级定制沙龙中呈现出"花漾女性"的概念，与之呼应的是他母亲对园艺的热爱。玛德莱娜在这方面的激情，完全体现在她在格兰维尔建立的广阔花园之中。这座花园如同一个关于希望和欲望的奇迹，建立在一块岩石上，俯瞰着几百英尺（1 英尺合 0.3048 米）下翻腾的大海。而她又把这种激情传递给了克里斯汀和卡特琳娜。

玛德莱娜的丈夫莫里斯·迪奥（Maurice Dior）继承了家族的化肥产业。在风向不佳的日子里，他那座工厂产出的臭气会在镇上四处飘荡，不过倒是很少能飘到他们家的别墅——勒伦布（Les Rhumbs）那么远。尽管化肥产业声名不佳，但它还是为玛德莱娜在贫瘠的悬崖顶上所创造的园林奇迹提供了经济保障：在那里，耐寒的针叶树严严实实地遮蔽住娇贵的花坛，使其免受盐碱风暴的侵袭；而在花园的中心，则绽放着（现在仍然还有）美丽的玫瑰。

在墨山城堡，也随处可见盛开的玫瑰：它们蔓延在花架上，攀爬上外墙，卷曲的枝蔓轻轻地敲打着窗户。在花卉图案的壁纸和家具的印花棉布之上，也随处可见玫瑰的身影。而在阳台和花坛之外，还有一大片长满了玫瑰的草地；至今，工人们依然会采集它们的花朵（按照克里斯汀·迪奥最初的规划种下这片玫瑰之后就一直如此），作为迪奥香水的基本原料。在迪奥的众多香水中，最早的也是最贴近克里斯汀内心的那款，是与"新风貌"系列一起推出的，并以他深爱的妹妹卡特琳娜来命名的——迪奥小姐。

卡特琳娜比她哥哥多活了 50 年，于 2008 年 6 月在邻近墨山城堡的卡利安村（Callian）的家中去世。她在那里也遍植玫瑰，既是为了取悦自己，也是为了供给位于不远处格拉斯小镇上的迪奥香水工厂，蒸馏成香精。在她哥哥的一生中，她一直扮演着一位忠诚而满怀爱意的妹妹。在他去世后，她也依然如此，用各种方式保护和发扬他的遗产，比如一直大力支持在格兰维尔建立的克里斯汀·迪奥博物馆。

然而，克里斯汀已经成为世界上最著名的法国人之一，声名甚至与戴高乐并驾齐驱，但卡特琳娜·迪奥的故事却从未为人所熟知。在我第一次造访墨山城堡之前，我仅仅是从迪奥档案馆中了解了一些她的生平：她在20世纪30年代末和克里斯汀一起住在巴黎，战争期间则与他在卡利安市郊共有一个小农场，他们在那里种植蔬菜、玫瑰和茉莉花。随后她加入了法国抵抗运动（二战期间法国人民抗击纳粹德国对法国的占领和卖国的维希政权的运动），被盖世太保逮捕后驱逐到专门关押和处决女性囚犯的拉文斯布吕克（Ravensbrück）集中营。

就在那个周日的上午，迪奥档案馆的一位工作人员文森特·勒雷（Vincent Leret）来与我碰面，讨论是否可以为克里斯汀·迪奥写一本新传记。然而在我们谈话的时候，我发现自己问他的问题中很多都是关于神秘的卡特琳娜的。人们似乎很少提及她参与抵抗运动的事迹以及她在德国的经历。在加入巴黎迪奥档案馆之前，文森特曾在格兰维尔的博物馆工作，并且认识卡特琳娜本人——只要他有什么关于她哥哥的问题，他就会给她写信。但她从未提及自己在战争期间的经历。文森特说，他觉得强迫她谈论这个话题不太礼貌。至于其他讲述过克里斯汀·迪奥生平故事的人，则很少对卡特琳娜特别感兴趣，甚至都不知道她曾被驱逐到拉文斯布吕克集中营。这就好像属于高级时装的密闭世界从来没有关心过卡特琳娜·迪奥的存在一样，对她所经受过的痛苦也置若罔闻，甚至并不在乎她的经历是否影响了她哥哥那堪称传奇的时尚观念和其中所展现出的女性精神。

我记了一些笔记，然后步行到那片种满玫瑰的草地上。伴随着鸟鸣和蜜蜂的欢歌，蝴蝶在花瓣周围翩翩起舞，一切都沐浴在柔和的阳光之中，平静而祥和。然而我站在那里，满心希望我能早十年在卡特琳娜去世之前与她相识。就是在那时，就在那一瞬间，我的心里悄悄种下了一颗种子，那是一种痴迷、一种渴望：我想讲述这个沉默的女人，以及她那些不知名的同伴的故事。她们从拉文斯布吕克集中营幸存下来，回到了法国。但是在这个国度里，她们的许多同胞却宁愿忘记战争年代的遭遇和国土沦陷的耻辱。

我不曾听到卡特琳娜的声音，那片蓝天也并未向我打开。但是在玫瑰的芬芳中，似乎萦绕着一个问题：人们是否意识到，第二次世界大战留下的灰烬中也曾有过这般美丽的风景？如果是的话，那么卡特琳娜·迪奥又能给今天的我们带来什么样的启示？即使她对此，一直什么也没有说。

30 岁的卡特琳娜·迪奥，1947年。

迪奥一家在花园里，约 1920 年。
卡特琳娜坐在正中间，两边是她的父母。他们的身后从左到右，
分别是克里斯汀、杰奎琳、伯纳德和雷蒙德。

迷宫花园

　　时值盛夏，一场细雨洒落在勒伦布别墅花园的玫瑰丛中。海面上雾气升腾起来，遮掩了别墅清晰的轮廓。这座建于 19 世纪晚期的巨大别墅，坐落在诺曼底地区小镇格兰维尔的高处，俯瞰着英吉利海峡，正是克里斯汀·迪奥从小长大的地方。这里现在已成为珍藏迪奥先生遗产的博物馆，而他母亲打造的花园则作为公园对外开放。今天早上的天气湿漉漉的，博物馆里显得格外安静，不过还是来了几十名观看新展览的游客。这场献给摩纳哥的格蕾丝王妃的展览，展出了克里斯汀·迪奥先生为她设计的一系列华服。

　　我刚刚参观过导览，展览的各个章节被安排在不同的房间里。想到在 20 世纪早期，迪奥家族的人们曾在这些房间中居住，我不禁感受到一丝时空的模糊。这一刻，我正欣赏着 20 世纪 50 年代格蕾丝王妃的服饰，而那些循环播放的影片中她所身着的礼服，如今却被沉寂地展示在玻璃橱窗里。与此同时，我也在搜寻这座建筑的角角落落，试图找到卡特琳娜·迪奥曾在这里生活过的一丝痕迹。在影片中，这位已故的王妃从摩纳哥的宫殿之中走来，冲着屏幕外面挥手，就像是一则童话故事的女主角一样，但我丝毫不想被她遗留下来的影像或是绫罗绸缎的服装所干扰。

　　我想要的是发掘一个更早的时代，卡特琳娜的孩提时代。在诸多历史文献中，她似乎都是缺席的，但在她曾居住的小小卧室中，有一小段文字向我们描述了她在克里斯汀·迪奥的故事中所扮演的角色：卡特琳娜是克里斯汀最喜欢的妹妹，因此在 1947 年，他将自己推出的第一款香水命名为"迪奥小姐"，并将之描述为"爱的芬芳"。这么看来，我应该喷上这款香水再来造访格兰维尔。在香水的专业术语中，这款香水原始的配方被分类为"绿色西普香调"（Green Chypre），混合了白松香（一种具有独特气味的植物树脂）、佛手柑、广藿香和橡树的复杂香调，此外还带有茉莉和玫瑰的一丝暖意。站在卡特琳娜的卧室里，有那么一瞬间，我突然感知到了这种绝不会弄错的香气。它不是来自我自己的身上，而是来自某个看不见的源头……也许来自隔壁展厅克里斯汀·迪奥送给格蕾丝王妃的那一大瓶香水？

勒伦布别墅的所有房间都没有家具，里面只有博物馆的陈列柜，用来展示艺术品、手稿和照片，而现在，这些陈列柜里展出的一切都与格蕾丝王妃的服饰有关。这些展品看起来难免令人心酸，尤其是看见那条轻盈的白色迪奥高级定制礼服裙时——1956 年格蕾丝·凯利（Grace Kelly）在与雷尼尔王子（Prince Ranier）的订婚舞会上穿着它，而她对自己早夭的命运毫无觉察。勒伦布别墅见证了一段更为古老的往事：20 世纪初，莫里斯和玛德莱娜·迪奥（Madeleine Dior）搬来这里，抚养大了他们的五个孩子。1898年，他们缔结婚姻之时，玛德莱娜还是个美丽的 19 岁少女。而 26 岁的莫里斯·迪奥，则已经是个野心勃勃的年轻人，一心想要扩张他祖父创建于 1832年的化肥产业。1905 年，莫里斯和他的表弟卢西恩共同经营着这份欣欣向荣的家业，商业的成功也带来了社会地位的提升。卢西恩·迪奥（Lucien Dior）成了一名政客，直到 1932 年去世之前一直是一名议会议员。而在他的妻子夏洛特和玛德莱娜之间，一种攀比的心态却悄然而生：她俩争着成为这个当地首富之家中打扮最时髦的女主人。

我随身带着我那本破旧的平装本的克里斯汀·迪奥回忆录，书中有他对勒伦布的回忆，而这座建筑看起来正如他所描述的那样："用粗灰泥涂成非常柔嫩的粉色，混合着灰色砾石……这一直是我最喜欢的两种衣服颜色。"但他在书中极尽细节所描绘的精美内饰已经尽数消失了，其他所有在克里斯汀的记忆中历历在目的装饰也都消失了。我多次反复阅读他的回忆录，但不知道为什么，直到这一刻才意识到他从未提及他兄弟姐妹的名字。实际上，他只提到过他的弟弟，而那也只是寥寥数语。除此之外，他的话里话外就只有他最爱的卡特琳娜了，就好像雷蒙德和杰奎琳不存在一样。然而在博物馆的入口大厅，还是放了一张兄弟姐妹聚在一起的家庭照：长兄雷蒙德，出生于1899年10月27日；然后是克里斯汀，出生于1905年1月21日（同年，他父亲买下了勒伦布别墅）；随后是出生于1908年6月20日的杰奎琳、出生于1910年10月27日的伯纳德，以及出生于1917年8月2日的小妹妹卡特琳娜。

勒伦布别墅坐落于一处风景雄奇之地，高高地屹立在花岗岩上，正对着一片壮丽的海湾景色。这座别墅的建造者是个船主，而它的名字也来自航海术语，指的是指南针表面的点，通常被称为"罗盘玫瑰"（rose of the winds），而这座别墅早先的马赛克地板上，也有着这种来自指南针上的图案。今天，天空是柔和的灰色——那种属于迪奥的灰色，大海在视野的尽头汇入地平线。参观完展览后，我获允在迪奥家孩子们的游戏室里面写作。游戏室位于花园之中，距离别墅有点距离，隐藏在小路的尽头，从外面很难看见。然而一旦进入室内，从窗户里往外看，则是一番出乎意料的景象。房间的两侧都装上了玻璃，看起来像是建在一个陡坡上，下面是嶙峋的岩石。潮水已经退去，裸露出一大片沙滩。海滩空无一人，海鸥飞过头顶，忧郁的叫声在海浪中呼啸而过。

勒伦布别墅，迪奥家宅，位于格兰维尔，诺曼底海岸。

这番风光，是如何塑造了迪奥家孩子们的希望和梦想？显然，这至少深刻影响了克里斯汀·迪奥的想法。1956年，也就是他突然去世的前一年，他在回忆录中写道："我们在格兰维尔的房子，就跟所有上世纪末修建的盎格鲁-诺曼式建筑一样，难看至极。然而每当我回想起它，心中依然充满了柔情和赞叹。从某种意义上说，我的全部人生都受到了这座建筑和周边环境的影响。"

克里斯汀最早的记忆都根植于勒伦布别墅，这里一直是迪奥一家的住所，时不时他们还会去巴黎住上一阵子。1911年，莫里斯·迪奥在巴黎最豪奢的16区买了一套公寓。不过一战期间，他们全家都住在格兰维尔。1919年战争结束后，他们回到巴黎，在附近的路易-大卫街（Rue Louis-David）买了套更大的公寓。克里斯汀就在这附近的杰尔松中学（Lycée Gerson）读书。与此同时，卡特琳娜在家里接受家庭教师的教育，并在格兰维尔的一所女子学校上学。迪奥档案馆里藏有几张珍贵的照片，照片里她还是个孩子，正在海滩上玩耍。当然，她全力支持把勒伦布别墅改造为博物馆的计划，并于1997年亲自出席了博物馆的开幕仪式。从1999年直到去世之前，她都一直担任名誉馆长。也正是得益于她的回忆，花园被复原成了最初的模样，就像他们的母亲当年设计的那样，别墅入口处的温室里栽上了棕榈树和蕨类植物。卡特琳娜一直与博物馆的策展人保持着通信，告诉他们关于花园中植物的种种细节。她还记得这里曾如同一座"青翠的堡垒"，高大的树墙紧紧扎根在岬角之上，挡住了呼啸的海风。她回忆说，她的哥哥克里斯汀曾精心栽培玫瑰、金银花和紫藤，让它们攀爬上白色的木质藤架；他们还曾一起观赏池塘里的金鱼在睡莲下游动。至于他们的母亲，卡特琳娜称她为"一位杰出的植物学家"，对格兰维尔的气候和土壤了如指掌。尽管玛德莱娜·迪奥对孩子们管教很严格，卡特琳娜的回忆中还是提到一个有趣的细节：他们的母亲曾"睁一只眼闭一只眼",默许他们自由创造了两个花坛,一个是老虎形状的,另一个是蝴蝶形状的。

克里斯汀所留存下来的笔记,也证实了这片独特地貌如何唤起人们强烈的情感反应,并带来深刻的影响。正如他在回忆录中所描述的那样,这些年轻的树木"跟我一起长大,抵御着狂风和巨浪。这不仅仅是个比喻,我们的花园就坐落在大海之上,透过栏杆就能看见海面,因此也直面着海上无常的天气,就如同我这一生中所遭遇的惊涛骇浪……光靠花园的围墙是远远不够的,就如同我童年所受到的保护,也并不足以抵御暴风雨的侵袭"。

这座建筑已经毗邻法国国界,位于大海与陆地的交界处。原有的铁栏杆和石墙仍然护卫着花园,尽管它们的高度不足以完全阻隔隔壁的公墓。远处的天空和海洋是如此辽阔,相比之下,人们为了打理和维持这片产业所付出的一切努力都显得微不足道。迪奥一家在格兰维尔生活了很多年,并且逐年兴旺发达。他们的财富积累源自克里斯汀曾祖父所创下的产业。这位德高望重的老先生从南美洲往诺曼底进口鸟粪,为化肥产业提供原材料。这家公司的宣传口号是:"迪奥化肥,媲美黄金!"(L'engrais Dior, c'est d'or!)但克里斯汀说,他参观过几次家里臭气熏天的工厂,并且大为震惊。"那是非常可怕的回忆。"他在回忆录中写道。几次参观给他留下了"对机器的恐惧",以及永远不在这样的环境中工作的"坚定决心"。

与化肥工厂环境相反的是他们的家。和他的妹妹卡特琳娜一样,他更喜欢待在家里,帮助妈妈打理花园,远离迪奥家族臭气熏天的工厂。勒伦布定期会收到一些带插图的花卉种子目录,克里斯汀甚至把这些目录上花卉的名字和简介都背了下来。而卡特琳娜则继承了玛德莱娜·迪奥对于玫瑰的热爱，毕生都致力于培养和繁殖玫瑰。正如克里斯汀的传记作者玛丽 - 法兰西·波希纳（Marie-France Pochna）所说的那样，在迪奥家的孩子们所成长的时代，"公开表达感情被看作是一种示弱的象征，家长通常会表现得非常严苛"。因此在他们心目中，父母更像是一种遥不可及的权威——也许唯一通往母亲内心的地方，就是她所珍爱的花园。

除了花园，让克里斯汀感到安全的地方就是洗衣房。在那里，"女仆和女裁缝们……跟我说鬼怪故事……当夜幕降临，我在那里徘徊不愿离去……这些女人围坐在油灯前飞针走线的景象令我沉迷其中……从那时候起，我就一直怀念着暴风雨的夜晚，雾角在海面鸣响，墓地里钟声敲响，诺曼底笼罩在细雨之中……就这样，我的童年过去了。"

这一切，就如同黄金时代留存下的残影，萦绕在这片海湾之上。那时候，勒伦布还没有遭遇战火的骚扰，或是破产的侵袭。而卡特琳娜，正出生于第一次世界大战刚刚爆发之际。她出生证明上写的名字是：吉内特·玛丽·卡特琳娜·迪奥。在家人的传言中，在她还是个小婴儿时，是她的哥哥伯纳德第一个称呼她为卡特琳娜，而不是吉内特。在勒伦布拍的照片中，她是一个严肃的小女孩形象，身穿着浆洗过的白色带蕾丝的棉布衣服；她的父母神情严厉，甚至有点冷漠；而站在他们身后的克里斯汀则看起来要温和一些。

我闭上眼睛，试图想象孩童时期的卡特琳娜在花园里玩捉迷藏的景象。这个想象中的孩子对我低语："来抓我吧。"接着，她的声音消散了，我的耳边只剩下冷风灌进烟囱的声音，在空空如也的壁炉里发出一声叹息。

1

2

6

3

5

4

迪奥家庭相册。

本页，图1：卡特琳娜在格兰维尔的海滩上；图2：卡特琳娜和朋友们；图3：卡特琳娜；图4：卡特琳娜和伯纳德；图5：卡特琳娜，1920年；图6：迪奥家的孩子们。

右页，图1：雷蒙德；图2：克里斯汀、伯纳德和杰奎琳，与他们的家庭教师玛斯·勒费弗尔（Marthe Lefebvre），1916年；图3：杰奎琳、克里斯汀和雷蒙德；图4：玛德莱娜；图5：卡特琳娜；图6：克里斯汀。

1

2

3

4

5

6

1

2

6

3

5

4

1

2

5

3

迪奥家庭相册。

本页，图1：克里斯汀在雷蒙德的婚礼上，1925年；图2：雷蒙德和他的新娘；图3：莫里斯和玛德莱娜在婚礼上；图4:玛德莱娜；图5：勒伦布别墅。

左页，图1：坐落在悬崖上的勒伦布别墅；图2：玛德莱娜和莫里斯；图3：勒伦布别墅；图4：玛德莱娜的母亲，玛丽亚-朱丽叶特·苏罗斯讷（Marie-Juliette Surosne）；图5：克里斯汀（左）和雷蒙德在花园里；图6：卡特琳娜。

4

向窗外看去，我注意到沙滩远处两个正在步行的小小人影，一个大人，一个孩子。雨越下越大，他们消失在了远处。海面上灰色的水雾越积越厚，日光逐渐消融在雾气之中；游戏室的窗户玻璃越来越晦暗，窗外的风声则越来越尖厉。一时之间，我开始理解克里斯汀和卡特琳娜为何对勒伦布如此眷恋，却依然不愿意回到这里居住，即使成年后他们完全可以这么做。因为这里是旅途开始的地方，作为一个起点令人永志不忘；拍打不息的海浪和啸叫的海鸟，无时无刻不在提醒着你，这座礁石上的别墅后面都藏着些什么。

从这里可以看到坚不可摧的花岗岩峭壁和岩石，正如同卡特琳娜从她母亲那里继承的严厉个性。1993 年，卡特琳娜少有地接受了玛丽 - 法兰西·波希纳的采访。她说玛德莱娜·迪奥是个严格的纪律信奉者："我的母亲对男孩子们的管教非常严格，对女孩子们更加严格。"但这种严厉的形象却不足以概括卡特琳娜的品格，也不足以让人了解这座石头上的花园中所弥漫的气氛。因此我决定离开温暖的游戏室，鼓足勇气走进雨中，来一次短暂的徒步之旅。海面上吹来冷冽的微风，摇晃着花园里的玫瑰花枝，伤痕累累的娇嫩花瓣纷纷落在潮湿的土地上，如同婚礼后飘零的五彩纸屑。

沿着小路，我发现了一座女贞绿篱组成的迷宫。我想起在迪奥档案馆里一位策展人曾告诉我，卡特琳娜在她的晚年曾跟他说，在她小时候，眼中的花园就如同一座迷宫。作为成年人，我的身高已经足以俯瞰整片树篱；但作为一个小女孩，在穿过这座绿色迷宫时，要非常熟悉才不至于迷失方向。"我知道怎么走。"脑海中传来这样的低语。尽管我不确定这是我自己的内心独白，还是来自我迷路的妹妹——童年时我们也曾在自家的花园里一起玩耍。

如果卡特琳娜的魂魄依然在此地徘徊，她也不太可能会跟我对话。这里是她的私人领地，游戏室通常不对访客开放，今天对我开放算是一种特殊待遇。那为什么一个成年人要独自坐在游戏室里？我无法想象玛德莱娜·迪奥会对此表示赞同，或是认为这有什么好玩的。正如克里斯汀自己在回忆录中所写："我的孩童生涯可谓是养尊处优，被警惕的德国家庭女教师严密地看管，看上去无法很好地融入残酷的现实生活。"

当从他的回忆录里再次读到这段描述时，我陷入了沉思，不知道这位德国家庭女教师在一战期间经历了什么。而答案就在后面几页纸上："战争爆发了，整个格兰维尔大为震惊……我们的德国家庭女教师一开始拒绝离开，因为她跟我们所有人一样，认为事态不会太严重。她就如同我们家庭的一员，但是当战争爆发后，她向我们宣布，她已经准备好了，如果有必要的话，她会朝法国士兵'砰砰'……我们都惊呆了。"不久之后，迪奥家族雇用了一位25岁的法国女教师玛斯·勒费弗尔（不久后，家庭成员就亲切地称她为"玛"），从1915年开始，她就一直陪伴着迪奥家族，直到她生命的终结。

在克里斯汀发现巴黎的迷人之处后，他仍然居住在格兰维尔的家庭宅邸之内，并流连于从小就很喜欢的花园中。1925年，克里斯汀想去巴黎读建筑学专业，遭到父母的阻止后，他成了一名政治经济学专业的学生。去巴黎上学之后，他本该认真学习，而他却抽空给勒伦布别墅设计了一座全新的花园：拱形的棚架上覆盖着玫瑰花，周围环绕着一池清水，搭配上一座小小的喷泉。

考虑到不远之处的栏杆外就是一望无际的大海，这种设计简直有点不自量力，但我们还是可以看到克里斯汀站在喷泉花园边的照片。他脸上的表情有点难以捉摸：像他的妹妹一样，他向世界呈现出一种神秘的神情。在他曾经伫立的地方，玫瑰仍在盛开。多亏了卡特琳娜，是她吩咐人在这里重新栽种上玫瑰，这些玫瑰依然如此美丽，令人无法抗拒，每一朵全新的花蕾都是那么完美无瑕。咸腥的海风日复一日地吹拂，大雨也不时倾盆而下，但这些玫瑰在严峻的环境下依然顽强地存活了下来。

开始涨潮了，海浪声也越来越大。如果说我对这次拜访有任何期待的话，那就是感受到某种心灵的宁静。但恰好相反，我感受到一种令人不适，甚至可以说是不安的东西。也许是因为在这么一个诡异的地方，生者与逝者之间的界线是那么模糊；早该逝去的灵魂不再局限于展示旧衣服的玻璃橱柜，他们的悄声细语随着海浪的声音传播开来。在这里找寻宁静是不现实的。毕竟，迪奥家族也没有能够一直被这座大宅所荫蔽，而财富的支柱也无法永远安然屹立不倒。悲伤、疯狂、死亡和不幸，都不可避免。而第一次世界大战，无疑给格兰维尔以及整个法兰西都带来了影响深远的阴霾。全法国年龄在 18 岁到 27 岁之间的男丁，其中三分之一都在战争中丧生。1917 年 10 月，刚刚度过 18 岁生日的雷蒙德·迪奥自愿报名参军。他是他所在的排中唯一的战争幸存者。就跟其他很多幸存者一样，他在停战后的很长一段时间内都饱受心理和情绪的折磨。英国人有种说法是"战斗疲劳症"（shell shock），而法国人将之称为"忧郁的危机"（a crise de tristesse sombre）。用菲利普·贝当（Philippe Pétain）元帅的话来说，年轻士兵下了前线，脸上依然有着"被恐惧吓呆的表情，无论是步态还是动作，都流露出彻底的沮丧。他们被可怕的记忆压得喘不过气来……"。1918 年春天，英国陆军元帅道格拉斯·黑格爵士（Sir Douglas Haig）表示，贝当元帅本人都"看起来很糟糕。一看就是一个惊慌失措、失去了勇气的指挥官"。

身穿军队制服的雷蒙德·迪奥，在勒伦布别墅，
1918 年，第一次世界大战期间。

上图，从左到右：伯纳德、莫里斯、杰奎琳、卡特琳娜（坐在克里斯汀的膝盖上）和玛德莱娜。

下图：伯纳德。

雷蒙德·迪奥曾在前线的一个炮兵团服役，他经受了数月的猛烈轰炸和有毒芥子气的侵袭。在战争之后的几年里，雷蒙德发现自己已经很难适应平民生活。他结婚了，也顺应大家对他的期望，一度投身于父亲的事业。但他逐渐疏远了自己的家庭，包括他的兄弟姐妹们。作为一名有志于写作的人，他撰写了若干篇饱含愤怒的文章，谴责资本主义的罪恶。但最终他的愤怒归于绝望，他采取了至少一次的自杀行为。

与此同时，迪奥三兄弟中最小的伯纳德，从 1927 年开始表现出精神失常的症状。当时他年仅 17 岁，在学校里考试失利后，就陷入了长久的沉默和抑郁。根据克里斯汀的回忆录："我弟弟得了一种无法治愈的精神疾病。而我敬爱的母亲，突然之间憔悴不堪，最终悲伤而死。"在几张 20 世纪 20 年代末的家庭相片中，玛德莱娜看起来都绝望而抑郁，眼睛盯着地面，嘴唇紧紧地抿着，有意无意地避开镜头。雷蒙德的妻子，同样也叫玛德莱娜，告诉玛丽 - 法兰西·波希纳，她的婆婆"骄傲、雄心勃勃，并且独裁专制"。然而，这些照片中展现的这位女性，看起来却那么脆弱。

克里斯汀的回忆录中只有 3 次提到他的母亲：她对花的热情，她的死亡，以及她苗条的身材（这使她在这个家中与众不同）。"全家人都是诺曼血统，而我母亲带来了一丝'安茹（法国西北部古地区名，省府为昂热，是一个著名的葡萄酒产区）的甜意'（the douceur angevine，是当地的一种传统说法，暗指玛德莱娜的出身。她的父亲是一名来自昂热的律师，在她 14 岁那年去世；而她的母亲来自诺曼底）。在我们这个肝脏功能超强、对美食充满热爱的家族里，她是唯一一个小胃口的瘦子。"迪奥档案馆的总监弗里德里克·布德利耶（Frédéric Bourdelier）曾将玛德莱娜描述为"格兰维尔的包法利夫人"。这不是说她有什么恋情绯闻，而是形容她对崇高和优雅的渴望，

克里斯汀在勒伦布别墅的花园里。

以及她对世界过于浪漫化的看法与无聊至极的中产阶级现实生活之间不可逾越的鸿沟。

1931 年春天，玛德莱娜·迪奥被送进巴黎附近的一家诊所，接受了一次紧急手术，但术后她并没有康复。5 月 4 日，她死于败血症，享年 51 岁，随后被埋葬在格兰维尔公墓的家族墓穴里，紧靠她的勒伦布花园。"现在回想起来，我发现她当时去世甚至可以算是一件幸事，尽管这影响了我的一生。"克里斯汀在回忆录中写道，"在未来的种种不幸向我们显露真容之前，母亲就离开了我们。"仅仅几个月之后，莫里斯·迪奥就失去了他的全部财产。他把自己所有的资本都投到了一个毁灭性的房地产项目里。与此同时，伯纳德的病情在他母亲去世后进一步恶化了。他饱受幻觉、自杀倾向和谵妄的困扰，最终于 1932 年被诊断为精神分裂症。从巴黎到布鲁塞尔，各地名医对他的治疗都宣告失败。这些医生还推测他有"恋母情结"，而这也从侧面反映出弗洛伊德主义的精神分析在当时日益增长的影响力。随后，伯纳德被送往诺曼底的精神病院。从 1933 年 1 月开始，他一直被"囚禁"在庞托森临终关怀院（L'Hospice de Pontorson）那令人生畏的围墙内，直到 1960 年 4 月去世，享年 50 岁。

克里斯汀相信，所有这些灾难都早已有所预示。1930 年，勒伦布别墅内发生了一个不祥的预兆。"这个预兆出现在假期的末尾，比银行破产还令我心惊。在我们空荡荡的房子里，一面镜子突然无缘无故地掉落下来，在地板上砸得粉碎。"如今身处勒伦布别墅重读他的话，那凶兆的回声似乎在身边回荡。幽灵般的雾气从海上滚滚而来，遮住了地平线，我想象着勒伦布地面上镶嵌的指南针再次旋转，指向一个未知的目的地……

卡特琳娜·迪奥，在迪奥家族巴黎的房子里阅读，约 1922 年。

镜中世界

　　我坐在办公桌前，周围是成堆的复印文件，它们来自十几份不同的档案，就像是一堆玻璃碎片，来自格兰维尔那块碎裂的镜子，几乎没有可能再被拼凑起来，映照出 20 世纪 30 年代时年轻的卡特琳娜·迪奥。时代的动荡，让卡特琳娜的人生和她家族的故事呈现出一种强烈的分裂感：首先是华尔街崩盘的灾难性影响，这让莫里斯·迪奥的生意走向毁灭；随之而来的是大萧条时期，这给迪奥家族的命运投射下一道漫长的黑暗阴影，而他们在黄金时代所习以为常的稳定和繁荣，就这样一去不复返了。

　　玛德莱娜·迪奥于 1931 年去世后，这家人的生活方式也随着她的死亡彻底改变了。巴黎和格兰维尔社交季那优雅华贵的礼仪难以为继，维持着勒伦布别墅庞大开销的财富，以及众多家仆、园丁也不复存在。母亲去世时，卡特琳娜只有 13 岁，周围的一切都在崩塌。她的三个哥哥都陷入了深深的困境：雷蒙德还活着，但在第一次世界大战期间从军的经历使他深受创伤；伯纳德没有从精神崩溃中好转的迹象（根据一位曾在 1934 年去精神病院探望过他的表亲说，伯纳德甚至无法认出自己的家人）；克里斯汀在巴黎创业失败后，也饱受抑郁的折磨。1928 年，克里斯汀在父亲的资助下，曾和一位朋友雅克·邦让（Jacques Bonjean）合作创立了一家前卫画廊，展示包括马克斯·雅各布（Max Jacob）和克里斯汀·贝拉尔（Christian Bérard）在内的新兴艺术家的作品，以及毕加索、马蒂斯和劳尔·杜飞（Raoul Dufy）这种更广为人知的当代艺术大师的作品。莫里斯·迪奥破产后，这家画廊也关门了。克里斯汀很快与另一位画廊圈子的朋友皮埃尔·克勒（Pierre Colle）合作，并为阿尔贝托·贾科梅蒂（Alberto Giacometti）举办了在巴黎的首次个展，并支持萨尔瓦多·达利（Salvador Dalí）举办了一系列著名的展览。尽管他们的艺术眼光颇有独到之处，但克勒和迪奥几乎没有取得什么商业上的成功。例如，达利的杰作《记忆的永恒》（描绘融化的时钟和成群的昆虫）在他们那里售价仅为 250 美元。在华尔街崩盘的余波之中做艺术品生意，正如迪奥在回忆录中所说的那样："在充满恐慌的时期，是一桩极其困难的任务。如今价值百万法郎的艺术品，当时几万法郎都卖不出去……为了弥补损失，我们开始组织超现实主义抽象派画展，但这恰恰赶跑了最后一批藏家。"

至于卡特琳娜，她别无选择，只能陪伴着父亲走在下坡路上。他几乎失去了一切：他的财富、他心爱的妻子、他的好名声、他的社会地位、他位于巴黎的大公寓，最后是格兰维尔的豪华住宅（这幢房子没有找到私人买家，最终成为市政府的公产）。只有坚定忠诚的玛斯·勒费弗尔留下来，作为家庭女教师陪伴着没落的迪奥家族。出于某种未知的原因，玛斯提出建议，在普罗旺斯找个偏远的地方，建造一座小农舍作为全家人的避难所，远离莫里斯·迪奥的家乡诺曼底和巴黎的熟人或愤怒的债主。1935 年，一家人搬去了那里，这处房产名叫纳依塞斯农舍（Les Naÿssès），里面没有通电，只有最简陋的下水系统，与勒伦布别墅舒适的中产阶级生活形成鲜明对比。

这也就难怪，卡特琳娜会在这种全新的与世隔绝的生活中感到孤独和不快乐。当时她才 18 岁，虽然在接下来的岁月里她会渐渐爱上普罗旺斯的风光，但她在这里没有同龄的朋友，也没有社交生活或其他的期待。第二年，她就离开了家，去巴黎追随克里斯汀。是哥哥给了她逃离的机会。自从整个家分崩离析，克里斯汀就一直过着游荡的生活——睡在朋友家的沙发上，去伊比萨岛旅行，得了一场严重的肺结核又康复，偶尔造访勒伦布别墅。在一张照片中，他坐在勒伦布别墅的阳台上，手里拿着铅笔，全神贯注地画着画，脸上带着严肃的表情。当时，他被迫放弃了成为一名画商的职业梦想，开始自学时装插图。经过数月的苦练，他开始给杂志创作插图，以此来养活贫困的父亲和妹妹。

1936 年，卡特琳娜和克里斯汀回到巴黎，他们一起住在王宫广场附近的勃艮第酒店（Hôtel de Bourgogne）。当时，住在酒店可以在缴税方面钻空子，这也是为什么许多艺术家和作家，还有哲学家让 - 保罗·萨特 (Jean-Paul Sartre) 和他的妻子西蒙娜·德·波伏瓦（Simone de Beauvoir）都选择住酒店。跟他们住同一家酒店的还有室内设计师乔治·杰弗里（Georges Geffroy）。在结交了迪奥兄妹后，乔治把克里斯汀介绍给了当时巴黎时装界冉冉升起的新星罗贝尔·比盖（Robert Piguet），罗贝尔买下了克里斯汀的一些素描。克里斯汀作为时装插画师的事业就这样开始了，他开始为不同的女帽生产商和设计师创作插画作品，其中包括他非常钦佩的爱德华·莫利纽斯（Edward Molyneux）。

尽管年龄相差 12 岁，克里斯汀和卡特琳娜仍然是兄弟姐妹中最亲密的两个，他们会分享从母亲那里继承而来的对花草和园艺的热忱，以及对艺术和音乐的喜好。二人共同经历了家破人亡的痛苦，也学会了承担。现在他们的母亲不在了，父亲也破产了，卡特琳娜再也无法像以前那样，扮演一个在父亲的庇护下不谙世事的传统女儿，直到自己出嫁。她现在必须自己赚钱。在克里斯汀的鼓舞和帮助下，她学会了自力更生，在一家时装店找到了一份工作，负责销售帽子和手套。

克里斯汀·迪奥年轻时的画像，他的朋友保罗·史垂克（Paul Strecker）绘，1928年。

二战前卡特琳娜·迪奥的照片。

在卡特琳娜所有的相片中，最令我印象深刻的一张就拍摄于这段和哥哥一同住在巴黎的快乐时光。她的脸上堆满了热情的微笑，洋溢着青春的活力；她挽着头发，定制外套上别着一枚胸针。每当我想起卡特琳娜年少时这段无忧无虑的经历，脑海中都会浮现出 1993 年她告诉克里斯汀传记的作者玛丽-法兰西·波希纳的故事。"我哥哥喜欢设计服装。"她说，"我记得他为我做了一套海王星主题的戏服，配一条拉菲草裙子，上面装饰着贝壳；还有一条裙子，上面画着苏格兰格子……"

　　但是在我拿到的 5 张照片中，卡特琳娜的穿着要保守得多。这些照片拍摄于 20 世纪 30 年代末的巴黎，从黑白的画面里完全无法辨识出她所佩戴珠宝的色泽，唯一能确定的是，她打扮得很得体，头发也精心打理过。迪奥档案馆的工作人员认为，这些照片拍摄于 1937 年，地点是在勃艮第酒店，当时卡特琳娜年仅 20 岁，为刚刚开始从事时装设计的克里斯汀充当试衣模特。在其中的两张照片中，她坐在一张椅子上，身穿一条时髦的黑色长袖连衣裙，搭配一条装饰性的项链：一张照片中，她的视线投向一边，展现出她卓越的侧颜；另一张照片中，她那双黑色的眼睛直视着镜头，与我的目光相遇。在其他的照片中，她也是这样直视着镜头，或是站在充当背景的窗帘前，举起双臂；或是坐在一张书桌后面，后脑上戴着一顶帽子，脖子上围绕着三圈珍珠以及一条点缀着新月的项链。

　　这些肖像照片，就是卡特琳娜在巴黎与克里斯汀共同生活的时期仅存的影像资料了。但我可以确定，当时她就已经明白自己的哥哥是一个同性恋者。他们居住在一起，并和一群波西米亚的朋友来往密切。当时，巴黎的同性恋亚文化就已经声名在外——早在 1791 年法国大革命之后重新修订的法典，就取消了关于同性恋的罪名。更何况卡特琳娜和克里斯汀在时尚行业工

20 岁的卡特琳娜，当时她和克里斯汀一起
生活在巴黎。

作，圈中常见才华横溢的同性恋男子，其中不少都与克里斯汀相熟，比如爱德华·莫利纽斯以及乔治·杰弗里。后者在转行成为室内设计师之前，在让·帕图（Jean Patou）时装屋开启了自己的职业生涯。跟他那些公开"出柜"的朋友，比如让·谷克多（Jean Cocteau）和克里斯汀·贝拉尔不同，克里斯汀从不公开自己的私生活——这也许跟他生长于天主教家庭有一些关系，但克里斯汀对妹妹从无保留。1938年，他爱上了一个名叫雅克·霍姆伯格（Jacques Homberg）的温柔年轻人，并把这段恋情告诉了卡特琳娜。雅克跟卡特琳娜年纪相仿，出生于1915年。在他与克里斯汀的恋情转化为柏拉图式的爱情后很长的一段时间内，他和卡特琳娜都保持着友好的关系。

这对兄妹一同探索了巴黎的美好与自由。1938年，克里斯汀在罗贝尔·比盖的时装屋得到了一份全职工作，就在皇家街（Rue Royale）租了一套房子，还给卡特琳娜留了一间房间。与此同时，克里斯汀的设计作品中那种标志性的年轻而理想化的女性气质正在逐步成形。如果说卡特琳娜为她哥哥的设计担当模特的样子，让人想起迪奥小姐作为一名时髦巴黎女性的早期形象，那么克里斯汀在比盖时装屋的职业生涯中，最早取得的显著成就则展现了迪奥小姐的另一种形象：一件名为"英国咖啡"的礼服裙，装点有犬牙花纹（千鸟格）的蕾丝花边。克里斯汀本人曾表示，其设计灵感来自一本畅销童书《小淑女》（Les Petites Filles Modèles），这本书的作者是塞格尔伯爵夫人（Comtesse de Ségur），首次出版于1858年。书中的女主角是一对可爱的小姐妹——卡米耶和玛德莱娜。姐妹俩的冒险故事揭示了"善行本身就是回报"的道理。但有时我还是忍不住会想："英国咖啡"是否来自克里斯汀对迪奥小姐的想象？一个可爱的年轻女孩，生活在繁花似锦的田园之中，好一派充满了怀旧之情的美景。

他因"英国咖啡"礼服裙获得了极高的赞誉，并作为极具才华的设计师被介绍给了《哈泼芭莎》杂志驻巴黎记者玛丽·路易斯·布斯凯（Marie Louise Bousquet），后者又安排他与该杂志的主编卡梅尔·斯诺见面。克里斯汀在回忆录中写道："我真的觉得一切都已经到了乐极生悲的临界点，就在要命的 1939 年。一系列愚蠢的闹剧，似乎预示着即将到来的灾难。巴黎从没像当时那样热闹过。我们从一场舞会，奔赴下一场舞会……就像是在逃避不可避免的悲剧，我们决定在狂欢中放纵和沉沦。"

1939 年 3 月 15 日，希特勒的军队入侵并占领了捷克斯洛伐克，但在接下来的几周里，巴黎社交界继续着一派歌舞升平的景象，甚至比以往还更加热闹。在《哈泼芭莎》著名时装编辑黛安娜·弗里兰（Diana Vreeland）的描述中，这一年的 7 月，巴黎各家时装屋"挤满了买家——那么疯狂、那么有趣，叫人筋疲力尽，又那么光辉灿烂"。而珍妮特·弗兰纳（Janet Flanner）则在《纽约客》（*The New Yorker*）上写道："空气中弥漫着金钱和音乐的味道。自从上一年的慕尼黑会议以来，人们第一次得以享受旧时代的美好时光。"

上流社会派对变得越来越狂野和奢侈——在凡尔赛宫一场马戏团主题的舞会上，出动了杂技演员、小丑和三头大象。在这样的社会背景下，萨尔瓦多·达利开始为《酒神节》（*Bacchanale*）创作超现实主义的布景。这是俄罗斯蒙特卡洛芭蕾舞团（Ballet Russe de Monte Carlo）的最新剧作，描绘了巴伐利亚路德维希二世的疯狂行径，由瓦格纳作曲，芭蕾舞者们拄着拐杖出场，而最主要的舞台布景是一只巨大的、胸口有一个破洞的白天鹅。

1939 年 9 月 3 日，英法正式对德国宣战，一切狂热和享乐都戛然而止。

克里斯汀应征入伍（就像所有年龄在 18 岁到 35 岁的法国男性一样）。他没有被指派任何军事任务，而是跟着一组军事工程师，被安排到法国中部的耶弗尔河畔默恩县（Mehun-sur-Yèvre）务农。卡特琳娜也被迫离开巴黎，回到勒伦布别墅。就跟时尚产业的很多其他工作人员一样，她失业了。城中两位领头的时装设计师玛德琳·维奥内特（Madeleine Vionnet）和可可·香奈儿（Coco Chanel）都关闭了她们的店铺。"我们这里基本上每个人的家里都有人——丈夫，兄弟，或者父亲——穿上了军装。"香奈儿说。在 9 月初《哈泼芭莎》的一篇报道中，卡梅尔·斯诺描绘了法国首都所发生的翻天覆地的变化："在过去的一个星期里，几乎是一夕之间，这座城市就变得死气沉沉。出租车从街道上消失，所有的电话线路都被切断了……我在城里四处奔走，去各家时装店与老朋友告别，发现疏散早已开始了……"根据她的观察，时尚行业的男人们被动员起来，女人们也展现出令人印象深刻的沉着与冷静。"这不是展现群体勇气的时刻，而是展现个人英雄主义的时刻……每个人都以一种让人敬畏的平静，接受了不可避免的事实。"

这种奇怪的平静气氛持续了 8 个月，这段时期后来被称为"奇怪的战争"或是"静坐战争"，因为在这段时间内，西部战线基本没有军事行动。当时让 - 保罗·萨特被征召入伍，为法国军方做气象监测工作，军队驻扎在斯特拉斯堡以北靠近德国边境的一个小镇上。"我在这里的工作是放飞气球，然后用望远镜观测。"他在一封给西蒙娜·德·波伏瓦的信中写道。他在军队服役的生活是如此轻松，以至于他利用这段时间写了一本新书，并声称："这将是一场没有屠杀的当代战争，正如当代艺术没有主题，当代音乐没有旋律，当代物理学中没有固体物质一样。"波伏瓦本人也在 1939 年的一篇日记中提到了类似的奇怪气氛："'战争'这个词的真正含义是什么？1 个月前，当所有的报纸都在头版头条上醒目地刊登它时，它意味着一种无形的恐怖，一些难以定义但非常真实的东西。现在它却缺少了所有的实质和定义……"

与此同时，美国版 *Vogue* 杂志驻巴黎记者贝蒂娜·巴拉德（Bettina Ballard）继续发表关于时装店的报道。但她在回忆录中承认，当时巴黎的生活似乎停滞不前了，处处都充满了愤世嫉俗的情绪。"每次谈话，人们都会提到'乏味'这个词。不管是因为你家附近的肉铺不能给你想要的好肉，还是晚餐的约会对象跟你之间的对话不再火花四溅。每个人都被无聊和紧张的等待所侵蚀。而你也说不清自己在等待什么，这就令人越发麻木。"

同样的厌倦情绪在军队中也很明显。爱德华·斯皮尔斯（Edward Spears）少将曾在第一次世界大战中担任法军和英军的联络官，他被温斯顿·丘吉尔派去检查法国战场的准备工作。他回信说，那里有一种"深不可测、了无止境的乏味"，让人感到"可怕的压抑"。

尽管斯皮尔斯少将为他所感受到的那种危险的麻木而担忧，法国军方却仍然信心十足，认为马其诺防线的大规模防御工事将提供足够的军事防御。修建于 20 世纪 30—40 年代的马其诺防线耗资巨大，被认为是法国边境上坚不可摧的防线。但是，当 1940 年 5 月德国发起对法国的进攻时，德军装甲部队和空军凭借其速度和力量，绕过马其诺防线，在短短 6 周内就荡平了法国、比利时及荷兰等低地国家（欧洲西北沿海地区以荷兰为主的荷兰、比利时、卢森堡三国）。当英国人正在敦刻尔克的海滩上撤离被困部队时，德国人已经向巴黎挺进，成千上万的难民在他们前面溃逃，绝望地试图到达南方。

在不断加剧的恐慌和混乱中，大量惊恐的人踏上了没有明确目的地的旅途，后来这被人们称为"出埃及记"（l'exode）。历史学家估计，当时法国总人口为4000万，而在此期间法国境内有800万人口流动，其中有600万是法国人，还有200万来自低地国家的难民。主干道很快就被因故障或汽油耗尽而抛锚的车辆堵塞。路上堵车的情况随处可见，但人们选择继续步行或骑自行车前进，有些人推着婴儿车，还有些人用手推车或独轮车装着他们的财产。火车站被拥挤的人群包围，但即使是那些奋力登上火车的人也面临着漫长的延误和突然的车次取消。国家和地方政府之间的通信中断，在没有任何官方信息的情况下，谣言四处传播，加剧了混乱。食物和饮用水供应不足，抢劫事件接踵而至。孕妇、病人和老人倒在路边。孩子们与父母在混乱中失散。医院、学校和监狱被疏散，人群中还流传着囚犯越狱的故事。在缓慢移动的难民队伍上方，不时有德军的飞机掠过。那些关于逃犯的传言给德军飞机扫射的可怕威胁又蒙上了一层恐惧的阴影。

这种混乱也给英军和法军带来了严重的问题。英军和法军部队每次都会被交通阻塞困住数小时。艾伦·布鲁克（Alan Brooke）将军是驻法英军的一名军团指挥官，曾经被一大群疲惫不堪、饥肠辘辘的难民困在路上。他在日记中写道："我早已睡眠不足，头脑被这种几乎绝望的情况以及随之而来的毁灭性问题所折磨着。而我的目光所及之处，都是些惊恐的、悲惨的人，他们乱哄哄地挤满了交通要道，而我们所有的希望也都寄托在这些道路上。"

1940年6月10日，意大利向法国宣战的那一天，政府放弃了巴黎，宣布它是一座"不设防的城市"。6月14日，德军毫无阻拦地进入了这座被遗

右页图：1940年的"大逃亡"，数百万难民试图在德国军队逼近前逃离巴黎。

弃的首都，没有遭到任何抵抗。6月23日，希特勒在巴黎各个地标之间进行了一次短暂的游览。在此之前，从凯旋门到埃菲尔铁塔，著名建筑上都提前悬挂上了纳粹党徽。摄影师雅克·亨利·拉蒂格（Jacques Henri Lartigue）记录下了这座被征服的首都当时的景象："巴黎正在逐渐消失。人们几乎听不到它的呼吸声。它穿着酒会的礼服昏倒了……大街小巷、林荫大道上都没有汽车，看起来无比宽阔，像是机场跑道……德国人说起巴黎，就好像它是他们刚刚收到的玩具一样——一个很大的玩具，充满了他们永远无法感知的奥妙之处。"

　　然而，克里斯汀·迪奥和卡特琳娜都没有目睹巴黎这场令人震惊的沦陷。6月22日，战败的法国人签署了与德国的停战协议，克里斯汀在回忆录中把这一耻辱简单地称为"溃败"。当时，他幸运地身处纳粹尚未占领的"自由区"。他们的哥哥雷蒙德则较为不幸：1939年，他被征召入伍担任准将，但在1940年6月法国沦陷后，他作为战犯被囚禁在旺代（Vendée），随后被转往位于德国北部的17号战俘营，那里关押了数千名战俘。在德军入侵期间，有近200万法国士兵被俘，其中大约有150万被运往德国。1941年，两国政府就一战期间的战俘交换达成了一项协议，雷蒙德因此被释放，并返回巴黎。

　　在1940年动荡的夏天快结束时，克里斯汀回到了普罗旺斯，在位于戛纳西北约23英里（1英里约合1.609千米）的卡利安与妹妹和父亲团聚。此时，德军尚未入侵这里。在84岁的贝当元帅的领导下，法国政府（先流亡

左页图：阿道夫·希特勒（Adolf Hitler，中右）及其军队和阿尔伯特·斯佩尔（Albert Speer，中左）在巴黎，1940年6月。

到卢瓦尔河谷的图尔市，然后再逃到波尔多）同意根据停战协议将国土一分为二，巴黎和其他被占领的土地成为德占区，接受纳粹统治，其中包括法国北部和西部的国土，以及整个大西洋海岸线。法国南部的"自由区"则在德国同意的期限内，继续由法国政府统治。

1940 年 7 月 1 日，法国政府搬进了奥弗涅大区著名的温泉疗养胜地维希镇（一定程度上是因为这里坐拥大量舒适的酒店），贝当出任维希政府元首，并任命皮埃尔·赖伐尔（Pierre Laval）为总理。维希政府依附于德国，坚持"合作主义"，迅速签署了停战协议，法国第三共和国宣告解体，议会民主模式随之终结。该政府甚至在德国没有主动要求的情况下，于 1940 年 10 月初主动颁布了《反犹太法令》，对自由区的犹太人实施追捕和迫害。

在克里斯汀·迪奥的回忆录中找不到这样的历史细节。相反，他描述的是一种宁静的、与世隔绝的乡村生活。在战争的大背景下，整个欧洲大陆都受到了剧烈的冲击，而法国政坛更是天翻地覆，因此他笔下那种田园牧歌般的描述可谓令人惊讶。他还说，自己作为一名设计师在巴黎那种"绫罗绸缎围绕的生活，被粗鲁地撕裂了"，而他不得不适应一种"穿木鞋"的全新生活，在田间辛苦劳作。"我很快就把过往生活里的高级定制服装忘到了脑后。我又一次身无分文，因为战前我没有存下一分钱。有生以来，我第一次在真正的农村生活。我开始发自内心地爱上了这里：爱上了漫长而艰辛的田间劳作，爱上了这里的四季轮换，以及一茬茬庄稼春播秋种间的自然奥秘。"

现在重读他的文字，我为克里斯汀的实用主义以及他的平静和热情所震撼：毕竟，在那种困顿的时刻，必须有人种植庄稼、准备食物。对于一名曾经的政治经济学专业的学生来说，这样的想法听起来可能有些不太像真的，但他确实说过，他种田的经历让他意识到，自己"有一种强烈的农民气质"。克里斯汀因此回到了纳依塞斯农舍，准备迎接全新的农业挑战："我决定和妹妹一起在住宅周围开垦出一点田地来种植。卡利安的土壤非常适合种植蔬菜，而在食物配给制时期，这些蔬菜在市集上可以卖出非常好的价钱。"

但他自己也承认："我的时间并没有完全花在种豆子上。"每周两次，他和卡特琳娜一起去戛纳的市集上卖菜，顺便也去看看朋友。很多人在德军抵达巴黎时就逃到了法国南部，其中包括插画师勒内·格鲁瓦（René Gruau），正是他帮助克里斯汀找到了一份为《费加罗报》（Le Figaro）时尚版块创作插图的兼职工作。此外还有一位崭露头角的室内设计师维克多·格朗皮埃尔（Victor Grandpierre）。

他们很快就开始一起举办派对和业余戏剧表演，让蔚蓝海岸的氛围活跃了起来，直到维希政府禁止了他们的社交聚会，理由是这些聚会是不道德的。因为在这个由画家、音乐家、作家和演员组成的艺术圈中，有许多男同性恋者——其中包括基督教徒——他们代表了法国艺术圈中波西米亚的元素，而贝当的维希政权对此嗤之以鼻。

菲利普·贝当元帅在一战中获得了彪炳的战功，在法国保守派民众中深受欢迎。25年前，他作为"凡尔登要塞之狮"，曾进行顽强防御，重创德军。而他的坚定支持者同样也支持他提倡的"国家革命"（Revolution Nationale），认为这是一场重建"好法国"的运动，其主要内容来自天主教道德和传统家庭价值观，法国历史上共和党的座右铭——"自由、平等、博爱"，在此被改为"劳动、家庭、祖国"。

上图：贝当元帅和希特勒，1940 年 10 月。

下图：贝当在一场集会中向支持者发表演讲，建筑上悬挂的横幅上写着：famille, patrie, travail
（家庭、祖国、劳动）。

一枚纪念贝当的书签。

作为法国傀儡政权的领导人，贝当是宗法权威的代言人，他坚持认为与德国合作的决定是一种爱国行为。1940 年 10 月 24 日，他在卢瓦尔河畔蒙托伊尔（Montoire-sur-le-Loir）与希特勒进行了历史性会晤。10 月 30 日，他在面向法国人民的广播中，再次强调他与希特勒达成的协议有多么重要。他宣称："这是为了维护法国在过去长达 10 个世纪的统一，也是为了积极构建欧洲新秩序。因此我深感荣幸，在合作的道路上迈出重要的一步……请追随我，对不朽的法国保持信心。"

至少在事后看来，当时的情形令人难以置信：因为在贝当废止了民主制度之后，一部分人不仅心甘情愿地服从他，而且还怀着一种强烈的信念，相信他就是他们的救世主。这名年过八旬的元帅成了他们深受爱戴的偶像，他的形象出现在胸针、书签、奖章和围巾上，照片也在商店橱窗中占据了重要位置。

珍妮特·弗兰纳敏锐地观察到了这一现象，她在《纽约客》上写到，在德占初期，法国大部分地区，尤其是自由区的维希，存在着"对元帅的广泛崇拜"。"对于数百万法国人来说……贝当的神秘感，演变成了一种奇怪的、微妙的全民宗教崇拜。法国的失败、倒台和分裂，对法国人造成了一种强烈的情感冲击，这种冲击就相当于一个早已经不年轻的人，遭受了残酷的殴打，产生剧烈的脑震荡，甚至是截肢的痛苦。在这种冲击中，法国的一些特质永远地消散了。渐渐地，随着动荡逐渐平复，人们开始悔恨不已，陷入了一种近乎茫然的状态。在这种状态下，贝当元帅被看作是一名拯救生命的治愈者，以及与某种更高的力量进行和解，以此来拯救灵魂的圣人。贝当成了温泉疗养胜地的圣徒，维希则成了政治的朝圣之地……"

在狂热的独裁统治之外，维希政府还认为法国应该清除腐败和不道德的风气。在发起反犹太条例、扩大占领区"雅利安化"（效仿纳粹德国的反犹太政策）的同时，当局还引入了审查制度，设立了拘留营，禁止工会和其他政党存在，拦截邮政服务，监听电话，并谴责包括爵士乐在内几乎所有的当代文化艺术，以及其他被认为是"猥亵"或"堕落"的表现形式。在这场战役中，他们得到了法国法西斯媒体的大力支持。目睹了维希政府对"颓废"和"堕落艺术"日益严酷的打压，克里斯汀·迪奥日益焦虑。这一方面是因为他热爱当代艺术，另一方面也是因为他的性取向。卡特琳娜显然也已经注意到了。

随着经济状况日益恶化，粮食短缺变得越来越严重，卡特琳娜和克里斯汀继续种植自己的蔬菜。但即使是在卡利安这样一个僻静的村庄，生活也变得越来越艰难。纳粹征用了大量的法国产品——食品、工业组件、燃料、原材料，还有掠夺来的艺术品、家具以及其他许多东西，都被转移到了德国。同时，德国还向法国征收了一笔巨额的占领费用。1940年9月，法国开始实行定量配给制，牛奶、黄油、鸡蛋、橄榄油和肉类供应急剧减少，营养不良的人也越来越多。

1941年秋收结束时，克里斯汀决定返回巴黎，想找一份设计师的工作来赚钱，而卡特琳娜则与他们的父亲和玛斯·勒费弗尔留在卡利安。但在哥哥离开后不久，她遇到了一个将改变她一生的男人——法国地下反抗军中的一名英雄，名叫埃尔维·德斯·查尔伯尼（Hervé des Charbonneries）。

阴影之地

在卡特琳娜·迪奥为数不多还在世的朋友和亲戚口中，最常用来形容她的一个词就是"谨慎"。即使在她去世十年之后，一些认识她的人在回答我关于她与埃尔维·德斯·查尔伯尼之间关系的问题时，仍然要求匿名。关于卡特琳娜和埃尔维在 1941 年 11 月意外坠入爱河之后所发生的一连串跌宕起伏的故事，他们的描述略有不同，但唯独在一点上他们是一致的，那就是二人一见钟情，或者用更有力的法语短语来描述，那就是"一道闪电"般的爱情（uncoup de foudre）。而当这道闪电劈下来时，法国正笼罩在被德国击败以及政府与纳粹合作的无边黑暗之中。

埃尔维·德斯·查尔伯尼生于 1905 年 1 月，正好与克里斯汀同龄。其人身材高大、气质迷人、样貌英俊，已经结婚并有 3 个孩子。他同样也关心政治，和克里斯汀一样，也曾在巴黎自由政治科学学校（Ecole Libre des Sciences Politiques）学习。他和他的母亲、妻子露西三人都是法国抵抗运动的早期成员。

卡特琳娜第一次遇到埃尔维，是在戛纳的一家收音机商店，埃尔维当时是这里的经理。卡特琳娜正在寻找一台可以用电池的收音机（纳依塞斯农舍

左页图：《抵抗》，罗伯特·多伊斯诺（Robert Doisneau）摄，约 1940 年。

上图：埃尔维·德斯·查尔伯尼，法国抵抗运动的早期支持者。
右页图：查尔斯·戴高乐将军，1940 年 6 月 25 日在伦敦。1 周前，他第一次在英国广播电台（BBC）向被占领的法国发表广播讲话，号召法国人民奋起反抗。

还没有通电），以便了解战争的进展，并收听查尔斯·戴高乐将军在英国广播电台的讲话。戴高乐是"自由法国"抵抗组织的领袖，当时正流亡伦敦。对于卡特琳娜来说，这无异于一次重大行动：收听戴高乐的讲话无疑是危险的。戴高乐于 1940 年 6 月 18 日发表演讲，号召法国人民在他的领导下继续抗战，并于同年 8 月被法国军事法庭缺席判处死刑。任何被发现收听戴高乐讲话的人都可能被逮捕和监禁。但在当时的局势下，是他的讲话点燃了"法国抵抗的火焰"，对那些反对纳粹和维希政权的人来说，甚为鼓舞士气。因此，用来传递和接收消息的无线电对于抵抗运动来说至关重要。而埃尔维当时正是为一个名为 F2 的情报网络工作。

尽管卡特琳娜坚定地支持戴高乐将军，而埃尔维也是如此，但 F2 实际上与波兰和英国情报机构有着更密切的联系。抵抗组织并不是一个单一的组织：它由不同的分部组成，包含了许多背景不同甚至意识形态相互冲突的成员。然而，成员们被一种信念联系在一起，那就是面对邪恶，决不能无所作为。F2 是法国境内最早和最见成效的抵抗组织之一，成立于 1940 年 7 月，创立者是三名波兰陆军情报官员。德国入侵后，他们被困在了法国西南部的城市图卢兹，于是就躲藏起来，制造了一个电台，并于 1940 年 8 月 22 日向在伦敦流亡的波兰人发送了他们的第一条信息。

1939 年 9 月德国入侵波兰后，波兰情报局在巴黎设立了总部，并与英国秘密情报局（SIS）局长威尔弗雷德·邓德代尔（Wilfred Dunderdale）建立了密切的合作。邓德代尔被认为是詹姆斯·邦德的原型。他性格机敏，喜欢飙车，擅长拳击，并因此被英国同事戏称为"比菲"（Biffy，意思是"给谁来上一拳"）。此外，他还是邦德系列的创作者伊恩·弗莱明（Ian Fleming）的朋友。1940 年夏天，法国沦陷后，波兰情报局流亡到了伦敦，邓德代尔也回到了伦敦，二者之间的联系随之更加密切：英国秘密情报局向波兰人提供财政、技术和后勤支持，波兰人则与英国人分享他们在欧洲的特工网络获得的情报。

1940年9月6日，F2的第四位成员在英国秘密情报局的帮助下偷渡到马赛，与三位创始人成功会合。这位塔德乌兹·杰基尔（Tadeusz Jekiel）中校，是一位机敏的海军工程师，战前曾在法国学习，此前被借调到法国海军，在那里建立了良好的关系。他的任务是招募法国成员，加强整个情报网络在法国境内的覆盖，以此让英国情报部门了解轴心国的军事行动。杰基尔（化名为"医生"）与另一名波兰军官莱昂·斯里温斯基（Leon Sliwinski）一起，利用F2网络为盟军收集重要信息，随后由无线电操作员将情报发送到伦敦；或是将情报刻录在微缩胶卷上，从法国经由瑞士偷运出境，或者搭载从戛纳开往直布罗陀的夜班小船。

杰基尔加入后不久，就招募到了第一名法国成员——前赛车手吉尔伯特·福里（Gilbert Foury，以"埃德温"的代号闻名），他迅速将F2的网络扩展到港口城市勒阿弗尔、布雷斯特和波尔多，以侦察德国潜艇的动向。随后，法国海军高级军官雅克·特雷尔·德·普雷沃（Jacques Trolley de Prévaux）和他的波兰犹太妻子洛特卡（Lotka）也加入了他们的行列。洛特卡在战前曾是维奥内特的模特。到1940年秋天，F2在土伦建立了基地，并扩展到了戛纳和尼斯沿地中海海岸。埃尔维和露西·德斯·查尔伯尼都是F2网络在这一带区域的成员。这对夫妇于1931年结婚，育有一子两女。考虑到他们有3个年幼的孩子需要保护，他们参与抵抗组织的行为就显得格外勇敢。

巧合的是，埃尔维和露西还意外地与克里斯汀·迪奥的密友勒内·格鲁瓦建立了联系。这位插画家当时仍住在戛纳，1941 年，他画了一幅露西的肖像，这幅画作把露西的沉稳和优雅展现得淋漓尽致。露西·德拉帕朗（Lucie de Lapparent）出生于 1907 年，家中多名成员都参与了抵抗运动，包括她的表弟，即后来成为著名演员的于贝尔·德拉帕朗（Hubert de Lapparent）。根据一些家族成员的说法，埃尔维遇见卡特琳娜后，他与露西的分开是"意料之中的"。（换句话说，是迫不及待的。）与此同时，我也从卡特琳娜的一位朋友，同时也是埃尔维的亲戚那里听说，他那些比较传统的家庭成员都不赞成他作为已婚男子与卡特琳娜谈恋爱。而且事实上，埃尔维和露西从未离婚。

当然，对于卡特琳娜来说，爱上一个已婚男人也违背了天主教的教义和维希政府所倡导的父权主义价值观。这种价值观认为女人就应该待在家里，作一个尽职尽责的妻子或温驯的女儿，服从于男性的权威。当时的法国女性仍然没有投票权。虽然从 1909 年开始，法国就出现了有组织的女性选举权运动，但直到二战尾声，女性才被正式赋予选举权。在这段令人倍感压抑的时期，卡特琳娜就显得尤为离经叛道。这不仅表现在个人生活方面，同样也体现在她反抗维希政权和纳粹统治的政治主张上。无论是实际行动还是人生选择，她都是那么向往自由。

战时局势瞬息万变。1941 年底，随着 F2 的情报活动变得更加危险，卡特琳娜把更多时间花在了海滨地带上，她甚至在戛纳租了一套公寓，以便更靠近埃尔维和他那些抵抗运动组织的同志。埃尔维的代号是"埃里克"，露西的代号是"蔻尔"，卡特琳娜的代号是"卡罗"。她的任务是收集和传输关于德国军队和军舰动向的信息，为此，她经常要骑很长时间的自行车，与F2 的其他特工联络。

卡特琳娜最亲密的朋友莉莲·迪特林（Liliane Dietlin）也是 F2 的一员。多亏了莉莲的另一位朋友，奥地利著名调查记者吉塔·塞雷尼（Gitta Sereny），我多年前曾与吉塔共事，并因此有幸从她口中了解到抵抗运动中这些女性"无名英雄"。戴高乐将军曾呼吁法国男人——包括士兵、水手和飞行员——加入他反对纳粹主义的斗争。同样也有许多团结起来投入解放事业的法国妇女，她们中很多人都非常年轻，没有受过任何军事训练。正如吉塔在 1997 年 2 月莉莲去世后不久写给她的悼词中所回忆的那样："我几乎无法想象莉莲已经老了。在我看来，她一生都像我们第一次见面时我看到的那样，是一个再典型不过的巴黎年轻人。她身材娇小，体态苗条，骨骼匀称，言语、行为和着装都非常优雅，这是我们这些从外地来巴黎的人永远无法模仿的。"

直到 20 世纪 70 年代初，吉塔才开始了解 F2，当时她出版了一本名为 *Into That Darkness* 的书，书中的主人公是波兰特雷布林卡灭绝营的指挥官弗伦茨·斯坦戈尔（Franz Stangl）。吉塔写到，在经历了 30 年的友谊之后，莉莲才"开口谈论战争期间一些人类的邪恶，发现她（吉塔）对此比大多数人都更有经验"。莉莲和卡特琳娜一样，对自己在 F2 的经历几乎是三缄其口，连她的女儿安妮也不知道母亲在抵抗运动中的经历。实际上，还是在安妮打电话给卡特琳娜，通知她来参加母亲的纪念弥撒时，卡特琳娜才把莉莲的这段经历告诉了安妮。卡特琳娜问她："你有没有听人提起她曾经做了什么，说她是一个女英雄，一个伟大的女英雄？"当时安妮完全听不懂她在说什么，直到卡特琳娜解释说，莉莲"和我在反抗运动中属于同一个分部，但她加入的时间要比我长得多"。

吉塔也认识卡特琳娜·迪奥，而她对于后者在 F2 期间经历的简短记载，是关于这些年轻女性在二战期间所扮演的秘密角色为数不多的存世档案。在德占期间，莉莲在巴黎为 F2 的波兰领导人之一斯坦尼斯洛·拉索基（Stanisław Lasocki）担任信使，后者直接向伦敦的情报机构报告。根据吉塔的记载，"这家精英组织由 2000 多名特工组成，在战争中伤亡惨重，但后来被认为是欧洲最有效的情报组织之一"。有资料显示，到战争结束时 F2 有大约 2500 名特工，其中 23% 是女性；该组织至少有 900 名成员遭到拘留、驱逐或杀害。然而，尽管莉莲和卡特琳娜每天都面临着可怕的风险，她还是刻意淡化了自己在抵抗运动中的经历。当吉塔问她，如果她被盖世太保抓获会怎么做时，"她安慰地拍拍我的手，轻声回答说，她会吃一片'可爱的小药丸'。这个了不起的女人表现出了令人难以置信的勇气，为她的国家完成了不可思议的壮举"。

1940 年 6 月法国战败后，吉塔成为卢瓦尔河谷一家慈善机构的护士志愿者，照顾战争中和父母失散的孩子。（当时情况十分混乱，随着德国军队不断入侵，大批难民逃离家乡，许多家庭因此失散。）吉塔很少来巴黎，但 1941 年冬天她来过一次，设法在一家咖啡馆与莉莲见面。"我问她为什么选在这里会面——右岸全是德国人，香榭丽舍大街的情况是最糟糕的。'巴黎最安全的地方就是人最多的地方。'她轻声说道。"

莉莲是骑着自行车来到咖啡馆的，"在那些年里，她几乎就住在这家咖啡馆里。她穿着羊毛长筒袜和一条黑色的直筒裙，裙子的侧开衩方便她骑自行车；一件见证了过去好日子的皮草短外套，是她母亲留给她的。还有一顶针织帽子，遮住了她的黑发。当时她 29 岁，但看起来只有 18 岁，在场所有男人都注视着她穿过走廊的门，给了我一个拥抱。我想，那是一个非常大的拥抱"。

直到 35 年后，莉莲才告诉吉塔，当时的情况有多危险。"她带了 4 条消息，早上给 3 个人分别送了 1 条，下午带了 1 条去集体会议。那天有 8 人被捕：早上 2 人；就在莉莲的自行车骑上这条街的时候，又有 6 人被捕。所有人都将被处决，大部分在遭受酷刑后被绞死。'糟糕的一天。'她回忆道。有很多这样的人吗？她耸耸肩：'啊，是的……'"

　　对于这位骑着自行车、美丽而勇敢的朋友，吉塔充满了深情敬意，并将其化作笔下抵抗运动中那些女英雄，讲述她们与纳粹做斗争的故事。在我童年时，这些故事已经是流行文化的重要组成部分了。吉塔引用另一位 F2 前成员皮埃尔·海因里希（Pierre Heinrich）的话说："她最棒的地方在于，她让这一切看起来如此轻松，甚至可以说是有趣。你知道，就算身处所有的恐惧和风险中，她也一直带着笑容。"吉塔还写到，莉莲被人们称为"一朵小花"，这个绰号可能同样适用于卡特琳娜·迪奥、洛特卡·德·普雷沃或任何其他年轻的、充满理想主义的同志。在被占领的巴黎，吉塔描述了她向莉莲告别的场景，她们不知道是否还会再见面，因此这一幕充满了难忘的电影氛围："那天她穿着一条宽大的棉布裙，一件漂亮的白色短袖衬衫，是那天早上我看着她熨出来的。她没穿长筒袜，但穿了一双木质鞋底的凉鞋。在短暂的拥抱后，她骑着自行车穿过康德桥离开了我们。她闪闪发亮的头发在那天的微风中飘扬，她举起手臂向我告别……"

　　当我重读吉塔的话，然后闭上眼睛时，我仿佛看到了抵抗运动中其他活力四射的年轻女性，在转瞬即逝的一幕幕画面中，她们消失在远处的一座桥上。我脑海中回想着她们的勇气，她们的纯真，以及那些在战争中没有幸存下来的人所遭受的苦难。她们每个人都应该得到自己的荣誉，然而，这一切都永远地消散在了历史中……就像空气中迪奥小姐香水的味道一样，令人难以捉摸。

卡特琳娜·迪奥肖像照。

在研读这本书的过程中，我很幸运地遇到了莉莲的儿子尼古拉斯·克雷斯佩尔（Nicolas Crespelle），他也是深受卡特琳娜·迪奥宠爱的教子。有一天，我们在巴黎相约一起喝茶，那家咖啡馆与迪奥档案馆正好在同一条街上。我眼中的他，就像他母亲眼中的吉塔一样，都是典型的巴黎人：相貌出众，彬彬有礼，尽管他是骑自行车来的，却依然那么气定神闲。尼古拉斯非常慷慨地分享了他所知道的一切，同时也强调了对于战后一代来说，有多少事情是保守在心中的秘密。他出生于 1947 年 2 月，正好是在迪奥的"新风貌"系列发布的同一周；他的姐姐安妮则出生于 1945 年。"没有人跟我们说起过那场战争里的事情，"尼古拉斯说，"卡特琳娜只跟我说起过一次，当时她说她曾被关押在德国的一个营地里。"当他母亲还在世的时候，他所知道的关于母亲在那场战争中所扮演的角色，就是她在战争期间骑过自行车。但每当她开始说起自己的自行车历险时，他的父亲就会说这"一点都不有趣"。

　　"为什么会这样？"我问尼古拉斯。

　　"我想我妈妈当时爱上了 F2 里的一个波兰人。他在战争中去世，只剩下她独自一人，然后我的父母才相遇。"尼古拉斯也不确定，父亲是嫉妒莉莲在遇见他之前与另一名抵抗组织成员谈过恋爱，还是仅仅因为他父母那一代人避免讨论德国占领法国的那段历史。无论如何，他还是能感受到母亲和卡特琳娜之间坚固的友谊，也正是因为这样，卡特琳娜才成了他的教母。战后，这两位前反抗组织成员在一起度过了很多时间。尽管尼古拉斯和他的姐姐在巴黎上学，但他的父母在普罗旺斯有一座度假别墅，就在卡特琳娜在卡利安的家附近的一个村庄里。"卡特琳娜和我母亲完全信任彼此。"尼古拉斯说。她们之间的深情厚谊，源自战时在 F2 的共同经历，而卡特琳娜在被俘期间拒绝供出组织的其他成员，也挽救了莉莲的生命。与此同时，在德国入侵期间，只有占法国人口极少数的人敢于像她们这样起身反抗。根据战时情报机构的记录估计，在德占期间的大部分时间里，抵抗运动的活跃成员不超过 10 万人。直到 1944 年 6 月盟军开始攻占诺曼底，德国的败局初现，抵抗者的数量才接近 40 万人，而这也仅占法国总人口的 1%。

以上就是卡特琳娜在 F2 期间那段值得自豪的经历，事实来源于抵抗运动所留存下来的为数不多的档案资料。这些资料显示，卡特琳娜在组织内部一直负责收集信息和撰写情报报告，随后发送给伦敦的英国特勤。她习惯用打字机写报告，而到了晚年也一直用打字机写信。

抵抗运动档案中的一份资料显示，卡特琳娜在戛纳分部的日常工作中发挥了至关重要的作用，不仅为埃尔维·德斯·查尔伯尼和雅克·德·普雷沃传递情报，而且还在盖世太保的一次突袭中藏匿了情报材料，然后安全地将其交付给 F2 的另一个关键成员。这一事迹足以证明她的"沉着、果断和冷静"。其他抵抗运动的档案显示，她与 F2 的原始领导人之一吉尔伯特·福里密切合作，使得情报传递至整个地中海地区。他们的秘密行动包括对马赛周围的海岸进行勘测、绘制地图、详细标注德军的基础设施、防御工事和地雷，而所有的这些都被转交给了伦敦的情报机构。

此时，F2 的南部指挥所设在尼斯，其特工活跃在地中海沿岸。该网络也遍布法国大部分地区，其四个分部均以女性的名字来命名：安妮（Anne）、塞西尔（Cécile）、玛德琳（Madeleine）和费利西（Félicie）。组织中配备有通信员、密码员和无线电操作员；印刷工则负责伪造令人信服的身份证、许可证和旅行证件；还有一支海上小分队，趁着夜色开船运送设备，收集情报，并转运受伤的特工。

然而，尽管采取了周密的计划和安全措施，F2 网络还是一直受到告密者的威胁。1942 年 11 月，当德国人越过分界线，将占领范围扩大到法国维希区时，危险加剧了。德国军事情报局阿勃维尔（Abwehr）在尼斯、土伦和格拉斯（后者距离卡利安不到 15 英里）设立了据点，而盖世太保则在尼斯的赫米塔奇酒店设立了总部，在特里亚农别墅附近设有一个刑讯据点。当地民众对纳粹持支持态度，一个事例就是当盖世太保的一名指挥官要求在尼斯招募 40 名女性情报员时，至少有 300 名法国女性提出了申请。在德占期间，告密非常普遍——有些是以匿名信的形式，向当局告发犹太邻居或同情抵抗运动的人。告密者的指控如果被证明是真实的，并导致有人被逮捕，告密者可能会收到大笔奖金。1943 年伊始，在第一次世界大战退伍军人约瑟夫·达南德（Joseph Darnand）的领导下，维希政权创建了法西斯准军事组织法兰西民兵（Milice），这一组织在法国南部也越来越活跃。达南德是贝当和皮埃尔·赖伐尔的亲密伙伴，后来他加入了武装党卫队（Waffen-SS），以此进一步表明他对希特勒的忠诚。

1943 年 7 月，雅克·德·普雷沃在尼斯的犹太裔得力助手乔治·马科夫斯基（Georges Makowski）收到警告，说他被告密者出卖了。乔治并没有试图逃跑，而是回家销毁了所有可能危及 F2 其他成员的文件。当他位于五楼的公寓大门被盖世太保踹开时，他刚刚烧毁了最后一份机密文件——但他在被抓获之前跳窗自杀了，因为他认为自杀要好过被逮捕和折磨。

在他牺牲之后，又有更多的人被捕：1944 年 3 月 29 日，雅克·德·普雷沃本人以及 F2 其他几名重要成员在马赛被盖世太保逮捕。同一天，雅克的妻子洛特卡在尼斯的家中被捕（她的父母在前一年已经被从巴黎驱逐到奥斯威辛集中营）。盖世太保到达他们的公寓时，洛特卡刚来得及把小女儿托付给保姆，保姆把孩子藏了 9 个月，在法国解放后带去巴黎，交给了雅克的哥哥和嫂子。

雅克和洛特卡都被单独监禁在里昂的蒙托卢克（Montluc）监狱，反复受到审讯和酷刑，该监狱由臭名昭著的党卫军军官克劳斯·巴比（Klaus Barbie）管理。1944 年 8 月 19 日，也就是盟军登陆法国南部地中海沿岸 4 天后，他们被行刑队处决。在德占末期，行刑队杀害了包括他们在内的 24 名抵抗者，犯下最后的暴行。几天后，德国人放弃了蒙托卢克，里昂于 1944 年 9 月 3 日获得解放。

雅克和洛特卡牺牲后，他们的小女儿奥德被雅克的兄嫂收养，但是从来没有人告诉她亲生父母的身份，以及他们在抵抗运动中的英勇事迹。这也再次证明了法国在战争问题上，长期以来一直保持着惊人的缄默态度。直到 23 岁的时候，奥德才在一次偶然事件中发现了真相。

雅克的被捕，对 F2 的其他人来说是致命打击。埃尔维·德斯·查尔伯尼一收到消息，就给卡特琳娜打电话，并给她发了一条加密警报："明天晚上，我们将在巴黎，和你弟弟一起吃饭。"戛纳太危险了，卡特琳娜不能待在那里。即使是与世隔绝的纳依塞斯农舍，也不足以让她免受盖世太保的威胁。她必须马上离开，去巴黎和克里斯汀会合。

一个人骑着自行车为抵抗运动分发秘密传单，巴黎，约 1944 年。
罗伯特·多伊斯诺摄。

皇家街

    顾名思义，皇家街是巴黎最宏伟的街道之一，从协和广场（Place de la Concorde）一路延伸到玛德莱娜教堂（Leglise de la Madeleine）。这座教堂最初被设计为一座宏伟的神庙，以赞颂拿破仑军队的荣耀。长期以来，皇家街一直与时尚息息相关：克里斯汀·迪奥小时候曾陪同母亲玛德莱娜到她的裁缝罗辛·佩罗特（Rosine Perrault）那里，而她的住所正是位于皇家街13号。他还曾参观爱德华·莫利纽斯的时装屋，同样位于皇家街5号，就在马克西姆餐厅隔壁。皇家街10号的入口和街上的其他地方一样令人印象深刻，但在宏伟大门的另一边，有一排楼梯和隐藏的门道。走上一段狭窄的阶梯，就能通往我一直在寻找的地方——克里斯汀·迪奥的公寓。这是战争期间他在巴黎的家，也是卡特琳娜1944年被迫逃离普罗旺斯之后居住的地方。

    这套公寓现在的住户从一位年长的邻居那里了解到了一些战时的历史，这位邻居从小就住在这栋楼里。当我访问巴黎时，正是一个星期六，巴黎市中心异乎寻常的冷清——"黄马甲"（Gilets Jaunes）反对提高燃油税的抗议活动正如火如荼地进行着。经过了一周前的骚乱，附近所有的商店都关闭了，而迪奥和香奈儿也是遭劫的奢侈品精品店。这样的示威活动让人想起了这座城市的历史：1789年法国大革命之后，巴黎发生了一系列的起义和暴

左页图：德占期间，皇家街下班后的德国军事人员。安德烈·祖卡（André Zucca）摄。

动。到了 1871 年，在巴黎公社的社会运动时期，皇家街上修起了一座巨大的路障，作为巴黎公社战士与法国军队进行街头战斗的堡垒。

我来到室内，街上传来的警笛声顿时被屏蔽在外，公寓内部一片静谧。但是正如我所知道的那样，1944 年卡特琳娜·迪奥来到这里避难时，正被盖世太保追捕，这让我不禁转换了角度来看这套公寓。从窗户望出去是一片巴黎的屋顶，很明显进出这里只有一条路：虽然你可能因此而感到安全，但同样也可能被困在这里，找不到第二条逃生路线。

这套公寓现在的住客很热心，他带我参观了一番后说，他要回书房里工作了，让我自己在这里再多待一会儿，更好地感受一下这里的气氛。"我应该去哪个房间？"我问他。他招手让我跟着他，我们走进最小的房间，里面有一张单人床，还有一架木梯子，通往一个没有窗户的小阁楼，如果你从下面的街道往上望，根本看不见那个阁楼。"这个房间，"他说，"这就是幽灵徘徊的地方……有时，当我睡在这里时，我会听到阁楼里幽灵的声音。在战争期间，阁楼曾是卡特琳娜和其他抵抗运动成员的藏身之处。"

他温柔地微笑着，然后抚摸着卧室窗户旁边一盆室内植物的绿叶，并指了指门边的另外一盆绿植。"这些是为卡特琳娜种的，"他说，"我想她会希望房间里有一些绿植。"

"蝴蝶呢？"我看着墙上挂着的装裱精致的昆虫标本，问道。

"啊，那些，"他说，"这些是为了纪念 19 世纪中叶皇家街历史上非常奇怪的一天。当时成千上万的蝴蝶落在街上，覆盖了所有的建筑。蝴蝶也让我

为巴黎抵抗运动打印宣传册。
罗伯特·多伊斯诺摄。

想起了卡特琳娜。而且我觉得有翅膀的生物在这里，会保护我远离噩梦。"

"你的噩梦？"我有点困惑地问道。

"不，不是我的，是卡特琳娜的噩梦，"他说，"你能理解吗？"我默默地点头。

1941年，克里斯汀·迪奥的前老板罗贝尔·比盖表示可以为他提供一份工作，在犹豫了几个月之后，他终于决定离开普罗旺斯，并于1941年底回到皇家街。他在回忆录中写道："一想到要回到那座我所热爱的被占领并被羞辱的城市，我就怕得要死。我还担心，已经成了一名农民的我，无法适应足不出户的工作室生活和公司里不可避免的尔虞我诈。更何况，还得考虑以后我们的农活是否能在我妹妹一个人的照料下接续下去的问题。"他没有解释到底是什么使得他下定决心，重新从事服装设计师的工作。但事实是，当克里斯汀最终从法国南部回来时，比盖已经找人填补了这个职位。最终，他在另一家时装公司找到了一份工作。那家公司属于吕西安·勒龙（Lucien Lelong），他也是时装行业的官方贸易联合会——高级定制时装公会（Chambre Syndicale de la Haute couture）的主席，曾代表巴黎时装业与巴黎的纳粹当局进行谈判。

关于第二次世界大战期间勒龙及其同事的所作所为，有许多不同的看法。据克里斯汀本人说："时装屋重新开放了车间，既是为了给成千上万的工人提供就业机会，也是出于爱国……这样一个看似轻浮和没有实际用途的营业场所可能会招致德国人的不满，但不知何故，我们设法坚持到了解放那天。"

事实上，德国人对巴黎时装业非常感兴趣，并提议将其迁至柏林。而且早在1940年8月，纳粹官员就访问了勒龙的工作室，并告诉他，他们已经决定将巴黎的时装工作室转移到德国，将在第三帝国的直接统治下运作。

1940年11月，勒龙前往柏林，决心捍卫法国的利益，同时他的内心也自有打算：为了确保巴黎时装屋的存续，与德国人进行一定程度的合作不可避免。而他确实也说服了德国人，让他们放弃了将时尚产业集中在柏林的计划。

尽管有人认为，巴黎时装业在战争期间的生存是法国文化不可战胜的标志，但对于像勒龙这样在纳粹的统治下继续工作的时装设计师来说，难免要与德国人进行一些合作。作家兼记者杰曼·博蒙特（Germaine Beaumont）在1942年冬天撰文指出，一件高级定制服装"如此之小，如此之轻，但却是文明的总和，是宁静、现代化和优雅的精髓……因为巴黎时装的原材料并不单单是布料，还有我们的街道、柱廊……它是从生活，从书籍、美术馆和生活中的种种意外中收集到的。这虽然只是一件礼服，但整个国家都参与了它的制作过程……"。

但是，尽管"时装是巴黎艺术的精粹"这一概念很浪漫，但它还是受到德国当局种种严苛规则的制约：诸多精准的条款，严格规定了从纺织品配给到工作室所有权的一切。犹太裔业主的企业被没收，失去了财产、自由，甚至失去了生命。例如，洛特卡·德·普雷沃是一名女帽商的女儿，她的父母

下页和下下页图：悬挂在里沃利街上的纳粹党旗。安德烈·祖卡摄。

0 6 9

在巴黎有一家服装店，在他们被驱逐到奥斯威辛集中营之前，这家店被当局没收。洛特卡的姐姐和姐夫的情况也没有好到哪里去：他们失去了成功的皮草生意，并且在 1942 年 8 月被迫逃离巴黎，偷渡过分界线来到自由区，但就算是到了那里，他们还是遭到逮捕并被送往奥斯威辛集中营处死。

作为第三帝国和维希政权所实施的"清洗"运动的一大重点，法国全力支持对时装业"雅利安化"。"法国将被拯救，并将由最正宗的法国元素重建。"1940 年 11 月，作家弗朗索瓦·里巴多·杜马（François Ribadeau Dumas）写道："其中最为关键的是法国人的血液和法国人的大脑。"就在同一个月，犹太服装设计师雅克·海姆（Jacques Heim）被禁止在巴黎做生意。"此时此刻……可疑的犹太时装屋消失了，巴黎奢侈品贸易的氛围将得到净化！"

这就是克里斯汀·迪奥在巴黎加入吕西安·勒龙的公司时的社会大环境。那时的巴黎是一座被纳粹占领的城市，而时装业也已屈从于第三帝国的意志。从 1940 年起，德国驻法国大使奥托·阿贝茨（Otto Abetz）和他的法国妻子苏珊娜（Suzanne）就在他们富丽堂皇的大使馆里统治着当时全新的上流社会。大使馆位于里尔街博阿尔内酒店（Hôtel Beauharnais），这里出入的都是高级军官、外交官、政客、工业巨头，以及演员、作家等艺术家和时装设计师。阿贝茨最亲密的朋友之一是让·卢希尔（Jean Luchaire），他是一名记者，也是法国合作派媒体的领导人。这两人相识已有 10 年，苏珊娜·阿贝茨此前曾是卢希尔的秘书。另一位常客是反犹太主义法国作家路易斯 - 费迪南德·塞利纳（Louis-Ferdinand Céline），他将阿贝茨称为"奥托一世国王"，将法国称为"奥托王国"。在这个王国里，装饰着从罗斯柴尔德家族和其他犹太家庭的豪宅中掠夺来的艺术品，几位时装设计师在奥托和苏珊娜·阿贝茨的赞助下开始出人头地了。其中包括马塞尔·罗切斯（Marcel Rochas），据报道，他曾在马路上为了避开犹太人前客户而改走小路。还有雅克·法特（Jacques Fath），他与优雅的妻子吉内维夫（Geneviève）一起出席了德国大使馆的晚会。吉内维夫本人是著名模特，也是可可·香奈儿的前雇员。在此期间，法特旗下的员工人数增加了 3 倍多——从 1942 年的 76 名员工增加到 1944 年的 240 名，而罗切斯则在 1940 年 11 月为德国政要举办了一场私人设计展。

苏珊娜·阿贝茨是艾尔莎·夏帕瑞丽时装沙龙的常客，而她几乎和她丈夫一样权势滔天。在夏帕瑞丽的一次时装秀上，另一位著名客户伊丽莎白·德·罗斯柴尔德（Elisabeth de Rothschild）为了避免坐在阿贝茨夫人旁边而换了自己的座位，第二天她就被捕了，并被驱逐到拉文斯布吕克集中营。1945 年 3 月，她在那里去世。伊丽莎白出生在一个法国天主教贵族家庭，她犯了一个悲惨的错误——在她的丈夫菲利普·德·罗斯柴尔德（Philippe de Rothschild）逃往伦敦并加入了戴高乐将军的军队之后，她还认为自己在巴黎会很安全。

赫尔曼·戈林（Hermann Goering）的第二任妻子艾美（Emmy）曾是一名女演员，当时也是巴黎时尚圈一位显贵的客户。赫尔曼·戈林时任德国空军总司令，在 1941 年至 1942 年间访问了巴黎 25 次，带走了大量掠夺而来的艺术品，并为妻子订购了礼服和珠宝。事实上，据熟悉戈林一家的英国艺术家弗朗西斯·罗斯爵士（Sir Francis Rose）说，元帅本人也很可能佩戴过这些珠宝："无论出席何种场合，他必须是在场最引人注目、穿着最考究的男性。珠宝，尤其是巨大的宝石和大型黄金饰品尤其适合他……但艾美并没有佩戴过（一套新的钻石首饰），倒是赫尔曼有一次去马克西姆餐厅的时候，穿着最喜欢的蓝色套装，其中外套和背心的纽扣以及领带别针用的就是这套钻石。"

但是，时装店并不仅仅为巴黎城中德国政要的妻子提供服务。在 1941 年发行的 2 万张"高级定制配给卡"（couture ration card）中，只有 200 张是留给德国人的。维希政权领导人皮埃尔·赖伐尔的女儿何塞·赖伐尔（Josée Laval）在战前已经是香奈儿和勒龙的常客。1935 年，她嫁给了勒内·德·尚布伦伯爵（Comte René de Chambrun），他是一名律师，后来还成为可可·香奈儿的代理商。何塞对时装充满热情，正如她坚信自己的父亲是一位富有远见的政治家。她的战时日记显示，她是浪凡、勒龙、夏帕瑞丽和巴黎世家的常客。类似地，让·卢希尔的女儿科琳娜（Corinne）是一个小电影明星，她也总是穿着最新的时装，其中绝大部分由她最喜欢的时装设计师马塞尔·罗切斯设计。

还有被称为"BOFs"的女性，她们是大发横财的黑市商人的妻子和女儿。这个绰号是日益稀缺的三种食物的缩写：奶油（beurre）、鸡蛋（oeufs）、奶酪（fromages）。正是这些食品让他们的家庭迅速致富。有了这些客户和其他新富客户，时装公司的业务一路飙升：从 1941 年的 6700 万法郎增加到 1943 年的 4.63 亿法郎。

克里斯汀在勒龙的朋友兼同事皮埃尔·巴尔曼（Pierre Balmain）在他的回忆录中生动地描述了他们不得不应付的顾客，以及克里斯汀·迪奥特有的那种讥讽态度。"德占期间，勒龙的客户主要是法国官员的妻子，她们必须注意仪表端庄。此外还有照常营业的工业家。除了德国大使的法国妻子阿贝茨夫人，很少有德国人来找我们。尽管如此，时装秀上仍然充满了一种不真实的奇怪氛围。我记得 1943 年勒龙的第一场时装秀开场前，我和克里斯汀·迪奥站在帷幕后面观察现场的观众，也就是那些正在享受丈夫所攫取的暴利的女人。'想想看！'他喊道，'所有那些女人都会穿着勒龙的时装被枪决！'"

事实上，在 1942 年 9 月，巴尔曼和克里斯汀·迪奥都有机会离开法国，当时勒龙获得了德国当局的许可，能够前往巴塞罗那举办国际时装展。据巴尔曼说，"克里斯汀建议应该由我去，因为我比他更熟悉秀场装置，也更善于布置模特人台。"在巴尔曼前往西班牙中立地区之前，"勒龙让我向他保证，我会回到巴黎，继续和他一起工作。这时，我意识到自己对那些依赖公司维持生计的众多员工负有责任，因此我打消了利用这个机会逃往伦敦或纽约的念头。"

然而，当巴尔曼在巴塞罗那时，他没有联系巴黎的任何人。"一些朋友认为我不是被杀就是被捕了。我母亲的想法要有趣得多，她认为她的儿子去伦敦加入了自由法国军队（the Free French Forces），并将得胜归来，解放法国。"事实上，正如巴尔曼后来在他的自传中叙述的那样："我当时在疯狂购物，用 14 套西装、45 件衬衫、18 双鞋、3 件外套和大量在法国买不到的无用物品塞满了衣柜。在那些日子里，未来似乎是一件不确定的事情。钱没什么意义……我喜欢衣服，所以我趁机买下了它们。"

巴尔曼还对克里斯汀·迪奥在巴黎的公寓作了一番令人难忘的描述，他们经常晚上在那里一起消磨时间。他们总是避开马路对面的马克西姆餐厅，因为这家餐厅对他们来说太贵了，德国人和法国的合作派倒是经常光顾那里。尽管克里斯汀的公寓位于纳粹控制下的巴黎市中心，但它提供了一个远

离国土沦丧现实的避风港。当法国的路标被德语路标取代，时钟也按照第三帝国的规定重新设置，每栋公共建筑上都挂着纳粹党旗之时，克里斯汀在公寓里复制了一战前他童年的家。据巴尔曼说，这是一套"以第二帝国风格装修的大型资产阶级情调公寓。客厅里有一架巨大的黑色钢琴，以及一大堆在我看来毫无价值的小摆设：长毛绒相框里摆放着年长贵妇的肖像，镀金的小小山羊拉着装上轮子的珍珠贝母，乳白色的水果盘，以及一幅比真人更大的全身肖像，上面是一位 19 世纪 80 年代着装风格的女人。她与克里斯汀惊人地相似……"。

对于和克里斯汀的友谊，巴尔曼一直充满感恩——"克里斯汀的本性温柔善良"，即使在宵禁的限制下，"巴黎也有和平、快乐的时刻"。多亏了克里斯汀，巴尔曼被介绍进了时尚社交圈，其中包括艺术家克里斯汀·贝拉尔、作家让·谷克多、室内设计师乔治·杰弗里和音乐家昂尔·苏格尔（Henri Sauguet）。1944 年 6 月，昂尔·苏格尔在克里斯汀的公寓里碰巧遇到了借住哥哥家的卡特琳娜·迪奥，并且目睹了她与其他几个抵抗运动成员的来往。随后他在回忆录中承认，他当时万分焦虑，不知道如果盖世太保向他问话，他将如何解释。

克里斯汀庇护了妹妹和她的同志们，这无疑让他处于危险之中，这也体现了他对抵抗运动的默默支持。但他在巴黎社交圈中的一些朋友和熟人并不认同卡特琳娜的勇气和信念。菲利普·德·罗斯柴尔德在他的回忆录中有一句诛心的言论，他引用了"一个聪明的巴黎女人"的话说："合作主义要入时得多。"他没有写下讲这句话的女人到底是谁，但她可能是当时社交圈里

左页图：克里斯汀·迪奥在皇家街的公寓里。弗兰克·谢尔谢勒（Frank Scherschel）摄。

任何一个沙龙的女主人。举个例子，玛丽·路易斯·布斯凯是《哈泼芭莎》驻巴黎的著名记者，也是剧作家雅克·布斯凯（Jacques Bousquet）的遗孀。长期以来，她因每周四晚上在波旁宫（Place du Palais Bourbon）的家中举办沙龙而闻名。她的沙龙在整个德占期间都没停歇过，欢迎亲纳粹的法国知识分子和她认为有学识的德国军官加入，其中包括恩斯特·荣格尔（Ernst Jünger）和格哈德·海勒（Gerhard Heller）。荣格尔是一个在法西斯统治时期有影响力的作家，同时也是一个在一战期间立功并被授予勋章的士兵，他与海勒一起就职于巴黎的德国审查办公室。海勒的工作是根据奥托·阿贝茨起草的一份冗长名单，封禁犹太裔和反法西斯作家的作品；而荣格尔的任务是审阅德国士兵的信件、法国报纸以及其他出版物，看里面是否有不服从的迹象。

尽管享受着布斯凯夫人的盛情款待，欣赏着她图书馆里装订精美的书籍，但荣格尔似乎对她有所保留，在日记中坦白自己对待她"就像化学家对待可疑化合物一样谨慎"。然而，海勒则把布斯凯的家称为他日常审查职责的"避难所"。他于1934年加入纳粹党，但仍然是一名狂热的法国文化爱好者，并于1942年批准出版阿尔伯特·加缪（Albert Camus）的小说《局外人》（战后在伦敦出版时翻译为 The Outsider，在纽约则译为 The Stranger）。当海勒阅读《局外人》的手稿时，加缪还不出名——他是一名出生在阿尔及利亚的无名记者，患有肺结核。文学专业出身的海勒认为，这部小说不仅可以出版，而且"非常新颖"。在战后的一次采访中，海勒解释说，他认为审查制度在巴黎运作得很好："我与编辑和出版商达成了一项协议——只要能得到纸张原料，他们就可以印刷任何他们喜欢的东西，除了涉及战争或安全等少数主题，也不能有犹太人的作品或反德作品。自我审查是最好的。"目前尚不清楚海勒是否意识到加缪从1943年底起就开始担任抵抗组织地下印刷品《战斗》（*Combat*）的编辑，但道德上的模糊性，是那段被称为"黑暗时代"的德占时期非常典型的灰色地带。

与此同时，玛丽·路易斯·布斯凯的另一位常客让·谷克多似乎很乐意与奥托·阿贝茨交往。谷克多自称是和平主义者，时断时续地吸食鸦片。同样令人惊讶的是，德国大使竟然愿意款待谷克多，因为他的非正统生活方式会被维希政府和纳粹政权判定为"堕落"。布斯凯还把谷克多介绍给了恩斯特·荣格尔，两人后来关系非常密切。1941年11月23日，荣格尔在日记中写道，谷克多"亲切友好，但同时体弱多病，就像一个徘徊在一座特殊的舒适地狱里的人"。谷克多对这段与敌人共同生活的经历，做出了异想天开的超现实描述："巴黎吞下了德国军队，就像鸵鸟吞下了一把剪刀。"据说鸵鸟能消化任何东西，而且以把头埋在沙子里而闻名，谷克多用他那句关于占领的名言，展现出他自己也是一个具有类似适应性的生物："可耻的和平万岁……"

在玛丽·路易斯·布斯凯的聚会上，荣格尔还见到了毕加索，以及法国几位著名文学人物，包括皮埃尔·德里厄·拉罗谢尔（Pierre Drieu La Rochelle）和马塞尔·朱汉道（Marcel Jouhandeau），他们都是公开的法西斯主义者和反犹太主义者，并于1941年10月接受戈培尔的邀请，前往德国参加了一次作家大会。通过布斯凯，荣格尔被介绍给了她最亲密的朋友之一，非常富有的社交名媛弗洛伦斯·古尔德（Florence Gould），她同样也举办沙龙款待德国官员和法国作家。一份美国军事情报称，德占期间在古尔德和布斯凯的沙龙上还有向德国高级军官提供性服务的女性。据称，布斯凯本人与德国军事情报局阿勃维尔的负责人阿诺德·加特上校（Colonel Arnold Garthe）亦有一段关系，而古尔德的战时情人据说包括盖世太保首脑、巴黎

恩斯特·荣格尔在巴黎骑马，约 1941 年。

安全高级指挥官赫尔穆特·诺钦（Helmut Knochen）。

就这样，这些美丽新世界的"皇后"站在了肉欲合作的最前沿，让两国之间的"社交"愈发激烈。1942年3月，荣格尔在日记中记录到，当空袭警报响起时，他正与古尔德、她的朋友格哈德·海勒和马塞尔·朱汉道一起在布里斯托酒店享用陈年香槟。"在此期间，人们谈论着死亡。"他说，"古尔德夫人在这个问题上有一些很好的见解，她说没有人可以剥夺我们关于死亡的经历……她提到了所有正确政治态度的基本前提——无所畏惧。在一个于热带地区度过的夜晚，她曾看到一只蝴蝶在花园的灯光下落在壁虎的背上。对她来说，这象征着极大的安全。"

尽管荣格尔很喜欢弗洛伦斯·古尔德，但他在巴黎那些环境优雅的沙龙里遇到的一些法国知识分子却让他觉得，他们的反犹情绪远比他本人更强烈。在1941年12月7日的日记中，荣格尔写到，他听见医生和著名作家塞利纳抱怨德国人对付法国的犹太人效率太低下了。"他说自己非常震惊，也非常意外，因为我们的士兵没有枪杀、绞死和消灭犹太人——最令人惊讶的是，所有带刺刀的人都没有充分地使用刺刀……'如果我有刺刀，我就会知道该怎么办。'"

1942年5月29日，根据一项已经在德国和波兰实施的法律，犹太人被命令佩戴绣有"Juif"（犹太人）字样的黄星标识。根据广泛实行的配给制，他们必须用纺织品券兑换这些标识，而拒绝佩戴的犹太人，以及佩戴它们以表示同情的非犹太人都将被逮捕。6月8日，在黄星标识推出不到两周后，恩斯特·荣格尔在马克西姆餐厅与法国小说家、维希政权外交官保罗·莫兰德（Paul Morand）和他优雅的妻子海伦娜（Hélène）共进午餐。后来，荣格尔写道："在皇家街，我生平第一次看到了黄星。3个年轻女孩戴着它手挽手走过……那天下午，我看到了更多黄星。我觉得，即使在我个人的生平中，这也是一个重要的日子。这样的景象带来了一系列后果——我立即感到穿着制服是那么尴尬。"

莫兰德夫妇大概并不觉得有什么不妥：他们的法西斯朋友就有塞利纳，而且他们和塞利纳一样反对犹太主义。德国入侵后，菲利普·德·罗斯柴尔德在试图寻找离开法国的途径时遇到了莫兰德一家，他观察到"海伦娜夫人发表了长篇大论：我疯了吗？我出什么问题了？德国人是完美的人，举止优雅。欧洲衰落完全是因为堕落的犹太人……纳粹是唯一有解决办法的人"。

荣格尔在马克西姆餐厅与莫兰德夫妇共进午餐后不久，当局就推出详细政策，逮捕巴黎所有犹太人并驱逐到德国集中营。党卫军军官阿道夫·艾希曼（Adolf Eichmann）于 1942 年 7 月 1 日抵达巴黎，负责该政策的统筹安排，维希政权警察局长勒内·布斯凯（René Bousquet）的手下负责执行，而皮埃尔·赖伐尔则负责逮捕 4000 名 16 岁以下的儿童。德国人没有要求赖伐尔这样做，但后来他声称，在驱逐过程中让犹太家庭团聚是出于"人道主义"考虑。事实上，许多孩子在被送往集中营之前就已经与父母分离。7 月 16 日晚上到第二天早上，近 900 支法国警察队伍在"大突袭"（Grande Rafle）中逮捕了超过 3 万名男子、妇女、儿童和新生儿，并将他们关押在巴黎冬季赛车场（Vélodrome d'Hiver）。没有食物，没有自来水，没有卫生设施，在这种严酷的条件下，开始有人死亡（受害者中包括孕妇）。5 天后幸

右页上图：在巴黎，两个被强制佩戴黄星标识的犹太女孩。
右页下图：贝当元帅一名年轻的支持者正在出售徽章，1941 年 5 月 1 日，巴黎。
皮埃尔·贾汉（Pierre Jahan）摄。

存下来的人被送往巴黎东北部郊区德兰西（Drancy）的一个拘留营，由法国宪兵看守，随后从那里乘火车被驱逐到奥斯威辛集中营。恩斯特·荣格尔在日记中写道："昨天，大量犹太人在这里被捕，随后将被驱逐出境——最重要的是，父母与子女分开，街道上响彻他们的哭声。我一刻也不能忘记，我周围都是可怜的人，都是饱受折磨的人。"

犹太人佩戴黄星的消息和孩子们的哭声是否传到皇家街克里斯汀·迪奥的公寓？根据皮埃尔·巴尔曼的描述，德国人沿着香榭丽舍大道行进时，他们是避而不见的："我们由于内心的脆弱，只能假装（自己）沉浸于橱窗陈列。"

至于谷克多，他在 1942 年 7 月 2 日的日记中记录了与巴黎市警察局新任局长共进晚餐时的谈话，他发现那是"一个富有魅力的年轻人"："他说起希特勒时非常尊敬，没有任何浮夸，也没有任何狭隘的想法。和我一样，他认为阻止像他这样的人实现目标，在他的行进道路上施加限制，那将是灾难性的。'新欧洲'的版图已经准备好了……将不再有海关，不再有国界。"3 周后，当犹太囚犯在德兰西惨遭关押时，谷克多在日记中再次提到希特勒："希特勒研究过拿破仑犯过的错误，希望将他作为士兵的天赋与塔列朗（Talleyrand）的（外交）策略结合起来。这就是为什么公众无法理解他的伟大之处以及政策的转变。"

谷克多本可能对希特勒的反犹政权毫不怀疑，直到 1943 年底。他的犹太朋友马克斯·雅各布（Max Jacob）是一位诗人和画家，在第一次世界大战前皈依天主教。他在 12 月给谷克多写了一封信，告诉他自己的哥哥已被驱逐到德国，姐姐死于哀伤过度，他自己也生活在随时被逮捕的恐惧之中。

1944 年 1 月 20 日，雅各布再次联系谷克多，写信说他的另一个姐姐在丈夫去世后被逮捕，并请求谷克多为她求情。但她后来还是在奥斯威辛遇难，马克斯·雅各布本人也于 1944 年 2 月 24 日被捕。谷克多写信给格哈德·海勒和奥托·阿贝茨，请求他们帮助释放他的朋友，但没有成功。两周后，雅各布在德兰西拘留营中死于肺炎。他本应随船前往奥斯威辛，船上有 1601 名犹太人，其中 170 人是儿童。

克里斯汀·迪奥自 1928 年在自己的画廊展出雅各布的作品以来，一直是雅各布的朋友和仰慕者。克里斯汀在他的回忆录中没有提到雅各布的死亡，而是描述了一群把雅各布视为"师长与好友"的年轻人，其中包括乔治·杰弗里、克里斯汀·贝拉尔和昂尔·苏格尔。他写到，这群人"为了与马克斯的情谊，出于对他那份文采的崇拜"而聚到了一起。在他们无忧无虑的青年时代，他们一起穿着灯罩和窗帘，装扮成历史人物，玩人物猜谜游戏；而他们的核心人物则穿着红色的长袜翩然起舞，带来欢声笑语。多年后，正是这些变装猜谜游戏教会了克里斯汀如何"调动必要的热情"，在公开场合扮演"服装设计师"的角色。

除了与马克斯·雅各布和其他一些身处同一个社交圈的好友，让·谷克多和克里斯汀·迪奥 20 世纪 20 年代末以来也都混迹于当时如日中天的艺术圈。正如克里斯汀在回忆录中所言："让·谷克多像灯塔一般身居各种前卫行为的潮头，照亮了一切，诠释了一切。"此外，他们两人还以另一种更不可思议的方式产生了联系。谷克多的前恋人之一是一位名叫让·德斯博尔德斯（Jean Desbordes）的年轻作家（他的作品受到恩斯特·荣格尔的赞赏）。克里斯汀与德斯博尔德斯一直都是朋友，但尚不清楚他是否知道这位杰出的作家与卡特琳娜是同一个抵抗组织的成员。卡特琳娜在法国南部为 F2 情报

《战争图景》，马克斯·雅各布，约 1943 年。

让·德斯博尔德斯的画像，让·谷克多，1928 年。

网络工作时，德斯博尔德斯以"杜洛克"（Duroc）的代号在北部指挥一个小组，监视德国潜艇和英吉利海峡德国海军的行动，并向伦敦提供有关瑟堡（Cherbourg）防御工事和机场的秘密情报。

因种种轻率言行而臭名昭著的谷克多，似乎不太可能意识到德斯博尔德斯在 F2 情报网络中所扮演的角色。1944 年 6 月，当德斯博尔德斯被迫躲藏在巴黎时，他向另一位朋友乔治·杰弗里寻求庇护。这让他险些接近了德国政权总部：杰弗里的公寓位于里沃利街 248 号，离莫里斯（Le Meurice）酒店仅几步之遥。莫里斯是一家被征用为军事总部的豪华酒店，其入口处悬挂着巨大的纳粹党徽。杰弗里在战争中的留存下的资料非常模糊，其中有一些可能是虚构的传言，说他与德国军官之间有一些秘密的性关系，并且乐在其中。无论这些谣言的真相是什么，随着盖世太保加强对巴黎 F2 情报网络的监视，德斯博尔德斯（1937 年与年轻药剂师玛德琳·佩尔蒂埃结婚）面临着越来越多的威胁。

1944 年 3 月底，雅克和洛特卡·德·普雷沃在尼斯被捕后，法国南部情报工作的风险也在增加。他们在 F2 情报网络的同事，包括埃尔维和露西·德斯·查尔伯尼知道，如果留在里维埃拉，将面临巨大的风险。露西带着她的 3 个孩子逃了出来，在法国东部靠近瑞士边境的偏远地区避难，而埃尔维则被迫不断地转移。

卡特琳娜·迪奥一到巴黎，就搬进了她哥哥的公寓，继续为 F2 情报网络两位幸存的领导人吉尔伯特·福里和斯坦尼斯洛·拉索基工作。克里斯汀深知妹妹所面临的危险，并一直坚定地保护她，但他可能没有意识到卡特琳娜在 F2 情报网络工作中的重要性。那时，她和同事们开始担负起空前繁重的任务，以便为预定于 1944 年 6 月初登陆法国的盟军提供重要情报。6 月 6 日，近 16 万名士兵越过英吉利海峡，在诺曼底海滩上付出伤亡惨重的代价后，继续冒着德军猛烈的炮火向内陆进军。

到 6 月 22 日，巴黎上空展开了战斗。恩斯特·荣格尔在日记中记录，弹片正落在他位于马杰斯酒店（Majestic Hotel）中办公室的院子里，而"在轰炸过程中，大量储备的燃料和石油被击中，腾起一层薄薄的云，遮住了天空……"。尽管如此，荣格尔还是抽出时间与朋友弗洛伦斯·古尔德和格哈德·海勒共进午餐。海勒告诉他们，塞利纳"已经逃往德国。我仍然对此深感好奇，那些冷酷无情地夺走数百万条人命的人，为何如此害怕失去自己卑微的生命。这两件事必须联系起来"。

然而盖世太保和法国合作主义者们没有撤退的迹象，随着他们加强对抵抗运动的调查，逮捕和处决的人数日益增加。当盟军为夺回法国北部的瑟堡和卡昂（Caen）而战斗时，盖世太保通过一名与卡特琳娜·迪奥同龄的法国女线人成功地渗透进巴黎的 F2 情报网络。和卡特琳娜一样，她参与了德占期间形成的一个特工网络，但他们的目的却是支持德国人，使用极端武力和难以形容的暴行消灭抵抗组织。

一个选择：要么接受起诉和惩罚，要么同意为盖世太保工作。伯杰选择了后一条路，这似乎对他和克林登斯特都有好处。根据美国情报报告："从那时起，他（伯杰）冒充购买者，在黑市高价购买定量配给商品。在每一次交易即将达成时，他会表明自己德国警察的身份，并没收这些商品。然后，他把卖家带到他位于摩尔上校街 14 号的办公室，在那里严刑逼供后，再带去索萨街（盖世太保的另一处据点）。卖方必须当场同意盖世太保'提议'的交易。伯杰组建了一个团队来帮助他进行这些行动……这个团队的成员成了一个名副其实的恶霸组织，很快被称为'伯杰帮'。"美国情报报告还指出，直到 1943 年 8 月，伯杰都在与一名更高级的军官——党卫军高级指挥官阿尔弗雷德·文泽尔（Alfred Wenzel），克林登斯特在巴黎的上司——"直接接触"。此后，伯杰听从了文泽尔的指示，带领他的团伙"专门搜寻犹太人和抵抗组织"。

伯杰熟练运用克林登斯特对付自己的那套伎俩，招募到了一帮骗子和机会主义者：先以逮捕来威胁他们，然后以支付巨额费用作为合作的回报。而且，他通过追捕抵抗力量获得的利润与黑市交易中获得的利润一样多。正如作家大卫·普莱斯 - 琼斯（David Pryce-Jones）在其著作 *Paris in the Third Reich* 中所说："如果有人可以非法出售物资，那还有什么能阻止他出卖同胞？对金钱的渴望，潜移默化地发展成了叛国行为。"

伯杰指挥下的 40 多人不是盖世太保的正式成员，但他们携带武器，并得到德国秘密警察的慷慨资助，同时还通过抢劫和盗窃他们逮捕的人来增加他们本已可观的收入。文泽尔就住在佛赫大道，他向伯杰支付报酬，监督他的黑市业务，并与他密切合作。克林登斯特和另一名德国党卫军军官沃尔特·克里博士（Dr. Walter Kley）也是如此，后者曾是斯图加特大学一名口

弗里德里希·伯杰和他的团伙成员跟在德国军官身后行纳粹军礼。

才很好的学者。这三个人都是庞贝街的常客。第四名党卫军军官奥托·梅耶（Otto Mayer）也参与了伯杰的勾当。

庞贝街的公寓离盖世太保在佛赫大道的办公室很近，伯杰能得到这套公寓，就证明了他对党卫军的价值。而占用犹太人家庭住宅，则再次表明了纳粹占领对巴黎文明的侵犯。1940年夏天，这套公寓原本的主人——一户犹太家庭被迫离开他们的房产，随后公寓被分配给作为盖世太保最有价值的线人之一的一位奥地利伯爵夫人：她的工作"成果斐然"，因此获得了佛赫大道上这套宽敞的大房子作为回报。庞贝街这套住宅里有一间富丽堂皇的客厅，配有厚重的紫色长毛绒窗帘，还有几把扶手椅、沙发和一架大钢琴。此外还有厨房和餐厅、几间卧室、一间大浴室，以及一个可以通过室内楼梯到达的地下室。公寓里的一切都看起来很传统、舒适、得体——典型的高等资产阶级缩影——但在弗里德里希·伯杰的手上，它被扭曲成了一副肮脏而危险的面貌。

伯杰手下的大多数人都是有黑市背景的法国人。此外，他还雇用了两名酷刑专家，他们是巴黎的长期居民，但都来自格鲁吉亚的第比利斯。与该团伙有关联的还有3名年轻的法国女性：伯杰的情妇丹尼斯·德尔福（Denise Delfau），她担任"秘书"，在庞贝街进行的审讯中作证并做记录；丹尼斯的姐姐（偶尔也充当伯杰的情人）海伦娜；还有伯杰手下的高级成员费尔南多·波佩（Fernand Poupet）的女友玛德琳·马钱德（Madeleine Marchand）。

1918年1月，马钱德出生于巴黎西南100英里处的诺根－勒罗特罗镇（Nogent-le-Rotrou），比卡特琳娜·迪奥小几个月，并且也是在20世纪30年代末来到巴黎居住。德占期间，她先在一家面料店工作，然后在爱德华七世剧院担任秘书和出纳工作。1943 年，马钱德与跟她同龄的爱德蒙·罗杰（Edmond Roger）——绰号为"蛐蛐"——开始交往。当时罗杰已经活跃在黑市中，他也是通过那套胁迫和引诱的手段加入了帮派，于 1944 年 2 月开始为伯杰工作。仅仅过了 1 个月，马钱德的注意力就转移到了权力更大的波佩身上，后者甚至可以代表伯杰。

波佩比马钱德大 10 岁，他是一个心肠狠硬的歹徒，喜欢穿时髦的西装。作为一名技工，他为自己开发了一份有利可图的非法副业，就是充当过路人或向导，从德国控制的法国北部地区进入维希法国，躲过警卫将人偷渡过警戒线。随后，他转而在巴黎从事黑市交易，尝到一些甜头之后很快被捕并被短暂监禁。1943 年 9 月，波佩从监狱获释，随后被伯杰招募。第二年的春天，马钱德应征入伙，很快就显露出了伪装的才能。和德尔福姐妹一样，她看起来强烈反对抵抗运动，与帮派内其他成员在一起时谴责抵抗运动成员是"恐怖分子"，但她也可以表现出一副完全令人信服的样子，把自己伪装成自由法国的坚定支持者。

我只有一张马钱德的照片。巴黎解放后不久，盖世太保的庞贝街总部就接受了调查，这张照片就是从调查所的大量文件中找到的。当我写下这些话时，马钱德的脸就正对着我，一双黑眼睛直视着镜头。她很漂亮，颧骨很高，头发轻轻地飘动着；她的眉毛被拔光，画成狭窄的拱形线条，这是当时的时尚；她微笑的双唇上涂着口红；她的妆容很精细，虽然有点浓，就像戴着面具一样。这是一张黑白头像，所以我看不到她的整套装扮，但她上衣有着引人注目的印花，领子是蕾丝边的。照片左下角打了一个整齐的孔，以便用圆环穿进文件里。这张照片上的信息量之少让人忍不住沮丧，不禁使人联想起关于玛德琳·马钱德的一切未知之处。

在她战时活动的调查报告中，没有任何内容可以解释她为什么选择与法国盖世太保合作。据说她出身于一个"好人家"，此前的生活似乎平淡无奇。然而到了 1944 年夏天，马钱德突然开始享受挥舞左轮手枪的刺激，并因为成功渗透巴黎的 F2 情报网络而获得了伯杰的犒赏。她立下这份功劳，主要是通过一个名叫丹尼尔·普兰（Daniel Poulain）的年轻人。此前两年，她在爱德华七世剧院与他成为朋友。当她提出要帮助普兰执行 F2 情报网络的任务时，普兰完全没有质疑她的动机，于是两人一起前往巴黎以北 80 英里的亚眠（Amiens）。马钱德告诉他，自己在该地区有家人，因此带她一同前往会非常便利。她还建议两人应该假装是恋爱关系（这让我不禁怀疑，普兰是否因为突然得到她的关注，所以开始幻想共同冒险的未来而受宠若惊）。

在诺曼底登陆后的 6 月的第二周，盟军飞机轰炸了亚眠的铁路线，破坏了当地的通信联系。在此之前，1944 年 2 月，英国皇家空军冒险突袭亚眠监狱，帮助数十名被关押的抵抗者逃脱。然而，马钱德数次造访亚眠、侵入 F2 情报网络，带来了毁灭性的后果：她认出了普兰最亲密的战友，并把抵抗者名单交给了伯杰。用 1942 年在巴黎被捕的抵抗组织创始成员杰曼·提里昂（Germaine Tillion）的话说："当一个叛徒渗透到组织中时，就如同毒液一般，毒素沿着动脉向上一直侵入心脏。这太容易了，一旦发生，就会折损掉一个分部，牺牲几个战友。"提里昂自己被天主教神父罗伯特·阿莱什（Robert Alesch）出卖，后者自称是纳粹的敌人，但事实上却得到了德国秘密警察的报酬。玛德琳·马钱德也同样诡计多端，她提供的信息对伯杰打击抵抗运动的行动至关重要，导致 1944 年夏天 300 多人被捕。

到 1944 年 7 月初，伯杰的团伙准备在巴黎对抗 F2 情报网络。7 月 5 日，F2 情报网络北部地区负责人让·德斯博尔德斯离开朋友乔治·杰弗里位于里沃利街的家，在前往马德兰广场的路上被捕。在这次为期两天的搜捕中，包括德斯博尔德斯在内共有 26 名 F2 情报网络成员被捕，最后一名就是卡特琳娜·迪奥。在庞贝街，所有人都受到了极其残酷的折磨。德斯博尔德斯拒绝出卖任何信息，被殴打致死。他的一位熟人查尔斯·柏辽兹博士（Dr. Charles Berlioz）在庞贝街 180 号公寓的地下室曾见过他，当时他已经肢体残废、昏迷不醒；而柏辽兹博士是 7 月 5 日晚上在表亲乔治·杰弗里的家中被捕的。当时杰弗里不在巴黎，德斯博尔德斯和柏辽兹都住在他的公寓里。柏辽兹没有参与抵抗运动，对 F2 情报网络一无所知，但依然遭到 4 名男子的逮捕，其中 3 人持左轮手枪，另一人携带机枪。在见到了失去意识的德斯博尔德斯之后，他被伯杰狠狠地鞭打了一顿。德斯博尔德斯的妻子玛德琳也被逮捕，并被带到庞贝街，在那里她也遭到伯杰的毒打。在被捕前，让·德斯博尔德斯把所有的微缩胶卷都交给妹妹埃丽特保管，随后埃丽特联系了让·谷克多，说她的哥哥失踪了。谷克多立即写信给他的朋友德国大使奥托·阿贝茨，大使的秘书简洁地回答说，如果德斯博尔德斯被枪杀，埃丽特将在 5 天内收到她哥哥的衣服和其他物品。事实上，当时德斯博尔德斯已经被杀，并在夜幕的掩护下被埋在巴黎郊区一处没有标记的坟墓里。巴黎解放后，他的尸体被挖掘出来，人们只能通过他的牙齿辨认出他的身份。

7 月 6 日下午 4 时 30 分，包围网终于困住了卡特琳娜·迪奥。她在特罗卡德罗广场（Place du Trocadéro）被 4 名持枪男子逮捕，他们抢走了她的自行车和手提包，强迫她上车，将她蒙上眼睛后送到了庞贝街。在 1945 年提交给战争罪行调查人员的一份证人证词中，卡特琳娜描述她的经历如下："到达时，我立即接受了一次审讯，询问我为抵抗运动所做的活动，以及我直属上级的身份。这次审讯伴随着残忍的刑罚：拳打脚踢、掌掴等。审讯结果并没有让他们满意，于是我被带到了浴室。他们脱下我的衣服，绑住我的手，把我投入水中，我在那里待了大约 3 刻钟。负责审讯折磨我的是伯杰的两个手下——蒂奥多尔·莱克勒克（Théodore Leclercq）和拉希德·祖尔加达尔（Rachid Zulgadar）。他们不时地把我完全淹没在水中，然后立即询问我……伯杰会来看审讯进展如何，而我尽可能地对他们撒谎。"

在这场可怕的磨难接近尾声时，卡特琳娜设法说服伯杰，让她与巴黎旧王宫地区抵抗组织的负责人会面。她乘车前往那里的路上，正好经过皇家街 10 号克里斯汀的公寓，幸运的是当时那里空无一人。最终没有人来参加这个虚构的会面，卡特琳娜被带回庞贝街。在那里，她看到 F2 情报网络里她认识的其他几个女人也被逮捕了：安妮·德·鲍夫雷蒙（Anne de Bauffremont）、伊冯·德·图兰（Yvonne de Turenne）和珍妮·范·罗伊（Jeanne Van Roey）。她们一起被带到位于索萨街的盖世太保办公室，在那里继续接受审讯（但不再有伯杰团伙的那种极端暴力手段），最后被送到弗雷斯纳（Fresnes）的监狱。

两天后，卡特琳娜从弗雷斯纳的监狱里被接了出来，回到了索萨街，伯杰在那里等着她。他开车带她到庞贝街，在那里，她在浴室里再次遭受严刑逼供：在冰冷的水中浸泡了几个小时，直到她差点淹死。这一次，丹尼斯·德尔福记录下了她的口供。还是上次负责刑讯的那两个男人，不停地把她的头撞到浴缸上。莱克勒克是一个 45 岁的法国人，他曾是里尔的金属工人，从事过黑市烟草和纺织品交易，后来担任伯杰的守卫和行刑人；祖尔加达尔，于 1909 年出生在第比利斯，小时候随家人搬到巴黎，在加入伯杰团伙之前做过出租车司机。（祖尔加达尔的亲兄弟是戴高乐的支持者，也是法国自由军的成员。）在水刑之后，卡特琳娜双手戴着手铐反剪在身后，被迫跪在三角形的木棍上。

更多人参与到对卡特琳娜的审讯中，其中包括让·巴蒂斯特·齐默（Jean Baptiste Zimmer），他在团伙中被称为"教授"，因为他以"知识分子气质"和弹钢琴而闻名。此外，还有可恶的乔治·吉恰尔迪尼（Georges Gucciardini），和他一起的还有他的两个野蛮的儿子，23 岁的弗朗西斯和 21 岁的阿德里安。乔治·吉恰尔迪尼也有黑市背景，1943 年因倒卖食品券被捕。伯杰显然很重视他和他的儿子们，因为他们是团队中收入最高的人的代表，仅在 1944 年 6 月他们就得到了 9 万法郎的报酬。最后，乔治·吉恰尔迪尼开车把卡特琳娜送回弗雷斯纳监狱，并在途中向她讲述了伯杰的工作所取得的"卓越成效"。

这就是卡特琳娜人生中这段悲惨经历的大致内容，而她在其中展现了非凡的勇气。尽管遭受了一系列的严刑拷打，几乎无法维持意识清醒，但卡特琳娜并没有因为遭受长时间的审讯而心理崩溃。而她面对审讯做出的反应显然保护了她在抵抗运动中的同事和她的哥哥，因为他们后来都没有被捕。从这种意义上说，她救了她最好的朋友莉莲·迪特林、她的情人埃尔维·德斯·查尔伯尼和他的妻子露西，以及 F2 其他幸存的成员，包括两位领导人吉尔伯特·福里和斯坦尼斯洛·拉索基。她的机敏也确保了 F2 位于劳里斯顿街 28 号的巴黎总部没有任何材料遭泄露，当盖世太保前往搜查时，总部空空如也。正如她在 1945 年向战争罪行调查小组所解释的那样："在我前往会面地点并被捕之前，我已经指示同事将我所知道的一切风险物品转移走了。事实上，我还告诉他们，如果我在约定的时间后一刻钟仍未回来，就把办公室里的所有东西都搬走。"不出意料的是，抵抗运动的档案提到了卡特琳娜在遭受"特别残忍"的酷刑时展现出的"巨大的勇气"。事实上，F2 情报网络的一位波兰领导人最初报告说，卡特琳娜已经被拷打致死，并称赞她为"一位杰出的年轻爱国者"。

1944年夏天，伯杰逮捕的另一名女子玛丽·布鲁哈特（Marie Bruhat）将庞贝街的公寓描述为"地狱"。在那里，她被强迫旁听丈夫乔治·布鲁哈特（Georges Bruhat）痛苦的喊叫。布鲁哈特是一位杰出的法国学者和物理学家，他因拒绝指认一名涉嫌参与抵抗运动的学生而遭受折磨。其他在那里遭受刑讯的人则说，那里"残忍而荒谬"，像是一部超现实的"惊悚小说"，一间"恐怖博物馆"或一个"马戏团"。那里笼罩着一种病态而疯狂的噩梦般的氛围：一个4岁的孩子在遍地昏迷不醒、流血不止的赤裸身体之间徘徊；齐默在客厅里用钢琴演奏莫扎特和巴赫，周围机枪环绕，而钢琴的声音完全无法掩盖其他房间传出的尖叫声。柏辽兹博士说，伯杰手下的人一手拿着枪，一手拿着香槟。伯杰本人嗜酒如命，同样也沉迷于吗啡和可卡因，在庞贝街上，这些东西随处可见。他们雇用了一名法国调酒师，每天买来足够装满浴缸的冰块，用于折磨犯人和调制鸡尾酒。这里还有一名法国厨师负责烹饪美味的饭菜，有时犯人在遭受折磨，看守们则在享用美食。还有一名法国鞋匠随时待命，为团伙成员定制皮鞋。法国医生费尔南多·卢梭（Fernand Rousseau）则负责满足他们的各种医疗需求，包括为伯杰注射吗啡，或是用一小瓶樟脑油让昏迷的受刑者苏醒过来，继续接受审讯。和伯杰团伙中的其他人一样，这个医生无论在什么情况下都果断而忠诚地执行伯杰的任何指令。

如果说这帮人中的大多数都是显而易见的恶棍，是出于对死亡或酷刑的恐惧被迫跟"元首"签署了一份誓约，那么卢梭医生的加入可能会令人感到意外。他于1885年出生于巴黎，在第一次世界大战期间作为一名出色的医生在法国军队服役，并获得法国荣誉勋章。卢梭是泌尿外科专家，1943年11月，他第一次遇到伯杰，被紧急召唤去为丹尼斯·德尔福治疗急性阑尾炎。当时，卢梭医生和他的妻子也居住在摩尔上校街，是伯杰和德尔福的邻居，两对夫妇在搬到庞贝街后仍保持联系。

在被占领的巴黎，卢梭医生享受到了与德国人合作所带来的特权。他是"欧洲圈"（Cercle Européen）的成员，这是香榭丽舍大街上的一个私人俱乐部，纳粹的支持者在那里聊天和共进晚餐。俱乐部的其他成员包括一些举足轻重的政治家，如皮埃尔·赖伐尔和雅克·多里奥特（Jacques Doriot），以及服装设计师马塞尔·罗切斯和雅克·法特。卢梭的妻子和他一样坚定地支持贝当元帅和德国第三帝国：他们一起加入了多里奥特的反犹太主义和法西斯主义的法国人民党，并在党内任职。卢梭医生还参与了亲德的巴黎电台一系列声名狼藉的宣传广播。1944年8月，当这对夫妇离开巴黎时，人们看到卢梭夫人举起右臂高喊："希特勒万岁！"

是卢梭自己的政治立场，让这位曾以希波克拉底誓言宣誓的医生面对庞贝街发生的种种暴行而无动于衷吗？让·德斯博尔德斯被殴打至昏迷后，伯杰把卢梭叫来，而卢梭唯一的举措就是给德斯博尔德斯涂上樟脑油，这完全无法挽救这个垂死之人的性命。当他被叫到庞贝街为抵抗运动的另一名成员皮埃尔·保罗·施韦策（Pierre Paul Schweitzer）检查身体时，他似乎已经毫无医德可言。施韦策试图自杀，以免自己继续遭受酷刑、泄露情报。无论是卢梭医生还是任何进入这所公寓的人，都不可能对那里正在犯下的可怕罪行一无所知。卢梭看到让·德斯博尔德斯时，他正躺在血迹斑斑的地下室里。卢梭也不太可能没有注意到德斯博尔德斯的其他战友，他们也被锁在地窖里，赤身裸体，饱受摧残。对此，卢梭只是简单地记录下，伯杰对不得不在房屋内处理尸体露出恼怒的表情。

柏辽兹博士被伯杰的手下拖进浴室时所看见的血腥景象，似乎并没有让卢梭医生感到不安。事实上，波兰抵抗运动的一名高级成员表示，自己在浴室里被施加水刑时，清楚地看到了卢梭医生就在现场。而德斯博尔德斯在F2情报网络的一位同事则指认，当他在浴室被酷刑折磨时，卢梭夫人就是在场的审讯记录员。当卢梭医生在餐厅里看到一位老人被殴打时，他依然无动于衷。据伯杰的厨师说，自己在审讯过程中不小心走进了餐厅，正是卢梭医生让她离开现场的。这位名叫维多利亚·勒费桑特（Victorine Le Fessant）的厨师后来向司法调查部门讲述了这起事件："这名囚犯的状态令人担忧，他的脸已经被殴打到一片青紫，无法分辨出人形了。"

包括这一份在内的所有关于庞贝街刑讯的记录都给人一种感觉：在那里工作的大多数人都不再把囚犯当作人。地窖里有一个服装设计师以前用的模特人台，这帮人用来练习打靶。他们至少玩过一次那个源自威廉·退尔（William Tell）故事的恐怖游戏：向囚犯开枪，看能否打灭他们头顶上的蜡烛。在大部分时间里，被拖进公寓的人被视为货物，就像伯杰团伙手中的黑市产品一样：如果哪个囚犯禁受不住酷刑，松口提供情报，他可能就有价值；如果他不松口或一无所知，那么他就一文不值。

在庞贝街工作的大多数人都相当残忍而贪婪。公寓里装满了抢劫来的贵重物品，诸如亚麻布、瓷器、银器和珠宝。这些物品通常是在逮捕过程中没收而来的，然后出售或分发给团伙成员。丹尼斯·德尔福总是穿着昂贵的衣服，戴着偷盗来的珠宝。除非半夜被叫去浴室做审讯记录，她才会穿着晨衣。那些遭受酷刑的人看到德尔福等法国女性出现在现场，而且似乎非常享受旁听审讯，都大为震惊。

杰奎琳·伯纳德（Jacqueline Bernard）是一名英勇的记者，曾与阿尔伯特·加缪一起负责抵抗组织地下出版物《战斗》的相关工作，在卡特琳娜·迪奥被捕不到1周时，她遭到了同样的酷刑。她清楚地记得德尔福在浴室里的样子。在关于伯杰及其帮派的调查报告中，她形容德尔福在整个审讯过程中都表现得非常"冷静"。"她坐在浴室的凳子上，在便笺簿上做笔录。其中一个行刑者问她，我的供词是否是真话。她回答说：'我不这么认为。'于是他们继续对我上刑。"杰奎琳还说，在她被捕24小时后，伯杰的手下把她带出庞贝街，想迫使她带他们去找更多《战斗》的同事。于是她被押送上楼到德尔福位于一楼的卧室。在那里，德尔福给了她一些更换的衣服，因为她自己的衣服上沾满了血。这并不是德尔福的善意之举，而是试图让杰奎琳在街上看起来不那么引人注目，因为当时她的脸已经瘀肿，布满了伤口。

事实证明，德尔福本人也遭到弗里德里希·伯杰的殴打和虐待，他们之间似乎有一种施虐与受虐的变态关系，而她对此总是乐此不疲。有一张他们和另一对夫妇（伯杰在黑市的同伙弗朗索瓦·毛罗和他的妻子）在一起的照片。在照片上，伯杰用枪指着镜头。他穿着生意人那种正式的西装和白衬衫，但他的眼神中却充斥着疯狂。德尔福就站在她情人的肩膀后面，脸上充满了小心翼翼的倾慕之情。她戴着具有装饰性的耳环，端庄的上衣带有蕾丝褶边，就算站在伯杰旁边，看着枪管的方向，她也不像个黑帮成员。如果不是因为照片中的武器，你可能会认为她是一个外出工作的秘书。事实上，她似乎确实把自己定位成一个企业的秘书，而不是一个酷刑之家的记录员。而她的妹妹海伦娜则像一个高效的记录员一样，认真记录下庞贝街的每周开支和工资流水。与此同时，两名女士不知如何达成了共识：海伦娜偶尔也可以充当伯杰的情妇。

庞贝街的这间公寓里，时时上演着打破底线的剧情，其中性暴力尤其常见。这里的许多受害者受到的折磨不仅来自酷刑本身，更令他们痛苦的是，那些施暴者甚至从他们的痛苦中获得乐趣。无论是男人还是女人，都在这里遭到性侵犯。该团伙的一名成员曼努埃尔·谢尔比纳（Manuel Stcherbina），在照片中看起来像一个勤奋好学、戴着眼镜的会计，但他的几名受害者却都将其描述为一个特别恶毒的虐待狂，尤其是对女性。杰奎琳·伯纳德描述了他是如何凶残地虐待一位名叫伊冯·巴拉特（Yvonne Baratte）的抵抗者的：将她的两只手臂分开，绑在不同的门把手上，这样做会让她痛苦万分。尽管卡特琳娜·迪奥在对司法调查人员的陈述中没有提到性侵犯，但她很可能正是因为遭受酷刑而无法生育。当我和她的教子尼古拉斯·克雷斯佩尔交谈时，他回忆起童年一段令人印象深刻的记忆。他说他的母亲告诉他，卡特琳娜因为在庞贝街发生的事情而不能有自己的孩子。"我当时还是个小男孩，母亲不愿意跟我说关于酷刑最糟糕的细节，但她说他们在卡特琳娜的肚子里塞了冰。我猜当时她可能只能跟我说这么多。"

卡特琳娜遭受酷刑 1 周后正逢 7 月 14 日，按照传统，这一天是庆祝法国人民团结的全国性节日。当天，一名 33 岁的波兰抵抗运动成员伊雷娜·勒乌利斯（Irène Lewulis）被逮捕，并被带到庞贝街。在路上，她的逮捕者中有一个人告诉她，那是一个"小地狱"。伊雷娜的丈夫也参加了抵抗运动，他们此前在家里掩护其 5 名战友。她决心不背叛组织。她就这样始终一言不发，身体被扭曲成能想象到的各种形态挂在客厅里，并被谢尔比纳和一个有文身的法国恶棍拉乌尔·福切特（Raoul Fouchet）持续殴打了两个小时。谢尔比纳还用香烟和喷灯灼烧她的肌肤，并对她进行了性侵犯。最后她的胳膊和下巴脱臼了，然后被带进了一间卧室。卧室里，伯杰躺在床上，和两只贵宾犬玩耍。丹尼斯·德尔福和另一个法国女孩为他端上晚餐，和以往一样，

上图：弗里德里希·伯杰和丹尼斯·德尔福（左二），以及一名黑市同党和他的妻子。

下图：伯杰的身份证件。

晚餐还配了大量的好酒。伯杰和他的狗一起分享晚餐时，谢尔比纳就在一旁继续殴打伊雷娜。

伊雷娜后来作证说，伯杰使用数字来指代各种形式的酷刑。当他说"5号"时，她被迫跪下；然后，谢尔比纳和福切特从后面给她戴上手铐，右手腕套在左脚踝上，左手腕套在右脚踝上。"他们就这样把我铐起来，让我一直跪着。"每次她摔倒在地上，都会遭到更猛烈的鞭打。她告诉调查法官，伯杰继续在床上审问她。"我拒绝认罪。"自始至终，她也没有昏迷，"我所有的注意力都用在牢牢记住自己受刑的场景上，我对自己说：我必须记住。"

接着，伯杰以每人 10 万法郎的开价，让她供出抵抗运动中其他人的名字："我是一名军官，我以我的荣誉向你承诺。"但是伊雷娜没有回答，于是伯杰命人抓着她的头发把她从房间里拖出来，接着用铁链锁了两个小时。"因为拿着钥匙的那个人没有回来。"

伊雷娜不知是怎么熬过这一夜的，不过第二天她被带回到索萨街时，一名德国警察指着她说："这次（伯杰）有点玩大了。"抵抗组织中的另一名成员、52 岁的波兰外交官瓦拉迪米尔·卡佐罗夫斯基（Wladimir Kaczorowski）则遭受了整夜的酷刑。这天清晨，伊雷娜听到走廊旁边的一间屋子里有流水声，还有卡佐罗夫斯基在苦苦哀求："不，先生，请不要这样。"

司法档案中有无数这样令人痛心的证词，涉及盖世太保在占领巴黎期间犯下的罪行：数十个文件夹中有数千页文档，通篇都在描述疯狂的暴行。孕妇戴着手铐被拳打脚踢一整夜；母亲们被威胁说，她们的孩子会在她们面前被杀害。"打她""揍他""用鞭子抽"，同样的词语一次又一次地出现，就像猛烈的永不停息的捶击。最终，这些报告让人再也看不下去，更不用说找到正确的语言来描述这些暴行了。但也许最有力的证据来自一名抵抗组织成员，他曾在庞贝街接受审讯，并用指甲在地下室的墙上划下了这样的低语："我们受到了法国人的折磨。"

黑暗降临

卡特琳娜·迪奥在庞贝街接受审讯后,在巴黎继续被监禁。这段经历在法国卡昂军事档案中,化为一份长长的记录。那是一张褪色的纸片,上面手写记录着她从一个监狱转移到另一个监狱的日期。墨迹不可磨灭,而记录的内容却简明扼要:第一行写着她的名字,第二行是她的出生日期,然后就是一串数字。卡特琳娜本人对这段经历保持沉默。只有拼凑其他几个记录下了她们这段共同经历的女人的话,才得以让这段历史不至于被完全湮没。这正源自希特勒对政治犯的镇压:1941 年 12 月,希特勒发布了"夜与雾法令"(Nacht und Nebel),下令让第三帝国的反对者消失在夜雾之中,让他们的家人再也听不到他们的消息,无从确定他们命运的最终归属。而这种不确定性,也成了镇压的一部分,是进一步恐吓被占领国人民的手段。

1944 年 7 月,卡特琳娜·迪奥被关押在巴黎南部靠近国界的弗雷斯纳监狱。监狱里关押着众多法国抵抗运动的成员和英国特别行动处(SOE)的特工,条件极其恶劣。弗雷斯纳建于 1895 年至 1898 年间,是当时法国最大的监狱。阴暗的牢房冬天寒冷刺骨,夏天则闷热不堪,永远爬满了害虫和跳蚤。许多囚犯在被关押在弗雷斯纳之前曾遭受过酷刑,还有一些在那里接受了进一步的审讯。

左页图:弗雷斯纳监狱,约 1945 年。雷内·圣保罗(René Saint-Paul)摄。

阿格尼丝·亨伯特（Agnès Humbert）是一位艺术史学家，也是巴黎早期抵抗组织的创始人之一。1942 年，她在弗雷斯纳被单独监禁了两个月，然后被驱逐到德国。她在日记中记录下了这所监狱的恐怖。1942 年 1 月 20 日，她写道："昨天我听到一个男人被拷打的尖叫声。尖叫声消失后，紧接着是低沉的、嘶哑的笑声。我不知道哪个更可怕。我想，也许是笑声……很多人都自杀了。"然而，被囚禁在弗雷斯纳的反抗者即使被单独监禁，也找到了彼此沟通的方式，并以此加强了团结和友爱。人们设计了一套复杂的暗号，将信息从一个牢房传递到另一个牢房，比如在墙上敲击密码，或通过内部管道和通风井发送信息。在预先约定好的时间，囚犯们会开始唱法国国歌《马赛曲》，以示勇气和反抗。

　　年轻的美国女人弗吉尼亚·阿尔伯特 - 雷克（Virginia d'Albert-Lake）和她的法国丈夫一起参加了抵抗运动，就在卡特琳娜·迪奥入狱不久后被捕。和阿格尼丝一样，弗吉尼亚也写了一本生动的回忆录，记述了她在 1944 年 7 月被关押在弗雷斯纳的经历。"窗户被闩上了，绝对禁止打开……我们每周有两次被允许'散步'。我们沿着一条狭窄的走廊排队来到一楼，走廊边有一排长方形的小庭院……我们在院子里有 20 分钟的'自由'，仰望天空的'自由'……有时我把脸贴在栅栏上，眺望远处的草地和树木，这让我产生一种奇怪的拥有自由的错觉。但我却待不了太久。眼泪很快就模糊了我的视线。"

　　7 月底，卡特琳娜·迪奥从弗雷斯纳转移到了罗曼维尔（Romainville），同她一起转移的，还有包括弗吉尼亚·阿尔伯特 - 雷克在内的很多抵抗组织的女性成员。罗曼维尔是位于巴黎东郊的一座要塞，囚犯在被驱逐到德国之前会被关押在这里。那里的生活条件好了一些，但女人们的焦虑情绪每天都在增加。在每天下午 4 点的点名仪式上，德国人宣读将要跟下一支车队转移的人员姓名。一旦她们的名字被列出来，就得在 1 小时内离开。弗吉尼亚在她的日记中写道："我很钦佩那些被点到名的女性。她们一点都没流露出自己的真实感受，只是昂首挺胸，笔直地走开。有时，她们会微笑着或转身挥手告别。其他人会喊：'再见，再见！法兰西万岁！'在那些时刻，我总觉得自己被一种深深的情感所震撼。"

罗曼维尔不允许探访或写信，但这些女性有时会草草地写下便条，交给即将被驱逐出境的人，设法向朋友和家人传递信息。她们会把便条丢向运送犯人的巴士车窗，也许路人会捡起来传递出去。与此同时，仍被关押在罗曼维尔的妇女们可以听到炮火逼近的声音，祈祷盟军能前来解救她们。在诺曼底登陆之后的几周里，盟军进展缓慢。事实上，他们遭受的损失比第一次世界大战中的索姆河战役更惨烈。但到 7 月底，美军终于成功占领了诺曼底的阿夫朗什（Avranches），开辟了通往巴黎的道路。在罗曼维尔待了 10 天后，弗吉尼亚·阿尔伯特-雷克从营地指挥官那里得知，他认为她更可能被同胞解放，而不是被驱逐到德国。乐观情绪在妇女中传播开来。

至此，克里斯汀·迪奥已经得知卡特琳娜被囚禁在罗曼维尔，并不顾一切地想把她解救出来。他联系了一位来自格兰维尔的儿时朋友苏珊·吕玲（Suzanne Luling），询问是否可以向她一位关系密切的熟人——瑞典驻巴黎总领事拉乌尔·诺德林（Raoul Nordling）寻求帮助。在回忆录中，吕玲回忆起当时城市里的焦灼气氛，并说克里斯汀"为妹妹忧心得要命"。她及时

出境。不久之后，一声空袭警报响起，她们被锁在城堡周围城墙下的地下洞穴里。她们被关了几乎整整一天，祈祷着盟军能及时抵达巴黎拯救她们，或者至少炸毁铁路线。但在下午 4 点，她们听到了熟悉的声音，那是被征用的城市公交驶入营地的声音。弗吉尼亚·阿尔伯特 - 雷克描述了接下来发生的事情："车辆停在洞穴入口的栅栏前，成群结队的武装党卫军走下车来。他们的面孔冷酷无情，动作果断而残忍。他们命令我们上车，很快，车上变得又挤又热，我们几乎喘不过气来。"她设法贿赂了一名法国公交车司机，将她和其他女性需要传达给家人的信息传递了出去，告诉他们自己即将被驱逐出境。他低声对她说，他一整天都在把囚犯送到潘廷（Pantin）的火车站，而传言说，盟军目前驻守在离巴黎 30 英里的朗布耶（Rambouillet）。

囚犯们按名字的字母顺序排着队，卡特琳娜·迪奥和弗吉尼亚在同一辆公交车上。和其他公交车一样，车上挤满了人，甚至无法爬上堡垒外的小山。妇女们再次祈祷这次转移可以继续推迟。她们被命令下车，跟着车步行，到达山顶后再上车。从那里，她们乘车穿过巴黎。与此同时，城中许多德国人正在收拾行装准备离开。

恩斯特·荣格尔在与弗洛伦斯·古尔德和巴黎的其他密友告别后，于前一天离开。在 8 月 8 日的日记中，他写道："站在圣城大门外，向这座伟大的城市望去最后一眼。我看着石头在烈日下颤抖，仿佛期待着拥抱一段新的历史。城市就像女性，只对胜利者微笑。"然而，希特勒并不相信德国被打败了。此前一个月，克劳斯·冯·施陶芬贝格（Claus von Stauffenberg）等人试图刺杀希特勒未遂，这似乎加强了他对自己必胜的信念。在暗杀失败后，希特勒宣布他的幸存是"历史上一个神圣的时刻"。

弗吉尼亚·阿尔伯特-雷克在她的日记中描述了公交车在巴黎拥挤的街道上行驶的过程。人们盯着车上的女性，有些人脸上流露出怜悯的表情。盟军沿南部海岸登陆的消息传遍了整个城市，她回忆起自己就要错过解放日的痛苦："近5年的时间里，我一直在梦想那一天。"事实证明，就在10天后，也就是8月25日，在巴黎的德军警备队投降了。

最终，公交车抵达潘廷车站，将"货物"运送到站台。弗吉尼亚写道，巴黎的大多数车站都已被轰炸摧毁，但这座较小的郊区车站没有受到影响。"空地上停满了车辆，德国人想带上他们想带走的东西撤退，而这个车站是为数不多的从巴黎出发的站点之一。我们来到一条车道旁，那里有一排箱车在等着我们，车队太长了，一眼望不到尽头。据我所见，每辆车上都有焦虑的面孔，从狭窄的矩形通风孔和半封闭的门缝向外张望。所以这就是我们的转移方式！我惊呆了，下意识地犹豫着是否要下车，但突然之间，一名女党卫军粗暴地推搡了我一把，我在不知不觉中踉跄着走向最近一辆空车的车门……"

令这些从庞贝街转移出来的妇女感到震惊的是，两个折磨过她们的人——拉希德·祖尔加达尔和蒂奥多尔·莱克勒克正在潘廷等着看她们上火车，仿佛在看着他们的牲畜被送到屠宰场。双重间谍埃米尔·本德（Emil Bender）也在车站，试图恐吓负责这次行动的党卫军指挥官，好让他们推迟出发。

拉乌尔·诺德林仍在努力拯救囚犯。这位瑞典外交官最终安排了与奥托·阿贝茨和皮埃尔·赖伐尔的会面，会面时间是晚上9点30分，地点是拉乌尔在巴黎的官邸，也就是瓦伦街上的马蒂尼翁酒店（Hôtel Matignon）。巴黎的局势正在迅速变化：法国警方在白天举行了罢工运动，这座城市的电力供应也被切断。拉乌尔的办公室用一盏石蜡灯照明，阿贝茨拿着手电筒来了。诺德林恳求二人放过那些在潘廷车站拥挤的火车上的囚犯。两人都拒绝了，说他们有更紧急的事情要处理。

就在午夜前，最后一批被驱逐者离开了巴黎，车队中共有 2100 名男子和 400 名女子。其中有 168 名在法国被捕的盟军飞行员，他们被归类为"恐怖分子"而不是战俘，因为他们在试图从敌后逃跑时被抓获。弗吉尼亚·阿尔伯特-雷克认出其中一人是一名美国飞行员，她和丈夫在为"彗星逃生线"（Comet Escape Line，一个帮助在被占领土上被击落的盟军飞行员的组织）工作时曾庇护过他一段时间。车上还有两名英国特别行动处的女特工：23 岁的无线电操作员艾琳·尼尔内（Eileen Nearne），7 月下旬被盖世太保逮捕并施以酷刑；以及盟军登陆日当天在巴黎被捕的阿利克斯·杜尼维尔（Alix d'Unienville）。包括戴高乐将军驻巴黎军事代表安德烈·隆德奈（André Rondenay）上校在内的 5 名男子被党卫军拖下火车，然后在巴黎北部的一片森林中被盖世太保小队枪杀。在被锁的火车车厢中，6 名女性死于高温炎热，尸体被丢弃在潘廷的铁轨旁。在火车上，没有地方坐，更不用说躺下了，许多人已经严重脱水。然而，那些还有体力的人在离开车站时，开始唱起了《马赛曲》。

营救他们的行动还在多线进行：拉乌尔·诺德林没有停止谈判，甚至与最近上任的巴黎军事总督冯·乔尔蒂茨将军（General von Choltitz）会面，希望说服他在火车驶出法国边境之前释放囚犯。一支抵抗小队收到指示，要破坏铁路线以阻止被驱逐者的车队抵达德国。8 月 16 日凌晨，火车停在了轨道上，因为一群抵抗者炸毁了距离巴黎不到 50 英里的南特伊尔 - 萨西（Nanteuil-Saâcy）隧道外 60 码（1 码合 0.9144 米）处的铁路线。列车上的党卫军发出命令，要求列车退回烟雾弥漫的隧道里。囚徒们在密封的车厢里喘着气。弗吉尼亚·阿尔伯特 - 雷克在她的回忆录中写道："我们会被遗弃在这个黑色坩埚般的地方里慢慢死去吗？越来越热，越来越渴，已经几乎无法忍受……"三个半小时后，火车开出了隧道，车门打开了，囚徒们被迫徒步行走了 4 英里，登上另一列火车。在这个过程中，有 3 个女人试图逃走，其中一个名叫妮可·德·维塔塞（Nicole de Witasse）的人冲进一个农家院子，藏在一辆干草车下面的稻草堆里，但随后被党卫军发现，她被拖出来殴打了一顿。两名英国特别行动处的特工也逃跑了：阿利克斯·杜尼维尔设法躲在一处门廊的阴影下，然后被当地村民隐藏起来，直到两周后盟军抵达；艾琳·尼尔内则不幸被迅速抓获，随后她被警告说，如果她或其他任何人再次试图逃跑，她所在小队的所有人都将被枪杀。

就在同一天，弗里德里希·伯杰和他的团伙正在巴黎制订他们自己的出城计划，但即使在即将倒台的时刻，他们仍继续与德国党卫军军官文泽尔、克林登斯特和克里一起开展反抵抗军行动。夜幕降临，疯狂的杀戮狂欢也开始了，他们射杀了 42 名抵抗运动组织的年轻成员：34 人在距离佛赫大道不远的布罗涅森林被屠杀；7 人在勒鲁街被枪杀，其中 1 名是抵抗军领导人；28 岁的医生亨利·布兰切特（Henri Blanchet）在维克多·雨果大道被伯杰本人杀害。他的尸体和其他抵抗者的一起被扔在布罗涅森林里。第二天早上，人们在瀑布旁发现了他们残缺不全的尸体。他们死于机枪扫射和手榴弹爆炸，其中大多数人不到 25 岁，最小的雅克·德尔波特（Jacques Delporte）只有 17 岁。

正如伯杰从前从事各种镇压活动时那样，费尔南多·卢梭医生也恰好出现在其中一个犯罪现场：他和他的妻子都目睹了布兰切特医生被枪杀的过程。事后，卢梭夫人还收到了伯杰寄来的一捆 5000 法郎的钞票，不过她后来告诉司法调查人员，她不知道那里面有多少钱。但到了那个时候，卢梭开始感到恐惧。像其他一些与法西斯合作的人一样，他们收到了一对邮寄来的小棺材，这是那些知道他们在德占期间所作所为的人发出的威胁。因此，这对夫妇与伯杰及其手下、妻子和情妇以及其他盖世太保头目组成一支车队，于 8 月 17 日逃离巴黎，车队载有大约 50 人和大量现金。

就在这一天，大部分德军撤离了巴黎。卡特琳娜的哥哥雷蒙德的朋友、记者让·加尔蒂埃·博伊西埃（Jean Galtier Boissière）在 17 日的日记中写道："每一条大街上都挤满了车辆，有卡车、满载货物的汽车、全副武装的军车、满载伤员的救护车，它们排成一列，争先恐后地行驶……在拉斐特街上，一群戴着单片眼镜的将军像闪闪发光的鱼雷一样呼啸而过，陪伴他们左右的是衣着优雅的金发女郎，她们看上去似乎正在前往某个时髦的海滩……"

当天上午，巴黎东北郊区德兰西拘留营的党卫军指挥官阿洛伊斯·布伦纳（Alois Brunner）也离开了巴黎。作为阿道夫·艾希曼的助手，他在战争期间一直忙着驱逐犹太人，并且坚持到了最后一刻：7 月 31 日，一列载有 1300 名犹太人的火车开往奥斯威辛，车上的人被送进集中营的毒气室，包括 327 名儿童，其中还有一名两周大的男婴。1942 年 3 月，德兰西第一次驱逐犹太人出境，当时拘留营仍由法国警察看守。布伦纳于 1943 年 6 月接掌指挥权。截至 1944 年 8 月，共有近 7 万名犹太人通过铁路被送往灭绝集中营。

Voyage de Compiègne à Ravensbruck en wagon plombé (4 jours, 3 nuits)

S. Emmer Besniée au camp Maman B

au premier plan les timettes balancées au rythme du train et débordantes

苏珊娜·埃默尔 - 贝斯尼（Suzanne Emmer-Besniée），《乘坐闷罐车从康比涅到拉文斯布吕克的旅程》。

苏珊娜·埃默尔 - 贝斯尼于 1944 年 1 月被驱逐到拉斯布吕克。1945 年她回到法国时创作了一系列绘画，这是其中一幅。

布伦纳作为指挥官做的最后一件事情是把 51 名囚犯送上前往德国的车队：他们被锁在一节写着"犹太恐怖分子"字样的车厢里，其中最小的是一个 12 岁的男孩，后来他死在了布痕瓦尔德集中营。

据估计，有 1 万至 2 万名法国合作主义者与德国人一起离开巴黎，其中包括皮埃尔·赖伐尔和他的妻子。与此同时在维希，贝当元帅以囚犯的身份被武装押送离开，和赖伐尔以及维希政权的其他成员一样被转移到德国南部，多瑙河北岸西格马林根（Sigmaringen）宏伟的城堡里。一起被关押在那里的还有法兰西民兵的领袖约瑟夫·达南德和作家路易斯 - 费迪南德·塞利纳，塞利纳后来出版了一本关于这段经历的小说——《一座城堡到另一座城堡》（*D'un château l'autre*）。

当德国人拥出巴黎时，乘坐着火车缓慢向东穿过法国的被驱逐者尚未放弃希望。抵抗组织的成员玛丽－赫莱内·勒法乔克斯（Marie-Hélène Lefaucheux）沿着这条路线，骑着自行车一路从潘廷火车站跟到南特伊尔 - 萨西（Nanteuil-Saâcy）。在那里，她发现丈夫皮埃尔随着囚犯的队伍被押送上另一列火车，继续往远处去了。玛丽－赫莱内换乘汽车，继续追赶着火车前往巴勒杜克（Bar-le-Duc）。而她并不知道，这个地方对克里斯汀·迪奥来说有着特殊的意义：苏珊·吕玲告诉他，拉乌尔·诺德林已经通过谈判达成了一项协议，如果火车在 16 日下午 2 点 45 分之前还没有通过巴勒杜克，卡特琳娜将被转交给瑞典人。"但为时已晚。"吕玲在回忆录中写到，那时火车已经驶过巴勒杜克，错过了最后一次营救卡特琳娜的机会。

8 月 17 日，玛丽 - 赫莱内·勒法乔克斯到达了南希（Nancy）火车站，在她前方，载着她丈夫的火车依然向德国边境继续着残酷的旅程。至少有一个人因试图逃跑而被枪杀，还有几个人因缺乏空气和水而濒临死亡。玛丽 -赫莱内站在站台的角落里，祈祷着奇迹的出现。但是奇迹没有出现。当长长的火车驶出车站时，她听到人们痛苦的哭声，夹杂着微弱的《马赛曲》的合唱歌声，最后一切都消失了，只剩下一片沉寂。

深　渊

　　1944 年 8 月 22 日，在长达 1 周的长途跋涉之后，卡特琳娜·迪奥一行人抵达拉文斯布吕克集中营。此时，她们已经筋疲力尽，饥肠辘辘、口渴难耐。迎接她们的是一群身穿制服的女党卫军士兵，手持警棍和鞭子，牵着咆哮的狗，对她们大声呵斥。火车站位于柏林以北 50 英里的小镇弗尔斯滕堡（Fürstenberg），不知所措的妇女们被勒令爬下火车，并排站成 5 列。在那里，她们被迫向着营地徒步行进数英里之远。她们先经过一片风景如画的住宅，房子里的大人和孩子们透过窗户盯着她们看；随后她们进入一片树林。如果有人绊倒了，就会立刻遭到殴打；如果放慢脚步，狗就会露出牙齿，卫兵会大声催促：Schnell, schnell! 这是每个人到达后听到的第一个德语单词。

　　当我参观该地时，也沿着跟她们同样的路线前行。从弗尔斯滕堡郊区通往拉文斯布吕克的路口有个很不起眼的标志，非常容易错过。通往营地的道路狭窄，一边是高大的松树，另一边是波涛汹涌的施韦特湖（Schwedtsee）。在卡特琳娜·迪奥走近营地时看到的那些建筑，至今仍然矗立着。当年卫兵的营房已经变成了青年旅社，这让人感觉有点怪异；树木繁茂的山坡上坐落着高级军官的房子，看起来像格林兄弟童话故事中的姜饼小屋；还有巨大而呆板的党卫军司令部，营地指挥官就在那里统治他的领地。

左页图：在拉文斯布吕克集中营充当奴隶劳工的女囚犯。

一切风景依旧，越过波光粼粼的湖面，一座教堂的尖顶高高地耸立在弗尔斯滕堡之上。

这个湖中有很多秘密：战争临近结束，苏联军队即将到来之时，党卫军士兵焚烧了大量的书面记录，并将灰烬倒进了湖水中，就像人们以前把火葬的骨灰扬进湖中一样。但在拉文斯布吕克仍然保存着一些档案，其中包括照片、图画和物品的展览，记录了它作为德国唯一专门拘押女性的集中营的历史。

我去过两次拉文斯布吕克，第一次是在 2018 年冬天，第二次是在次年夏天。在踏足那里之前，我已经开始研究那些与卡特琳娜·迪奥乘坐同一列车的女性。（火车上的男人在抵达魏玛时就被分开运送到布痕瓦尔德集中营。）拉文斯布吕克集中营的每一名囚犯都按照字母顺序和到达时间分配到一个号码。因此，1939 年抵达的第一批囚犯的号码数字最小。记录显示，卡特琳娜被登记为 57813 号，与那些在庞贝街遭受酷刑、随后一起被驱逐出巴黎的其他抵抗者很接近：伊冯·巴拉特、杰奎琳·伯纳德、安妮·德·鲍夫雷蒙、玛德琳·德斯博尔德斯……包括卡特琳娜在内总共有 22 名妇女落入庞贝街的团伙手中，随后被送到了拉文斯布吕克。与卡特琳娜同乘一列火车的人中，还有其他一些我熟悉的名字：伊丽莎白·德·罗斯柴尔德，她被捕是因为她在夏帕瑞丽的时装秀上不愿坐在德国大使的妻子身边；妮可·德·维塔塞，她在旅途中试图逃跑时遭到殴打；弗吉尼亚·阿尔伯特-雷克，这位美国抵抗者写了一本内容深刻的日记；23 岁的英国特别行动处特工艾琳·尼尔内；梅西·雷诺和她的妹妹伊莎贝尔，两人都曾在罗曼维尔与卡特琳娜关押在一起。

除了弗吉尼亚·阿尔伯特-雷克和梅西·雷诺写的日记，我还读过其他几个在拉文斯布吕克幸存下来的法国抵抗者的记述：杰曼·提里昂（Germaine Tillion），她于 1943 年 10 月被驱逐到集中营，并秘密记录了她在那里的经历；丹尼斯·杜福尔尼尔（Denise Dufournier）于 1944 年初来到这里，第二年写了一本回忆录；还有杰奎琳·达林考特（Jacqueline d'Alincourt）和杰内维·戴高乐·安东内兹（Geneviève de Gaulle Anthonioz，戴高乐将军时年 23 岁的侄女）。所有这些亲历者都描述了她们刚来到这里，穿过巨大的铁门进入这处人间地狱时内心的震撼。"当我身处弗雷斯纳监狱的时候，有时会感受到还有一线曙光，"杰内维·戴高乐写道，"即使在前往拉文斯布吕克的可怕旅程中也是如此。但当我们走进营地时，就好像上帝被关在了外面……"

在拉文斯布吕克存在的 6 年里，有大约 13 万名女性被送进这座大门。没人知道到底有多少人死在了这里，只能估计是 3 万到 9 万。作为一处纪念场所，它从未像奥斯威辛那样引起人们的关注。在达豪、布痕瓦尔德以及贝尔根-贝尔森（Bergen-Belsen），英国和美国军队记录下了他们发现的屠杀遗迹——尸体、堆满残缺尸体的乱葬坑，以及瘦弱不堪的幸存者们的照片，令人触目惊心。

战争结束后，这个地区被划归民主德国境内，苏联军队继续驻扎在营地里，禁止访客进入。到了 1959 年，营地的一小块区域被开放为拉文斯布吕克国家纪念馆，在湖边和火葬场旁竖立了几座由德国艺术家威尔·拉默特（Will Lammert）创作的雕塑，象征着女性囚犯曾受到的苦难。德国统一后，1993 年起访客开始被允许进入遗址的其他部分。

火葬场至今仍屹立在那里，曾经日夜燃烧的火炉门现在已经打开。附近有一条被称为"射杀巷"的通道，漫长而黑暗，一路通往集中营的大楼。大楼里有 78 间牢房，女囚们在那里遭到殴打和单独监禁。火葬场旁边的毒气室已经不见了，原先的位置上放了一块纪念石。宿舍区也已被夷为平地，但如果你穿过大门进入主营地，沿途可以看到它们在地面上遗留下来的轮廓。一张地图显示了其他几个区域的位置，包括女囚到达后办理手续的区域：在这里，她们的衣服和财产被拿走，头发被剃光，还要赤身裸体站立长达数小时。在此过程中，她们还要在党卫军的监视和讥讽中接受有辱人格的妇科检查。

这片巨大的区域尽头是纺织车间，现在已经没有机器了，但里面有一面照片墙，展示了囚犯们在低头劳作，缝制党卫军制服和营地囚犯穿的条纹连衣裙的场景。当卡特琳娜·迪奥于 1944 年 8 月抵达拉文斯布吕克时，条纹囚服已经供不应求。于是她和她的同伴们被分配了一包破旧的衣物来代替，这些衣物是从之前抵达的囚犯手里没收的，每件衣服上都画着一个十字架。每个女人都必须在袖子顶部缝上一片三角形的毛毡，上面写着自己的营地号码。毛毡的颜色代表这名囚犯的类别：法国女性的是红色三角形，表示她们是政治犯；黑色三角形代表"贱民"（asocials），包括吉卜赛人中的罗姆人和辛提人、女同性恋者和妓女；绿色代表罪犯；丁香紫是给耶和华见证会（Jehovah's Witnesses）成员的；黄色代表犹太人。由于对细节的狂热追求，那些因政治罪被捕的犹太妇女被要求将她们的黄色三角形缝在红色背景上。

党卫军领袖海因里希·希姆莱（Heinrich Himmler）对拉文斯布吕克特别重视。在 1938 年 11 月建造营地之前，他亲自定下了地点。此地铁路交通便捷，同时又避人耳目，而且对他本人来说，还方便拜访两位朋友——党卫军经济办公室主任奥斯瓦尔德·波尔（Oswald Pohl）和他的私人医生卡尔·格巴德（Karl Gebhardt）。格巴德在霍恩利钦（Hohenlychen）运营党卫军诊所，那里的医生可以去拉文斯布吕克出诊做手术。1941年1月，希姆莱拥有了自己的庄园布吕肯丁（Brückentin），距离拉文斯布吕克只有5英里，他在那里安置着他的情妇海德薇·波塔斯（Hedwig Potthast）。当时希姆莱已婚并且育有一女，即1929年8月出生的古德隆（Gudrun）。但在1939年，他与当时的私人秘书海德薇开始了地下恋情，他亲切地称海德薇为"兔子"（Häschen）。当她怀孕时，希姆莱要求自己的发小格巴德前往霍恩利钦接生。他们的儿子于1942年2月15日在诊所出生，格巴德成了男孩的教父。二人的第二个孩子是一个女儿，于1944年7月20日出生。海德薇的父母不赞成这段婚外情；而希姆莱的妻子玛格丽特虽然知道自己丈夫出轨，却不知道他和情人已经生了两个孩子。多年来，希姆莱的个人生活并不为人知，尽管他早已违背了婚姻的神圣誓言，但他对外始终保持着一种美德和自制的形象。

对于他来说，这种伪装一点也不难。在他庞大的集中营帝国中，最常见的就是含糊不清的语言。和其他地方一样，在拉文斯布吕克，许多罪行都被委婉的措辞所掩饰。例如，"特殊处置"（Sonderbehandlung）指的是处决囚犯，而"保护性羁押"指的是未经审判的无限期羁押。在贝尔塞克（Belzec）、索比堡（Sobibor）和特雷布林卡（Treblinka）这样的灭绝集中营，囚犯们往往在抵达数小时内就被送进毒气室处死。而在拉文斯布吕克则有所不同，于是他们充分利用这一优势，把囚犯当作奴隶，剥削囚犯的劳动力。然而，希姆莱对拉文斯布吕克的最初构想，类似于他在战争开始前建立的达豪集中营，用以惩罚"越轨者"和"堕落者"，绝大多数囚犯最终还是注定要以不同的方式被杀害，但这并不妨碍他强调集中营有教育目的。1939年1月29日在德国电台的一次演讲中，他罕见地公开提到党卫军集中营，把它们形容为"严格但公平"。他接着说："挂在这些营地里的口号是'有一条通往自由的道路'，它的理念是服从、勤奋、诚实、有序、清洁、清醒、真实、准备做出牺牲，以及爱国。"他以前也曾使用过类似的座右铭：自1936年以来，通往达豪集中营的铁门上写着"劳动带来自由"（Arbeit Macht Frei），这句口号后来被用在萨克森豪森、弗洛森堡以及著名的奥斯威辛等集中营的大门上。

事实上，劳动也是一种系统化的杀戮形式，被称为"劳动灭绝"，即囚犯没有被殴打致死、枪杀、被警犬咬死或被送往毒气室，而是死于精疲力竭、疾病和饥饿。在拉文斯布吕克，"清洁"是不可能的，水被污染，厕所堵塞，污水溢出，三层床上爬满了跳蚤和虱子。"秩序"则被扭曲成一系列令人不知所措、难以理解的残酷规则。弗吉尼亚·阿尔伯特-雷克写下了她第一次体验"集合"（Appell）时的震惊——每天的点名会持续数小时，而囚犯们则一直被迫立正。"凌晨3点30分，我们听到营地警笛的呼啸声，建筑物里的灯光闪烁着。4点15分，我们又听到了这些声音，很快，成百上千的女性开始从建筑中蜂拥而出。"她们一直待在那里，警卫们一遍遍数人头，直到早上6点开始工作。

希姆莱认为集中营应该是营利的，应该将大规模谋杀与大规模生产结合起来。1942年1月，他任命他的朋友奥斯瓦尔德·波尔为该系统的总负责人，他的任务是达到这一目标。1942年4月，当波尔召集党卫军阵营的高级官员参加一次重要会议时，他宣布，当前的目标是增加利润和增加军备生

1941 年，海因里希·希姆莱在访问拉文斯布吕克时检阅女警卫。

拉文斯布吕克的女警卫。

产，而手段则是延长囚犯的工作时间："为了达到最佳效益，劳动必须是最高强度。"在拉文斯布吕克，很多囚犯活活劳作致死。她们死时有的在纺织车间工作，有的在铲沙子；或拖着巨大的铁轮平整地面，或在邻近的西门子工厂为军备工业制造部件。该公司成立于19世纪，原名为西门子和哈尔斯克（Siemens&Halske），到20世纪30年代已发展成为德国最大的电气工程公司。在战争期间，它获得了大量的武器制造合同和无限量的奴隶劳动供应，其主席鲁道夫·宾格尔（Rudolf Bingel）是"纳粹党领袖之友"的成员，并对这一组织出手相当阔绰。

营地的西门子劳作区几乎没有遗留下什么痕迹。在一个寒冷刺骨的冬日，我第一次来这里时，暮色早早降临，以至于我还没找到地方就迷路了。6个月后的仲夏，我又来到这里，当我走过杂草丛生的人行道，经过废弃的建筑时，心中仍然感到迷茫。我以为自己听到其中一幢建筑里有敲门声，然后意识到那是我自己心跳的声音。一只布谷鸟的叫声在荒原上回荡，我步履蹒跚地穿过荒草，直到道路消失，然后我被一条窄轨铁路绊了一下。这条铁路通向一条遍地碎石的坡道，整片区域看起来都是如此荒蛮——即使在一个6月午后的温暖阳光下，也让人感觉这里藏着阴森邪恶的东西。直到后来，我看到一张照片，那是1945年5月2日抵达集中营的苏联医生拍摄的为数不多的照片之一：西门子工厂旁的地上散落着无数尸体。尽管苏联医疗队尽了最大努力，但随后又有数百名病入膏肓的囚犯陆续死去。

即使在空旷的户外，拉文斯布吕克也涌动着令人不安的气氛，仿佛空气中充斥着死者的灰烬。人们在这里受苦受难的记忆，和我童年时期的恐惧混杂在一起，久久萦绕在我的脑海中。因为在我成长的过程中，我的噩梦中经常出现一个无名的集中营：带电的带刺铁丝网、探照灯、挥舞机枪的人和凶猛的狗。这场景熟悉而可怕。我无法逃脱，但我夜以继日地试图抱着妹妹或是拉着她的手逃跑。但我们跑得不够快，甚至似乎只能用慢动作移动。噩梦的重点永远是死亡，被刺杀、枪杀或毒气毒杀。醒来时，我总是浑身发抖，汗流浃背，泣不成声。有些夜晚，我害怕得根本睡不着觉，而失眠也伴随着恐惧：房间的黑暗角落里，那团黑影是什么？楼梯上，又传来了谁的脚步声？

即使在白天，对集中营的恐惧也没有消失。我的父亲于 1936 年出生于一个犹太家庭，他会跟我们讲述大屠杀和反犹太主义盛行的往事，饱含愤怒和痛苦。我的妹妹露丝和我都没有宗教背景，但我们在某种程度上受到了父亲的影响。对被纳粹杀害的 600 万犹太人，父亲深感愤怒。现在我长大了，更好地理解了是什么激发了他的愤怒。他的父母从未谈论过这场战争——就像那个时代的许多犹太人幸存者一样。一种带有腐蚀性的沉默，这本身就是痛苦和悲伤的另一种表现。我父亲最终得知，他们在法国境内和欧洲其他国家的一些亲戚，在奥斯威辛集中营和其他灭绝营地惨遭杀害。

我父亲骂人时，最激烈的词语就是"法西斯主义者"。当他的躁郁症发作时，他会称我为"纳粹"，以此来提醒我，我不是犹太人，因为我没有犹太母亲。我和父亲的关系一直很尴尬。但我在前往拉文斯布吕克的旅途中，想起了他，想起了我们不知名的祖先。伴随着我的，还有关于妹妹的记忆。她是我那个破碎家庭中的支柱，在 33 岁时死于乳腺癌。我们之间的姐妹情谊造就了我，即使在她死后，我们之间的爱也没有终止。当我写到在拉文斯布吕克去世的女性时，我的心灵再次被露丝去世的痛苦记忆所攫取。"我爱你。"她在去世之前低声对我说……无论她是一个孩子、一个十几岁的女孩、一个年轻的新娘、一对新生双胞胎的母亲，还是在垂死之际……"我也爱你。"我对妹妹低声说，低语散入黑暗，传向光明。"我会永远爱你……"

这便是伴随着我一起穿越拉文斯布吕克往事的幽灵，是我随身拖着的笨重行李。但对于每个来大屠杀纪念馆的人来说，不都是这样吗？在纳粹政权给人类带来巨大痛苦的背景下，我自己家庭的破碎似乎微不足道，甚至让我为提及他们而感到内疚。然而，在见证我亲爱的妹妹的死亡时，我知道每一次死亡都是有意义的，没有任何一次应该被忘记。每一次死亡都有值得讲述的故事。

在拉文斯布吕克有很多地方，让你清晰地意识到此地邪恶的本质，但让人感觉最明显的莫过于指挥官的房子：从党卫军总部出发，通过一条整洁的小路，可以到达山坡上 4 座独裁者官邸中最大的一座。从外面看，它几乎像是一座舒适的度假屋，掩映在松树丛中，有着绿色的百叶窗、坚固的木质护墙和漂亮的山墙屋顶。但当我第一次进去的时候，夜幕正在降临，电灯闪烁着，好像有人在不停按动开关，然后彻底熄灭了。在黑暗中似乎有什么正在监视着我，把我赶出了房子。之后再次回访时，是一个白天，我强迫自己坐下来写笔记。此处房间的布局得到了保留，许多早期的装饰也保存完好：油漆被刮去，露出了带印花的墙纸。厨房的地面是擦洗过的白色瓷砖。浴室仍保留着原有的陶瓷配件，但厕所看起来异常令人作呕。营地处处都令人感到恐惧，为什么这里是最可怕的地方？也许是因为我刚刚读到了所谓的"排泄刑罚"：囚犯们被禁止使用厕所和卫生设施，并因此遭受巨大的痛苦。

从这幢房子前面的窗户和阳台可以看到党卫军总部、湖泊和部分营地。房子后面是茂密的林地。一只苍蝇撞上了锁着的窗户。我可以看到外面的燕子在树间飞舞，但除了鸽子在屋顶上咕咕叫之外，几乎听不见其他鸟鸣。我的头在一阵阵痉挛，我的眼睛莫名地疼痛。我不想一个人待在这里，墙上挂着的照片里都是死去已久的人。这些人曾住在这所房子里，在大壁炉的炉火旁取暖，纵情吃喝。这些人还会爬上木质的弧形楼梯，在设备齐全的浴室里洗刷去日常工作的疲惫，随后去主卧室沉沉睡去。第一指挥官马克斯·科格尔（Max Koegel）在画像中看起来很严肃，当他盯着我的时候，嘴角下垂，明显流露出不赞成的神情；第二个是弗里茨·苏伦（Fritz Suhren），他的脸上挂着快乐的微笑，头上那顶别着骷髅徽章的党卫军尖顶帽子微微倾斜，让他显得更为欢快。

马克斯·科格尔积极参与了拉文斯布吕克集中营的规划，并在 1939 年 5 月开营时担任其代理指挥官。1940 年 1 月，他被正式任命为指挥官。他的第二任妻子安娜于 1934 年与他结婚，当时他是达豪党卫军的副官。在这里，这对夫妇享受着舒适的生活方式，营地里有佣人为他们操持家务和做园艺，而安娜经常去弗尔斯滕堡的商店购物。安娜·科格尔的照片挂在房子的另一个房间里：她穿着一件时髦的缎子衬衫，脖子上系着一个小蝴蝶结，深色的头发梳得很顺。这张照片下面有一张标签，写着一名在党卫军美发沙龙工作的囚犯的回忆：有一次科格尔夫人来做头发，一名手上沾满染发剂的波兰女子被派去给她洗头。"她说不准用那样的手碰她，这是一种耻辱。"

拉文斯布吕克营地指挥官的住所。

着希特勒的画像，楼上的小卧室里摆放着粉色带蕾丝装饰的家具。至于拉文斯布吕克这座真实的指挥官住宅，有一位法国妇女在营地解放后不久曾经进去看过，在她的证词里有两个细节一直在我脑海中挥之不去：第一，客厅里有一架钢琴，她坐在那里弹了一会儿；第二，在一张大床上放着一床粉红色的羽绒被，一个曾和她一起服刑的同伴，正蜷缩在被子里睡觉。

　　理想化的家庭住宅竟可以这样与恐怖的集中营共存，但这对希姆莱和他手下的人来说都不是问题。在 1943 年 10 月对党卫军高级军官发表的一次长篇演讲中，希姆莱称赞了他们对犹太人实施种族灭绝过程中所展现的"体面"："你们大多数人都会知道，看到 100 具、500 具，甚至 1000 具尸体并排躺着是什么感觉。"他这样说道，然后用一种令人鼓舞的语调补充说，党卫军"应对了这一点，并且克服人性的弱点，保持了体面"，这是一项伟大的成就。在同一次演讲中，希姆莱强调党卫军的绝对准则是"诚实、体面、忠诚，并且仅对我们自己的血脉有同志情谊。俄罗斯人或捷克人的处境对我来说完全无关紧要……我不关心是否有 1 万名俄罗斯妇女在挖掘反坦克壕沟时精疲力竭地倒下，我只关心她们挖掘反坦克壕沟是不是为了对付德国……在这个地球上，只有我们德国人对动物有着得体的态度，我们当然也会对人类动物采取同样得体的态度；但如果我们为他们担忧，或是与他们为同样的理想奋斗，那是对我们自己种族的犯罪，我们的子孙将更难与他们相处。如果有人来找我说：'我不能让妇女和儿童一起修建反坦克壕沟。这是不人道的，因为他们会死的。'那我就不得不说：'你这是在谋害自己的种族，因为如果不修建壕沟，德国士兵就会死，而他们都是德国母亲的儿子……'"。

　　在希姆莱的演讲中，经常出现这个怪异的关于"体面"的概念。用他的传记作者彼得·朗格利希（Peter Longerich）的话说："不体面地对待敌人，就是体面的。"因此，尽管党卫队大肆吹嘘秩序和效率的价值观，但当卡特琳娜·迪奥抵达拉文斯布吕克时，营地已经处于一种相当不体面的混乱状态。这里不仅老鼠遍地，而且最初设计用来容纳3000人，现在已经被塞进了超过4万人，人数每天都在增加。即使盟军在向德国进军，希特勒依然坚持下令第三帝国不得释放任何囚犯。巴黎解放的前夕，他们还在从巴黎运送女性囚犯到拉文斯布吕克。还有很多囚犯源源不断地从东部国境抵达这里。其中大部分囚犯来自华沙，他们从1944年10月初华沙起义失败后就被捕了。在接下来的几周里，估计有1.2万名包括孕妇、儿童和婴儿在内的波兰人抵达拉文斯布吕克，无数人因无法获得自来水或上厕所而死亡。

离开巴黎时，梅西·雷诺与卡特琳娜·迪奥乘坐同一趟火车，她在回忆录中描述了营地中肮脏拥挤的情形："三个人必须合睡一张单人床，平躺或翻身都不可能……我们的许多同伴伤口都化脓了……痢疾开始传播……宿舍里弥漫着令人作呕的气味。"更可怕的是脏兮兮的洗手间里躺着尸体。"在这个房间里，"她观察到，"一群赤身裸体、瘦骨嶙峋、浑身虱子，因为缺乏维生素而浑身伤口的人相互推搡……地上躺着的尸体，还没来得及送去太平间，就这样被脏水冲刷着。"在集合场地（Appellplatz），还有更可怕的遭遇等待着她们。点名后，她们不知所措地聚集在一起，一名肥胖的党卫军军官骑着自行车绕着囚犯队伍，用鞭子或拳头殴打着她们。据她们了解，这是办公室主任汉斯·普夫劳姆（Hans Pflaum）。在一次挑选做苦力的囚犯时，他采取了另一种羞辱她们的形式：妇女们站在院子里，脱光衣服，等待检查手、牙齿和身体。杰曼·提里昂称，普夫劳姆被称为"牛贩子"：一个恶毒的暴徒，"无情地虐待每一个他够得到的女人"。

到 9 月初，卡特琳娜和她的同伴们在繁重的工作中苦苦求生，口粮少得可怜，她们平时只能喝到一些清汤寡水，大多数人都因此生病了。梅西·雷诺写到，她们一群人被命令从黎明开始在沼泽地中铲沙。"我们穿着短袖夏装，冻得瑟瑟发抖。浓雾从湖面升起，笼罩着沼泽。沙子又湿又冷，我们冰冷的手几乎握不住铲子……"

令人感到震撼的是，尽管只要被察觉到任何反抗行为（无论是真的反抗还是别的情况），这些女性就要遭到警卫和他们的狗的攻击，但她们还是找到了反抗的方法。在被剥夺身份后，她们担心自己会变得像营地语言中称为 Schmuckstücke（直译为"小饰物"或"珠宝"。狱警也简单地将囚犯称为 Stücke，也就是"一件"的意思）的囚犯一样绝望。这些妇女严重营养不良和体力透支，似乎已成为活死人。作为训练有素的民族学家和人类学家，杰曼·提里昂满怀恐惧地写下自己看到"一个表面上是人类的生物"，这个人"脸朝下趴在泥里，舔舐着一个翻倒的汤碗里的残留物。没有朋友，没有希望，没有尊严……被恐惧和饥饿所改变，最终注定像啮齿动物一样被毒气毒死……"。

卡特琳娜·迪奥很少谈论自己在拉文斯布吕克所遭遇的一切，但她在那里时一定找到了保持尊严的方法。当我与她的教子尼古拉斯·克雷斯佩尔交谈时，他说卡特琳娜当时只跟他说了一件事：她永远不会为了捡党卫军扔在那里的食物而趴在地上。"她说如果你那样做了，你的人生就完了……"

杰曼·提里昂的秘密笔记，忠实地见证了她在集中营里那段痛苦的经历。她在笔记中写道："我能在拉文斯布吕克幸存下来，最根本也是最重要的原因，就是等待机会；其次就是一定要揭露我所目睹的罪行的愤怒和信念；最后还要归因于友谊，因为当时我已经失去了求生的本能和意志。在某种程度上，这张脆弱的友谊之网几乎被人性的自私和生存环境的残酷所湮没，但不知何故，营地里的每个人都被无形地编织在其中。"对这些法国女性来说，她们需要团结在一起，就像身处一个大家庭中一样。

　　杰奎琳·达林考特是一名24岁的反抗者，1944年4月抵达拉文斯布吕克，比卡特琳娜早几个月。她在自己的回忆录中写道："尽管筋疲力尽，但最重要的就是坚持下去，不被吓倒，不屈服于绝望。反抗的可能性虽然很小，但至关重要……想象力、坚韧，甚至愤怒，都是我们战胜绝望的重要武器……"杰奎琳被分配到一个纺织车间，那里的工作时间很长，主管和营地里其他地方的管理者一样残酷，如果妇女们动作不够快，他就向她们扔剪刀，把她们的脸撞到缝纫机上，甚至把她们活活踢死。而卡特琳娜居然设法为营地中的法国同伴制作了连指手套，堪称一种壮举。"她是冒着生命危险这样做的，被抓住就完了。要想做到，就得先将织手套的全部过程分解为一系列简短的动作……这可能要花上一整夜，也可能是一整天。"连指手套一完成，就被偷偷带出车间，然后"偷偷地传给我们这一区的某位同志，以此来取暖……以这种方式反抗折磨我们的人，带来的成就感是无与伦比的！"

　　囚犯们身上包括结婚戒指在内的大部分个人财产都被没收了，因此他们暗地里制作的物品，是团结和抵抗的强烈象征。前党卫军总部就展示着这样一批引人注目的藏品。其中一些是幸存者们在1959年拉文斯布吕克的第一座博物馆开馆时捐赠的。从那时起，这批藏品就在不断扩充，随后又增加了图画和其他被发现的物品，包括一个雕刻有埃菲尔铁塔的唇膏盒，以及苏联士兵驻扎期间出土的一个圣母玛利亚微缩瓷像。它们共同构成了一份关于记忆和人性的非凡记录。

这些展品中充满了生动的生活气息，稍微平衡了档案中冰冷的数字，以及那些可怕的党卫军图像记录。这些照片中有脚蹬抛光靴子、身穿纳粹制服的营地工作人员，以及令人毛骨悚然的骷髅徽章。其中有一张照片特别引人注目：照片记录了 1941 年 1 月海因里希·希姆莱访问拉文斯布吕克时，女卫兵立正迎接他。许多人是在当地招聘的，丰厚的工资（大约是当时工厂工人的两倍）和舒适的新建生活区对她们形成了不小的吸引力。她们穿着漂亮的灰色夹克和裙子，戴着印有帝国鹰标志的帽子以表明帝国雇员的身份。截至 1939 年，此地大约有 55 名女警卫，而这一数字随着时间的推移而不断增加。她们和她们的男同事一样残忍。另一幅肖像上的人是多萝西娅·宾兹（Dorothea Binz），一个当地女孩，1939 年 8 月开始在拉文斯布吕克工作，当时她才 19 岁，很快就升任了监狱管理人员，并以对虐待无休止的狂热而著称。据法国抵抗者丹尼斯·杜福尔尼尔说："她是一个娇小的金发女郎，有一张相当天真的脸，非常漂亮，但每当她出现时，人群都会陷入沉默。她有一只大狗，她还总是带着马鞭……她和一个男警卫住在营地外的一所小房子里，所以她一定也过着属于人类的生活。但在营地里，她甚至会只要看到一个女人就把她踢死。"

拉文斯布吕克收藏有 1500 件手工制品：从天主教念珠和十字架到带有锤子和镰刀的徽章，还有雕刻的小动物（兔子、马、狗）、装点着爱心和鲜花的手绘纸牌和贺卡、精心制作的布娃娃和精美的刺绣包。这些藏品展现了囚犯的不同国籍，她们来自 30 多个国家，拥有不同的政治和宗教信仰。最

一个剃光头的娃娃，由拉文斯布吕克的一名囚犯制作。

一颗刺绣的心，一个樱桃核雕刻的篮子。1944 年 3 月作为生日礼物送给一名囚犯。
两者都是拉文斯布吕克纪念博物馆小物件收藏的一部分。

重要的是，它们表明营地中的女性具有极高的多样性，难以简单概括。其中一小部分人成为协助党卫军的工作人员，例如负责管理一座宿舍楼的"楼管"（Blockovas）。她们被称为"协管"（Stubovas）。作为回报，她们享有更好的生活条件，并证明自己有能力实施残忍的行为。卡门·莫里（Carmen Mory）是其中最恶名昭彰、冷酷无情的一个"楼管"。她是一名瑞士出生的记者，曾为盖世太保工作，后来因涉嫌充当双重间谍而被捕。在拉文斯布吕克，她负责 10 号楼，即所谓的"医院"大楼。她不会给那里的病人提供任何护理，而更有可能将她们杀害。因此，莫里在整个营地都令人畏惧，并被人们称为"黑天使"或"女巫"。1944 年 1 月，一位名叫安妮·斯波里（Anne Spoerry）的年轻抵抗者从巴黎被驱逐到拉文斯布吕克，因为接受过医疗训练，所以被分配去 10 号楼为莫里工作。在那里，她成了莫里的情人，并服从于她的命令：给那些在营地里被逼疯的"精神病患者"注射致命的药剂。

对一些囚犯来说，生存的信念来自宗教或政治信仰，或两者兼而有之，比如杰内维·戴高乐。1944 年 2 月，她作为法国抵抗运动早期的坚定成员被驱逐到拉文斯布吕克，在一份感人的回忆录里，她描述了自己如何在绝望中努力保持信仰。"我坚信，比死亡更可怕的是灵魂被摧毁，而这正是设置集中营的目的……我在祈祷的时候都不希望把自己与那些可怜的女人分割开来，那些女人偷面包，分发汤时和我们打架，蜷缩在角落里，身上遍布虱子和污垢。但她们就是活生生的例子，映射出我们自己很容易变成的模样，我应该分担她们的屈辱，就像我们分享友谊和面包一样……"

对丹尼斯·杜福尔尼尔来说，在漫长的点名时间里抬头仰望天空，给了她一线希望。"太阳现在正在天空上，为淡淡的云彩勾勒出金边。太阳的升起和落下，是这个荒凉的'国度'里唯一美丽的东西，也是那个我们被驱逐出的世界给予我们唯一的友谊象征。"她的一些战友则在内心发现了创作的源泉，例如法国抵抗者珍妮特·勒米尼尔（Jeannette L'Herminier），她于1944年1月被驱逐到拉文斯布吕克，随后为集中营的朋友们画了一系列非同寻常的肖像画：她们全都没有面孔，但充满了人性的精神。

然而，勇气和创造力不足以拯救所有人，因为斑疹、肺结核和伤寒等传染病在集中营中肆虐，夺走了那些忍饥挨饿并因强迫劳动而虚弱不堪的囚犯的生命。杰奎琳·达林考特说，她与朋友安妮·德·鲍夫雷蒙共用一本珍贵的祈祷书。"她被剃光了头发，脸色憔悴不堪，从种种迹象中我们都意识到：她的末日即将不可避免地到来了。"两个年轻的女人一起祈祷，但杰奎琳知道安妮快要死了，无论是信仰还是友谊都不能让她活下去。安妮于1945年2月15日在拉文斯布吕克去世，时年25岁。杰曼·提里昂的母亲艾米丽也因支持抵抗运动而被驱逐到拉文斯布吕克，1945年3月2日，就在她69岁生日的几天后，她被送进了毒气室。随后，伊冯·巴拉特也去世了，她在被驱逐出巴黎的前一天晚上搭了一座祭坛，在罗曼维尔写给家人的最后一封信里，依然表达了希望。伊冯于3月25日去世，享年34岁。五天后，人数逐渐减少的法国囚犯为失去妮可·德·维塔塞而哀悼，这位活力四射的女孩曾在运输途中试图逃离。

维奥莱特·莱科克（Violette Lecoq）是法国抵抗运动的一名成员，在战争爆发时曾是红十字会的护士，她被分配到"医院"大楼为卡门·莫里工作，尽管她试图帮助患者，但她也目睹了那里有多少人被处死、谋杀或送

珍妮特·勒米尼尔秘密绘制的图画。

上图：两名未具名的法国女性。

下图：玛蒂尔德·"蒂利"·弗里茨（Mathilde "Tilly" Fritz）和伊莱恩·吉安宁（Eliane Jeannin），二者曾分别是斯特拉斯堡大学和巴黎艺术学院的学生。

往毒气室。她在偷来的黑色复写纸上秘密绘制了一些画作，生动地记录了她亲眼所见的恐怖场景并保存下来。她的朋友，一位名叫路易丝·勒·波茨（Louise Le Porz）的法国医生，在1944年6月被送到拉文斯布吕克，也在同一大楼工作。许多年后，当波茨医生接受英国作家萨拉·赫尔姆（Sarah Helm）的采访时，她描述了她和维奥莱特曾经一起看到的情景："当时是晚上，电灯突然亮起。我们在大门口……我对维奥莱特说：'如果有一天有人要拍电影，他们必须拍下这一幕，就是今晚的这一刻。因为我们，一个来自巴黎的小护士和一个来自波尔多的年轻医生，就在这里见证了一切。'这里突然出现了一辆卡车，它掉头朝我们驶来，打开门，露出一堆尸体。我们在那里，是因为我们刚刚把一个死者送到停尸房。突然，我们就站在了一座尸体堆前。我们对彼此说，如果有一天我们回忆起这一幕，没有人会相信我们。事实确实如此。等我们回到家乡，没有人想知道这一切。"

没有人想知道……她的话在我脑海中回荡。在拉文斯布吕克发生了太多可怕的事件——你不希望脑海中出现这样的场景，但一旦你知道了，你就将永远无法忘记。据杰曼·提里昂说，营地中的一些同伴不堪承受"新发生的恐怖事件，'即使这都是真的，我也不想知道'。在我试图游说同志的时候，不少人这样回答"。但对杰曼来说，记录在拉文斯布吕克发生的罪行至关重要：罗姆人和辛提人囚犯，包括8岁的女孩，被强制绝育；孕晚期的孕妇被强制堕胎，胎儿如果还活着，就要被淹死或闷死。在"儿童房"（Kinderzimmer），婴儿被单独留下慢慢饿死。她估计，从1944年10月到1945年3月，仅在6个月内，就有850名婴儿在这种情况下死亡。

杰曼·提里昂也决心收集有关在拉文斯布吕克对女性进行手术实验的

证据。她发现，这些类似的暴行发生在帝国安全总局（希姆莱成立的一个控制帝国所有情报和安全事务的机构）局长莱因哈德·海德里希（Reinhard Heydrich）死亡后的一段时间内。1942 年 5 月 27 日，捷克抵抗组织的战士刺杀了海德里希，当时海德里希正赶往布拉格。深受希姆莱信赖的朋友、纳粹头号外科医生卡尔·格巴德被空运到布拉格，但他没来得及动手术。当地医生先进行了紧急手术，术后海德里希受到感染，格巴德未能阻止坏疽的扩散。1 周后，海德里希因受伤去世，作为报复，附近的利迪策（Lidice）和勒扎基（Ležák）这两座村庄被摧毁：所有 15 岁以上的男性都被枪杀；妇女和儿童被送往集中营，其中 184 名妇女被驱逐到拉文斯布吕克，她们在那里遭到了极其残酷的对待。

海德里希死亡后，格巴德遭到了这样的质问：为什么没有用新的抗菌药物，即磺胺类药物，来治疗海德里希的坏疽性伤口？希姆莱提议在拉文斯布吕克寻找合适的人体受试者来测试这些药物，他的建议一部分也是为了帮助格巴德澄清自己的名誉。74 名健康的波兰女孩被迫参与了试验，其中最小的 14 岁。她们的腿上被划出严重的伤口，并且被人为感染了细菌，或是放置进木头和玻璃碎片这样的异物。其中部分人用磺胺类药物治疗，部分人用其他药物治疗，剩下的人不接受治疗。可以预见的是，格巴德的试验结果证明磺胺类药物无效，因为磺胺类药物有效，不符合他的利益。

当时担任德国红十字会主席的格巴德医生很快对他的人类小白鼠失去了兴趣。幸存下来的人被截肢致残，她们在营地中被称为"兔子"。1942 年底，希姆莱批准继续在拉文斯布吕克进行医学试验。这项研究是由格巴德在

下页图和下下页图：维奥莱特·莱科克绘制的她在拉文斯布吕克集中营看到的场景。

1. — Welcome...

2. — Deux heures après...

5. — Remise du rêve...

6. — Délassement...

9. — La loi du plus fort...

16. — Travaux...

13. — Elles étaient 40.000...

14. — Après l'appel...

17. — Inspection...

18. — Agonie juive...

3. — Living room...

4. — Veranda...

7. — Travail...

8. — Gastronomie...

11. — L'arbre...

13. — Les pères parmi les pères : Les H. H...

15. — Les soldats...

16. — Amitié...

19. — Nourritures terrestres...

20. — Hygiène...

霍恩利钦诊所的党卫军同事路德维希·斯通费格（Ludwig Stumpfegger）医生主持的，他打断了更多年轻女性和青少年的骨头。这证明了杰曼·提里昂非凡的决心，她能够收集到更多重要证据，用于战后对纳粹医生和护士的审判，这些医生和护士曾参与集中营的各项行动，折磨妇女和儿童，杀害婴儿，摧残无数生命。然而，这些罪行波及面太广了，以至于人们完全无法确认到底有多少受害者因此而死亡。

当我 6 月初访问拉文斯布吕克时，湖面上漂荡着游船，就像战前一样。弗尔斯滕堡是一个整洁、完好、看起来相当体面的小镇，来到这里游玩的人们依然兴致盎然。然而，在集中营的纪念堂，我发现几乎只有我一个人。我站在湖边，可以看到远处的独木舟和游轮，但没有人靠近湖岸的这一边。彩虹色的蜻蜓掠过睡莲，一对苍鹭飞走了，杜鹃的叫声在树林中久久回荡。蓝山雀在高高的石墙中筑巢，这些石墙现在是纪念馆的一部分。当我沿着墙行走，默念着墙上雕刻的死者名字时，还能听到雏鸟的叫声与我应和。在石墙根下，有先前的游客留下的祭品：贝壳、鹅卵石、鲜花、诗歌和绘画。一些人写下了留言，祈祷死者安息。我在这些物件前感到不安，同时也获得了一种平静的认同感。我抬头看向高墙之上，仰望天空……我想起了那些凝视着同样天空的囚犯，想起了她们死去的姐妹化作火葬场的烟囱里冒出的浓烟，滚滚而出，飘散而去，最后与星尘归于一处。

墙的旁边是万人坑，里面埋着火葬场运来的骨灰，现在上面覆盖着数百株玫瑰花。1958 年 4 月，来自利迪策村的原集中营囚犯在这里种下第一株玫瑰，她们从被摧毁的村庄遗址上建立的玫瑰园中，带来了玫瑰的插枝。

博物馆收藏的许多纪念品都饰有玫瑰图案：玫瑰作为友谊和自由的象征，画在生日卡片上，或绣在小块织物上。因此，玫瑰对拉文斯布吕克的女性来说已经有了特殊的意义。在万人坑种植第一株玫瑰后的第二年，来自欧洲各地的原集中营囚犯捐赠了更多玫瑰，为 1959 年 9 月 12 日营地纪念碑的落成做准备。

德国这一地区的冬天特别严酷，并非所有的玫瑰都能存活下来，因此 1973 年，曾被驱逐到营地的法国抵抗者马塞尔·杜达赫·罗塞特（Marcelle Dudach Roset）为拉文斯布吕克培育了一种新的更耐寒的玫瑰，名为"复活"（Résurection），并于集中营解放 30 周年之际首次种植。从那时起，"复活"玫瑰作为一种有生命的纪念物被种植在法国、捷克、挪威和德国的 600 多个地方，它们与其他几个品种的玫瑰一起在拉文斯布吕克生长。这里还有一块刻有马塞尔·杜达赫·罗塞特所作诗歌的纪念牌，赞颂这些玫瑰：

我是"复活"
一年又一年
一季又一季
我是生命的见证
保护世界上所有的孩子
免遭野蛮的践踏
即使我变成了一株野玫瑰
我也将照亮每一条路……

1945 年 3 月维拉·阿胡尔科娃（Vera Žahourková）20 岁生日时，
捷克囚犯送给她一张用玫瑰装饰的手工卡片。

直到去了拉文斯布吕克，我才知道这个故事。当我现在写下这些文字的时候，我的思绪又一次被带到了那里，仿佛在一个醒着的梦中，来到了一座湖边的玫瑰花园，玫瑰从过去的灰烬中生长出来，它既是对逝者的纪念，也是对未来的希望。

初夏，当白天鹅掠过湖面时，玫瑰花蕾仍在沉睡，就像紧握的小拳头。然而在 11 月下旬，当我站在万人坑旁时，花朵奇迹般地盛开着，即使从北方刮来了寒冷的风，它们脆弱的花瓣依然在黑暗的冬日天空下绽放。

拉文斯布吕克的女性。她们的衣服上画着白色的叉，以标明囚犯身份。

地下世界

坐着我丈夫开的快车，从拉文斯布吕克到托尔高（Torgau）的旅程只花了不到 3 个小时。但当年卡特琳娜·迪奥被锁在一节运送牲口的车厢里，火车却开了 3 天的时间。1944 年 9 月的第二个星期，500 名妇女被选出来送往南方的托尔高，这是布痕瓦尔德集中营管辖下的数十个奴隶劳动场所之一，卡特琳娜是被运往当地的一员。

托尔高位于柏林以南约 100 英里处，虽然我读过弗吉尼亚·阿尔伯特 - 雷克关于她们如何抵达该处的描述，但我在地图上却找不到任何关于这处分营地所在地的标记。弗吉尼亚写道，她们从火车站出发行进了半个小时，途中遇到"数百名法国战俘"（他们本应被关押在托尔高的 Stalag Ⅳ -D 战俘集中营）。为了寻找线索，我首先去了哈尔滕费尔斯城堡（Schloss Hartenfels），这是一座令人望而生畏的中世纪城堡，位于城镇的中央，俯瞰着 1945 年 4 月 25 日苏联和美国军队在易北河上会合的大桥。这座城堡现在是一座博物馆，其中保存有一份档案，记载了它在第二次世界大战和苏占时期作为监狱的历史。当时城堡中正举办一个详尽的展览，涵盖了这一段沉重的历史，但也没有提到这处集中营的分营地。幸运的是，我找到一本有用的指南，并联系到了博物馆的档案管理员，他知道营地的确切位置。于是我们再次出发，我的丈夫耐心地陪我完成了这次奇特的探索。

尽管有许多人死于这里，但这里没有留下任何可以作为营地纪念的东西。这是一片荒凉的无人区，贫瘠的田野间点缀着几栋看起来早已废弃的工业建筑。我丈夫把车停在路上，寒风吹起沙尘。他待在车里，我出去寻找线索。过去战争的所有痕迹似乎都消失了，但我看到了一条废弃的窄轨铁路，跟西门子在拉文斯布吕克工厂的那条类似。我跟随着它，穿过枯草，直到一个人孤零零地走在一个不知名的地方。我回头看向我来时的方向。汽车从视野中消失了，11月灰蒙蒙的天空正在变暗。列车轨道中断，我已经来到了轨道的尽头，但仍在寻找答案。

弗吉尼亚·阿尔伯特-雷克在她的日记中写到，这些女性排着队从警卫旁边走过，第一次进入营地的那一刻，才意识到自己是被派往一家军工厂工作。"当我们从他们身边经过时，我们可以看到在他们身侧印着'军火'的字样……我突然感到一阵恶心……看起来我们好像要住到工厂的正中心……"

派往托尔高的队伍里还包括珍妮·卢梭（Jeannie Rousseau），一名24岁的抵抗者，在卡特琳娜·迪奥之前一周抵达拉文斯布吕克。珍妮德语流利，此前曾在巴黎为国防军官员和法国工业家担任翻译，向英国传递有关希特勒研发V-2火箭的重要情报。V-2火箭是一种旨在打击包括伦敦在内的盟国目标的远程导弹。抵达托尔高后不久，她召集了一次妇女会议，并号召她们站出来维护自己受《日内瓦公约》保护的权利，该公约禁止强迫战俘制造武器。

根据弗吉尼亚的说法："我们认为我们是交战双方，包括纳粹分子在内，没有人有权让我们在军工厂工作。对于号召这项'权利法案'的女性以及投票支持这项法案的女性，我们应该为她们的勇气感到钦佩。当她们在周日早上向直接指挥我们的酒鬼副官宣布她们的决定时，并没有意识到自己已经点燃了一根火柴……'当然可以安排，'他说，'你们中那些拒绝在工厂工作的人，只会被送回拉文斯布吕克。'"

回到拉文斯布吕克，意味着重返地狱。而这样的前景，在团队内部引发了合乎情理的迟疑。弗吉尼亚写道："许多女性在这种威胁下改变了自己的决定，而那些愿意冒险的女性则蔑视自己的同志们的懦弱。"大家列出了名单，统计了那些准备留下或离开的人，但争论仍在继续。一些人指出，战争即将结束，她们制造的弹药可能永远不会被使用。其他人说，回到拉文斯布吕克就意味着"死缓"，她们应"不惜任何代价"避免回到那里。弗吉尼亚在日记中回忆起一个支持留在托尔高的女性的话："我们在法国有父母、丈夫和孩子，他们需要我们，未来的法国需要我们，我们的工作还没有完成，我们对未来负有重大责任。"弗吉尼亚和其他人一样矛盾："我不想成为一个懦夫，所以半心半意地选择了回拉文斯布吕克。但1个小时后，有人说我这样做是疯了，于是我又把名字画掉了……那天我们都很痛苦……我们在勇气和恐惧、理想主义和现实主义、骄傲和耻辱之间徘徊。一直以来，德国人都在嘲笑我们、戏弄我们、折磨我们，最后他们完全按照自己的意愿行事。"

珍妮·卢梭被判入狱3周，每天早上她都会被冷水泼醒并遭到殴打，而包括卡特琳娜·迪奥在内的其他大多数女性则被安排在工厂工作，将黄铜弹壳浸入深槽的酸液中。12小时的轮班工作令她们精疲力竭，硫酸挥发物损伤了她们的肺和皮肤。然而，即使在那里，她们也能够进行秘密的抵抗行动，比如破坏机器，使其时常发生故障。

弗吉尼亚·阿尔伯特-雷克相对幸运，她被分配到营地厨房，负责剥蔬菜皮和到田里挖土豆。"已经是 10 月 1 日了，霜冻即将来临。"她说。土豆田分布在营地周围，趁着在田地之间走路，她大致了解了这个营地的工业规模。弹药军火储备在巨大的地下洞穴里，无法直接看到，只能通过标记这些地下区域的小型通风井来判断，一切都覆盖在野草和矮小的冷杉树下。铁轨向几个方向延伸，但弗吉尼亚没有看到房屋或平民的痕迹。"整个地方似乎笼罩在神秘之中。"

托尔高小队原定为"法国人"的组织，但也包括来自英国特别行动处的 5 名特工：莉莲·罗尔夫（Lillian Rolfe）、维奥莱特·萨博（Violette Szabo）、丹尼斯·布洛赫（Denise Bloch）、艾琳·尼尔内和伊冯·鲁迪拉（Yvonne Rudellat）。英国特别行动处被称为"丘吉尔的秘密军队"，于 1940 年 7 月在伦敦成立，目的是在被占领的欧洲进行间谍、破坏和侦察活动，并支持当地的抵抗网络。其中"F 部门"在法国活动，有 41 名女性特工，只有 25 人在战争中幸存。在托尔高，英国特别行动处的所有特工仍在使用化名，尽管她们在这里的朋友都知道她们是"英国女孩"或"小伞兵"。伊冯·鲁迪拉是 5 个女孩中年龄最大的一个：1897 年出生于法国，在被组织招募时，已经在伦敦生活了 20 多年。她是第一位抵达法国的特工（1942 年 7 月 30 日），并被认可为英国特别行动处最大的抵抗组织"繁荣之路"（Prosper Circuit）的一名得力干将。但她最终于 1943 年 6 月被捕，被捕时头部遭受严重枪伤。

1944 年 8 月，伊冯抵达拉文斯布吕克时，身体状况明显已然不佳：她已经在弗雷斯纳监狱里待了 1 年，头部伤口一直没有完全愈合。她的头发已经变白，而且作为一名 47 岁的女性，她的处境比年轻的女孩更危险。因为在这里，任何被认为年纪太大而不能从事强制劳动的人，都有可能被杀害。根据希姆莱的说法，这是确保营地效率最大化的"实际需要"。当她因为病得太重而无法在托尔高工作时，她被送回了拉文斯布吕克，然后于 1945 年 3 月转到贝尔根 - 贝尔森集中营。1945 年 4 月 15 日英国军队抵达集中营时，伊冯已经因饥饿、斑疹、伤寒和痢疾而奄奄一息，1 周后就死去了。1945 年 1 月至解放这段时间，估计有 3.5 万名囚犯在贝尔根 - 贝尔森集中营因疾病和饥饿而死亡，那里堆满了未掩埋的尸体。在接下来的两个月里，又有 1.4 万人死亡。

莉莲·罗尔夫在托尔高也十分虚弱——她只能被杰奎琳·伯纳德搀扶着从火车站步行到营地。杰奎琳·伯纳德是一名法国记者，也是一名抵抗者，在卡特琳娜·迪奥被捕之后不久，被抓进庞贝街遭受酷刑。与所有被招募进英国特别行动处 F 部门的女特工一样，莉莲的关键技能在于她 6 岁前都生活在巴黎，法语流利。1943 年底，作为空军妇女辅助队（WAAF）的成员，她引起了英国特别行动处的注意。1944 年 4 月 5 日，她空降到法国，并担任无线电发报员，直到 7 月底被捕。莉莲在弗雷斯纳监狱多次受到审问和酷刑，然后于 8 月 8 日乘火车前往德国，与丹尼斯·布洛赫和维奥莱特·萨博一起戴上镣铐。当莉莲在拉文斯布吕克被迫从事劳役时，她已经很虚弱了，铲沙子的时候几乎拿不住铲子。在托尔高，弗吉尼亚·阿尔伯特 - 雷克在日记中写到，莉莲"非常安静和敏感……她似乎从一开始就注定要不行了……"。

其余 3 名英国特别行动处特工的身体更强壮一些。丹尼斯·布洛赫于

1

2

3

4

与卡特琳娜·迪奥同路，作为奴隶从拉文斯布吕克被运送到托尔高的英国特别行动处特工。

本页，图1：艾琳·尼尔内；图2：丹尼斯·布洛赫；图3：伊冯·鲁迪拉；图4：伊冯·鲁迪拉和她的女儿。

右页，图1：维奥莱特·萨博；图2：莉莲·罗尔夫；图3：维奥莱特·萨博少女时期；图4：维奥莱特·萨博在1940年8月的婚礼上。

1

2

3

4

1916 年出生于巴黎的一个犹太家庭，曾在伦敦接受无线电发报培训，并于 1944 年 3 月空降到法国。弗吉尼亚形容她为"一个高大、俊俏的女孩，她与法国一位著名的赛车冠军非常相爱"。她指的是丹尼斯的同事罗伯特·贝诺伊斯（Robert Benoist），他是一名勇敢的大奖赛车手和一战飞行员，曾被委任为英国陆军上尉。1944 年 6 月，他与丹尼斯一起被捕，并在同一列火车上被驱逐出境。到达德国时，贝诺伊斯被送往布痕瓦尔德，并于 9 月初在那里被处决。

艾琳·尼尔内和维奥莱特·萨博是托尔高最年轻的两位英国特别行动处特工，都只有 23 岁。维奥莱特是一位英国出租车司机和一位法国裁缝的女儿，在伦敦长大，精通英法两种语言。1940 年夏天，在经历了一段旋风般的恋情后，她嫁给了法国外籍军团军官艾蒂安·萨博（Etienne Szabo），后者于 1942 年在北非战场上阵亡，从未见过自己的新生女儿。尽管维奥莱特成了一个年轻的寡妇，还带着一个孩子，但她还是于第二年被英国特别行动处招募，在 1944 年 4 月初，空降到法国北部执行她的第一次侦察任务。成功完成任务后，在安全返回英国之前，她去巴黎购物，在皇家街的莫利纽斯时装沙龙为自己买了 3 件连衣裙，并为女儿买了 1 套服装。

为了完成下一次任务，维奥莱特于 1944 年 6 月 8 日凌晨被派往法国，目的是与抵抗军联络，以破坏德国在盟军登陆后的通信。仅仅两天后，她就在一个路障处被捕，并在佛赫大道接受盖世太保的审问，随后被转移到弗雷斯纳监狱，与丹尼斯·布洛赫和莉莲·罗尔夫一起被驱逐到拉文斯布吕克。

在弗吉尼亚·阿尔伯特-雷克的回忆中，在托尔高的维奥莱特·萨博"年轻、迷人、充满魅力"。"她常常躺在离我不远的铺位上，像猫一样伸展四肢。对我来说，她的伸展动作表达了对生命的热爱，以及对回到充满舞蹈和危机的世界的渴望。维奥莉特（原文如此）一直在计划逃跑，一夜又一夜过去，她的计划好像就要成功了。但不知何故，却从没成功过，尽管她花了几个小时等待机会，但机会从来没有出现过。"

艾琳·尼尔内行事非常低调，但同样渴望逃离托尔高。1921 年 3 月，艾琳出生于伦敦，父亲是英国人，母亲是法国人。她的大部分童年时光都在法国度过。她和她的姐姐杰奎琳（Jacqueline）以及她的兄弟弗朗西斯（Francis）都被招募为英国特别行动处特工。艾琳接受过无线电发报的培训，1944 年 3 月抵达法国，并在巴黎活动，直到 7 月 21 日被捕。在经历了盖世太保残酷的标准化流程，也就是审讯和酷刑折磨之后，她被关进弗雷斯纳监狱，并于 8 月份与卡特琳娜·迪奥乘坐同一列前往德国的火车。

10 月的第一个周末，托尔高的女性被分为两拨：包括卡特琳娜·迪奥和艾琳·尼尔内在内的一拨，被告知她们将被送往另一家军工厂；包括弗吉尼亚、维奥莱特、丹尼斯和莉莲在内的另一拨，则被送回拉文斯布吕克。弗吉尼亚在她的日记中写道："分离让我们很痛苦。我们一起离开巴黎，从那以后我们一直在一起。我们之间已经形成了强烈的联结，这种联结来自同样的思想、同样的痛苦、同样的希望，使我们成为一体……我们想待在一起。那天早上，见证了太多的泪流满面和勉强的笑容……"弗吉尼亚和她的同伴们并没有在拉文斯布吕克待多久。10 月 16 日，她们作为奴隶劳工被派往位于柯尼斯堡（Königsberg）的另一个分营地。在那里，莉莲变得越来越虚弱，丹尼斯的脚受伤化脓，但维奥莱特仍然充满希望，她经常谈起与小女儿团聚的事，并在圣诞节唱起英国国歌《天佑国王》。1月中旬，这3名英国特别行动处特工被告知，她们将被送回拉文斯布吕克。维奥莱特仍然相信她们会从那里被解放出来，并对一位法国朋友说："是乔治国王找我们来的。我回去后会去找他，让他派一架飞机。我会亲自来救你们的。"

事实上，一场残酷的死亡正在拉文斯布吕克等待着她们。她们首先被带到监狱大楼，在那里待了几天，然后在火葬场旁边被处决。莉莲·罗尔夫和丹尼斯·布洛赫已经病入膏肓，虚弱得走不动了，所以被拖到了死刑现场。营地指挥官弗里茨·苏伦在现场看着这3名女性一个接一个地被子弹射中脖子后部。

1944年10月9日，卡特琳娜·迪奥与250名法国女性一起乘坐火车，被关在运送牲口的车厢里离开托尔高，向西前往布痕瓦尔德另一个名叫阿伯特罗达（Abteroda）的分营地。它位于200英里外的图林根州，当我踏上自己的旅程去寻找它的时候，它似乎比托尔高还要遥远。在冷战期间，此地的孤立感更加明显，因为它位于民主德国一个非常靠近联邦德国边境的地区，进出都受到了严格限制。当我们转入通往前营地的小巷时，本就微弱的午后光线已经逐渐晦暗。没有路标，没有纪念碑。我身处乡间农田的中央，能听到附近谷仓里奶牛的低哞声。托尔高的档案管理员给了我一份详细的地图参考，但那里似乎只有一片荒凉的泥地和刺人的荨麻。然后我看到了我正在寻找的痕迹：一个砖砌的小入口，通向一个隐蔽的矿井。石阶向下通向一片漆黑，那是一个险恶而狭窄的小洞。

其他的一切都已经消失殆尽。然而当卡特琳娜来到这里时，宝马公司正在一个曾经的钾盐矿中生产飞机发动机。战争前夕，废弃的采矿隧道最初被国防军接管，用作弹药库。到 1944 年夏天，盟军的轰炸袭击中断了 20 多英里外的艾森纳克镇（Eisenach）宝马工厂军用喷气发动机的生产，于是生产转移到阿伯特罗达的地下隧道。起初，宝马公司依靠布痕瓦尔德集中营的男性奴隶劳动力，随后又增加了 250 名来自托尔高的法国女性劳动力。总部位于慕尼黑的宝马公司早在 1942 年 3 月就开始利用强制劳动，那时该公司在附近新建的一家工厂使用达豪集中营的囚犯。（2016 年，在百年庆典之际，宝马公司对其曾在支持纳粹政权方面所起的作用表示"最深切的歉意"。）

阿伯特罗达的情况很糟糕：这些妇女被要求睡在冰冷的水泥地上，就与工厂车间在同一栋楼里。没有厕所，口粮很少（仅有汤水和偶尔供应的一块干面包）。她们的轮班时间至少有 12 个小时，如果工作太慢，就会被党卫军殴打。她们还被警告说，任何拒绝工作的人都将立即被枪毙。然而，法国女性仍决心反抗德国人，只要有可能，她们就会破坏宝马发动机的小部件。她们的目的是确保在质量控制检查中不会发现任何异常，但这些小小的破坏最终会导致飞机发动机故障。

杰奎琳·弗莱里 - 马里耶（Jacqueline Fleury-Marié）十几岁时加入了抵抗运动，她与母亲玛塞琳（Marceline）和卡特琳娜·迪奥一起被驱逐到了拉文斯布吕克。随后她们也被送往托尔高，然后前往阿伯特罗达，在那里，她们忍受着零摄氏度以下的严寒。杰奎琳在回忆录中记述了其中一个夜晚，她们被迫在冰雪中步行 1 英里前往附近的战俘营洗澡。洗完澡后，她们光着身子站在那里冻了几个小时，才拿回了自己的脏衣服。

匈牙利犹太妇女在剃头后被选为奥斯威辛的强迫劳动者。这群人被派往马克莱堡的分营，
在那里，她们与包括卡特琳娜·迪奥在内的法国队伍一起工作。

尽管经历了这些不幸，她们还是在平安夜选择纪念这个节日。杰奎琳描述了她的一些法国同伴，包括一位年轻的女帽匠，"设法用从工厂带来的布料、稻草、纸张和纸板（这是完全被禁止和会被惩罚的），拼凑搭建出了一个圣诞场景。从朋友们的指尖，诞生了所有圣诞场景中最动人的一幕……信徒和非信徒紧紧地抱在一起，我们做了弥撒……"她继续说起1945年元旦的事："工厂的机器无法启动，我们陷入了黑暗。我们太冷了。外面零下20摄氏度，雪覆盖了周围的一切。"在此前1个月，杰奎琳刚满21岁，她的母亲日益消瘦，这让她越来越感到心惊。虽然没有镜子，但每位女性都能从朋友憔悴的脸和嶙峋的骨骼中意识到自己的身体也在变得衰弱。

　　随着战争的进行，盟国加强了对德国的轰炸，法国女性被分成两组转移到另一个分营地，这次是位于莱比锡附近的马克莱堡（Markkleeberg）。她们又一次坐了几天的火车，在没有任何食物和水的情况下缓慢前行。记录显示，卡特琳娜·迪奥是第二批到达的，于1945年2月的最后一周抵达她的新目的地。

　　在寻找马克莱堡小镇的时候，我差点跟我丈夫因为他的卫星导航系统争执起来。这时我们看到3个年轻女孩骑着自行车经过，对我们露出微笑。我丈夫会说德语，就问她们是否知道营地可能在哪里。其中两人摇了摇头，但另一位名叫阿纳斯塔西亚（Anastasia）的人说她知道，因为她的老师在学校告诉过她。她领着我们沿着一条安静的住宅街走到一个靠近铁路线的现代化工业区。在那里，阿纳斯塔西亚指给我们看一块不显眼的纪念牌，牌子嵌在一面砖墙上，下面种着一丛玫瑰花。

石头上的文字是德语，我丈夫为我翻译："从 1944 年 8 月 31 日到 1945 年 4 月 13 日，沃尔夫斯温克尔（Wolfswinkel）是布痕瓦尔德集中营的一个分营，关押了 1000 多名匈牙利犹太妇女和 250 多名被俘虏的法国抵抗运动妇女。这些囚犯被迫在不人道的条件下从事强制劳动，并从这里开始了死亡行军。我们缅怀这些纳粹受害者。"两朵枯萎的黄玫瑰交叉着躺在石头前的地上，似乎在表达着敬意。它们的花瓣都冻住了，当我伸手去触摸它们时，忍不住在冬季的冷雨中瑟瑟发抖。

在来到马克莱堡之前，我已经了解了一些营地的历史，这要归功于其中一位前囚犯扎哈瓦·萨兹·斯特塞尔（Zahava SzáSz Stessel）。她 14 岁时在那里当过奴隶，一起的还有她 13 岁的妹妹埃尔兹塞克（Erzsike）。这两个女孩是这个匈牙利犹太家庭仅有的幸存者。1944 年 5 月，她们的父母和祖父母在奥斯威辛死于毒气袭击，但这对姐妹被臭名昭著的约瑟夫·门格勒（Josef Mengele）从前往毒气室的队伍中拉了出来。门格勒认为她们是双胞胎，可能适合他的医学试验。她们意外地从奥斯威辛集中营幸存下来，转往贝尔根-贝尔森，并于 1944 年 12 月被调到马克莱堡，在容克飞机的发动机厂工作。战后，扎哈瓦与另一位大屠杀幸存者结婚，与丈夫移民美国，组建家庭，进修图书管理学，并获得博士学位。从纽约公共图书馆退休后，她研究了之前不为人知的马克莱堡营地的历史，并出版了一本令人印象深刻的书 Snow Flowers。我读了这本书后联系了她。我们在电话里聊了很长时间。2018 年 9 月，我去她在纽约的家中拜访了她。

扎哈瓦自 2015 年丈夫去世后一直独居。房子里装饰着他们两人及其子孙的照片，旁边是大量的盆栽植物和花瓶。我们一起坐在厨房里，她一直催促我多吃一些她摆在桌上的饼干。她如今已经 80 多岁了，仍然很优雅：

穿着量身定制的裙子，打扮完美，指甲抛光得锃亮，银发卷曲成光滑的弧度。她声音温柔，目光坚定，记忆鲜明。她告诉我，当她看到营地里的法国女性时感到十分惊讶，尤其是当她发现有些人会选择把珍贵的人造黄油涂在脸上，而不是吃掉的时候。"她们想一直漂漂亮亮的，所以把人造黄油抹在脸上——漂亮对她们来说太重要了。而我们都很惊讶……"她们这样做的目的，可能部分是出于保护自己，因为如果看起来健康，就不那么容易被挑出来处死。扎哈瓦还记得，即使穿着囚服，这群法国人也会设法显得精致一点："为了遮住被剃光的头，她们拆开了一部分床垫，从里面抽出线来编织头巾。"晚上，她和妹妹会听到她们唱《马赛曲》；而在白天，"她们给我们展示代表胜利的 V 字标志"。她清楚地意识到，这些法国囚犯冒着巨大的风险，不断试图破坏她们负责制造的飞机发动机部件。当我们谈到卡特琳娜·迪奥时，扎哈瓦说："她不想被同情。她是自己灵魂的主宰……"

尽管法国女性给扎哈瓦留下了充满力量和个人风格的印象，但在她们自己的描述里，她们也被日益增长的绝望所困扰。除了在工厂工作很长时间，有一些人被分配到户外工作。杰奎琳·弗莱里 - 马里耶回忆起她在采石场的艰苦工作：从冻土中挖掘石头，拴在一辆巨大的轧路机上，沿着道路拖行；或者从货车上卸煤。"在营地里，各种各样的活等着我们干，最糟糕的是用桶清理粪坑。我们只不过是一群女鬼，而且很丑。晚上点名后，我们没脱衣服就倒在床垫上。清晨，一切又开始了……"

与拉文斯布吕克一样，这里的人营养不良、沾染疾病：斑疹、伤寒、痢疾和肺结核很常见，也有很多人患上了白喉、肺炎和脑膜炎。艾琳·尼尔内与传记作者苏珊·奥塔维（Susan Ottaway）分享了她在马克莱堡的回忆，"就像被下了药一样四处游荡"。在这里，艾琳患上了痢疾和严重的胸部感

苏珊娜·埃默尔-贝斯尼，《工作的召唤》。

Corvée de réfection des chaussées

苏珊娜·埃默尔－贝斯尼，《道路维修工作》。

右页图：1945 年，从市政厅大楼上俯瞰德累斯顿，盟军的轰炸摧毁了城市的大部分地区。
理查德·皮特（Richard Peter）摄。

1945 年，卡特琳娜·迪奥身穿自由法国军事力量（Forces Françaises Combattantes）的制服。

回　家

　　1944 年 8 月，卡特琳娜·迪奥前往德国，就此杳无踪迹。她的家人既不知道她在哪里，也不知道她是否会回来，深陷于痛苦之中。1945 年前几个月，关于集中营恶劣生活条件的报道开始见诸报端，埃尔维·德斯·查尔伯尼不得不考虑她是否有可能罹难。他的儿子休伯特告诉一位迪奥档案馆管理员："我们以为她再也不会回来了。解放期间，我父亲在巴黎，后来回到了戛纳。我们仍然没有卡特琳娜的消息……9 个月来，家里没有任何她的消息。"

　　与此同时，克里斯汀继续在巴黎为吕西安·勒龙担任设计师。当他在回忆录中回顾这一时期时，他写道："我都不知道我是怎么完成这些工作的……因为我的妹妹被逮捕，然后被驱逐出境。就是那个曾在卡利安的花园里分享过关爱和欢乐的妹妹……我费尽周折寻找她的踪迹，但却徒劳无功。只是工作还得做，工作能让我全神贯注，它成了唯一能让我不去想她的解药……"

　　然而克里斯汀并没有忘记卡特琳娜，也没有放弃她，而是把希望放在了巴黎一位名叫德拉哈耶夫人（Mme Delahaye）的占卜师身上，后者告诉克里斯汀，他妹妹会回来的。事实上，在他的回忆录的开头几页中，他就提到了

19 avril.

mon petit fifi

il faut être courageux et patient. —

Combien de temps nous
faudra-t-il encore pour revoir
notre chérie. —

C'est Alix Andouyneau (de gout)
qui, sans m'en prévenir, est allée
en voiture jusqu'à Weimar pour
ramener Catherine et d'autres amis
à elle. — Elle est arrivée le
lendemain de la libération du
camp. —

De toutes les personnes qu'elle

本页和右页图：克里斯汀·迪奥写给父亲的信，写于 1945 年 4 月 19 日，
信中提到卡特琳娜被驱逐到德国后传来的第一个消息。

recherchait, ce n'est que de notre chère qui elle a pu retrouver la trace. — Nous avons donc, relativement! de la chance.

deux ou trois jours avant la libération du camp la moitié des déportés dont presque toutes les femmes a été expédiée vers la tchécoslovaquie. — Alix a donné le nom de Catherine sur la liste qui, par chance, est restée au camp de Weimar.

La guerre va vite. Espérons donc que sa délivrance arrivera avant qu'elle ne soit épuisée. —

Je vous embrasse tous les deux bien bien tendrement, malgré notre espoir si déçu, il faut garder confiance. —

Vous avez dû recevoir mandat télégraphique pour mensuelle et ce que je demande à Ma pour huile charité.

卡特琳娜和占卜师。克里斯汀承认"好运"以及"预言好运的算命师"在他生命中至关重要。特别是这位占卜师，"即使在我们绝望的至暗时刻，她依然'固执地预言'卡特琳娜会安全归来"。

但直到1945年4月中旬，关于卡特琳娜的第一个确切消息才传了回来。这要归功于一位关系密切的熟人阿历克斯·奥博伊讷（Alix Auboyneau），她的妹夫领导着自由法国海军，丈夫被戴高乐将军任命为外交官。4月19日，克里斯汀在皇家街的公寓给父亲写了一封信。莫里斯·迪奥已经73岁了，仍然住在卡利安的农舍里，由卡特琳娜的前家庭教师、忠实的玛斯·勒费弗尔照顾。"我的小爸爸，"克里斯汀写道，"你必须坚强。我们还要等多久才能再见到我们亲爱的卡特琳娜？"他接着解释说，阿历克斯开车前往德国中部的魏玛，寻找卡特琳娜和她的其他朋友："她是在集中营解放后的第二天到达的。"种种线索表明，他们去的营地就是布痕瓦尔德，位于魏玛西北6英里处，于1945年4月11日被美军解放。此时，卡特琳娜仍被关押在向东80英里的布痕瓦尔德的马克莱堡分营。

克里斯汀在信中继续写道："在她寻找的所有人中，只能找到我们亲爱的（卡特琳娜的）一些踪迹。因此，相对而言，我们还有机会。集中营解放前两三天，大多数被驱逐者，几乎所有的妇女都被派往捷克斯洛伐克。阿利克斯在一份名单上找到了卡特琳娜的名字，这份名单碰巧留在了魏玛的营地。

"战争进展很快。让我们希望她在放弃之前就会得到解救。我向你们俩带去我的爱，尽管我们的希望一再破灭，但我们必须有信心……"

克里斯汀给父亲写信的同一天，卡特琳娜正处于死亡行军的最后阶段，珍妮特·弗兰纳为《纽约客》创作了她的"巴黎来信"专栏。在专栏中，她报道了法国人在得知63岁的罗斯福总统因脑溢血去世时的悲痛。"如今，罗斯福将要缺席和平的进程，民众的不安情绪日益增加。此外，上周六数千名从德国解放出来的法国囚犯出人意料地回到法国，巴黎的人们心中混杂着恐惧和幸福，他们永远不会忘记那个历史性的周末……"

第一批战俘乘坐美国运输飞机返回：8000人于4月14日在巴黎降落。弗兰纳对他们的形容是"看起来瘦弱疲惫"。但真正让她震惊的是第二天抵达的300名女性。她们来自拉文斯布吕克（当时该地区尚未解放，但瑞典红十字会通过谈判成功为她们争取提前释放，以交换在法国关押的德国人）。她们伤痕累累的面庞和身体，无言地证明了她们所承受的暴行。"她们于上午11点抵达里昂广场，迎接她们的是一群几乎无言以对的人，人们准备好了欢迎的丁香花和其他春季鲜花。在场的还有戴高乐将军，戴高乐将军哭了……无论有没有找到自己的亲朋好友，大家都满怀伤痛地低声呢喃着。现场几乎没有欢乐的氛围。这种情绪渗透到了往后的很多个日日夜夜中。这次归乡背后，蕴含着太多的痛苦……"

在这300名女性中，有11人在返回法国的途中死亡。弗兰纳写道："6年前，幸存者中的一位曾以优雅著称于巴黎，如今她已成为一位弯腰驼背、双目模糊、衣衫褴褛的老妇人。当她那位穿着得体的哥哥找到她时，他条件反射地问道：'你的行李在哪里？'她默默地递给他一件脏兮兮的黑色毛衣，里面用安全别针卷着一些零碎的物件。在某种程度上，所有的女性看起来都很相似：她们的脸是灰绿色的，眼睛周围都呈现出红棕色，似乎能看

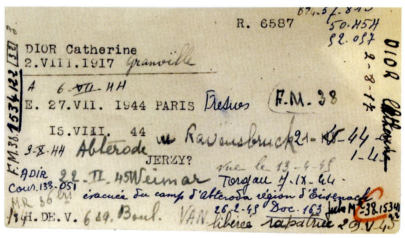

上图：戴高乐将军欢迎第一批拉文斯布吕克幸存者，她们于 1945 年 4 月乘火车返回巴黎。

下图：卡特琳娜·迪奥的官方监禁和驱逐记录。

见，但什么都看不进去。她们打扮得像是稻草人，都穿着营地发的衣服，大多是从来自不同国家的死者身上剥下来的。丁香花从一双双虚弱无力的手上落下，花瓣在平台上铺成了紫色的地毯，被践踏碾碎后散发出的花香里，夹杂着来自疾病和污垢的恶臭。"

在接下来的几周里，更多的女性从德国归来，她们都遭到了身体上和心理上的创伤。卡特琳娜·迪奥是1945年5月底抵达巴黎的人员之一。她的哥哥克里斯汀在火车站遇到了她，但由于她过于消瘦，起初他都没有认出她来。克里斯汀把她带回了皇家街的公寓，在那里为她精心准备了一顿庆祝晚宴，但她病得太重，吃不下。5月29日，他们的父亲和玛斯·勒费弗尔都从卡利安写信给卡特琳娜，为她的安全归来感到高兴。这两封信保存在迪奥档案馆的档案中，见证着信仰的力量以及毫不动摇的爱。玛斯说，她每天都向圣女德莉莎（St.Theresa，法国19世纪最著名的修女）祈祷，请求保护她深爱的卡特琳娜："我们的祈祷没有白费气力。我期待着有一天能再次见到你，我全心全意地吻你，我多么爱你。请与亲爱的克里斯汀分享我的爱，他一定很高兴。"莫里斯·迪奥也表达了同样虔诚的情感："我深爱的亲爱的卡特琳娜，我无法用语言表达我听到你归来时所感受到的巨大喜悦。我了解你的勇气，你是那么勇敢，那么坚毅。我从来没有绝望过，但一想到你所遭受的恐惧，想到你在修行之路上遭遇的无情沉默，我就心急如焚。"

我曾一遍遍地重读莫里斯·迪奥写给女儿的信，信中深切地展示了那些家庭所面临的矛盾：因为亲人从德国归来而欣喜若狂，但却永远无法完全理解死亡集中营中难以描述的真相。珍妮特·弗兰纳4月27日为《纽约客》撰写的第二篇报道，也体现了这段经历对于当事人来说是多么难以言说。

该报道描述了她与拉文斯布吕克的一名法国幸存者相遇，这名 25 岁的抵抗者在文中化名为科莱特。"她悲伤的蓝眼睛看起来简直就像一个几乎死去的人的眼睛……她的头脑似乎宁静而清晰。她唯一的损伤是失忆，这让她很尴尬。她因为几乎被饿死而间歇性失忆。她连续经历了羞辱性的恐怖遭遇，其中一些'我们无法描述'。"虽然有一些事情无法描述，但科莱特确实向弗兰纳谈到了那些尚未从集中营解放出来的囚犯，以及那些永远不会回来的人："成千上万的妇女曾在拉文斯布吕克居住，并在那里死去，死于恐怖、混乱、痛苦和绝望……她和其他妇女都无法忘记铭刻于内心和身体上的东西。在她们的脑海中，在她们的记忆中，还有 3 万名仍然困在拉文斯布吕克的妇女。"

丹尼斯·杜福尔尼尔是第一批从拉文斯布吕克解放出来的 300 名法国女性中的一员，她在安东·吉尔（Anton Gill）的书 *The Journey Back from Hell* 中描述了自己关于这段经历的记忆。她穿着"一件黑色丝绸晚礼服，领口开得很大"，这件礼服是从营地储藏室（一个巨大的储藏室，里面放着大屠杀受害者的私人物品）拿出来随机分配给她的，她在回家的路上一直穿着。"当时，我除了觉得有点奇怪，没有什么别的感觉，但这当然是非常魔幻的。魔幻已经成为我们的常态，也许对党卫军来说也是如此。我们都没有生活在现实世界中，但现在看来，我们可能最终真的会回到现实世界中去。"

然而，丹尼斯期待已久的返回巴黎之旅并没有，也许永远也无法达到她的期望："走下返乡的火车的过程，很快就成了一次可怕而悲伤的经历，因为那里有成千上万的人等着，他们向我们打听亲人的消息，其中许多人我们都没听说过，但也有许多人我们知道已经死了。"她的哥哥在车站等

Callian 29/5/45

Ma si aimée Cathrine Chérie

Les mots me manquent pour t'exprimer la joie immense et si forte que je ressens en apprenant ta résurrection. Connaissant ton courage, ta vaillance, ton abnégation, je n'ai jamais désespéré; mais j'étais déchiré à la pensée des horreurs que tu subissais et un silence implacable entourait — ils montée de ton calvaire.

Comment ta route

a-t-elle pu supporter tant de choses, n'est-elle pas trop atteinte?

Le Moulin, nombre de fois, lundi, merc. sont venus aux informations et la majorité de Villebon se sont bien intéressés à ton malheureux sort.

Quand il te sera possible ton Papa sera bien ému en te pressant sur son cœur.

Mes plus grandes affections aussi à Christian de Votre

[signature]

莫里斯·迪奥写给卡特琳娜的信，对她于 1945 年 5 月 29 日安全归来感到高兴。

着接她："我当时脾气很暴躁。我想是因为我病得很厉害。当我哥哥看到我时，他当然很震惊——他知道我是个囚犯，但他不知道我们遭遇了怎样的对待。"丹尼斯记得，后来有几个亲戚问了一些她感到"无比可笑、非常无知的问题"，尽管她承认对他们来说想象集中营的恐怖很困难。她也意识到，她的返乡之旅和其他许多人相比没有那么痛苦："一位朋友发现在战争期间，纳粹在街上枪杀了她的妹妹。还有人回家后发现全家都死于空袭。这些现实，再加上她们所经历的一切，实在令人难以忍受……"

另一位法国幸存者米歇琳·莫雷尔（Micheline Maurel）写了一篇有力的证词，讲述了她回到土伦的家，感受到自己与那些没有经历过纳粹集中营折磨的人之间，存在着怎样巨大的鸿沟。"邻居们从各地赶来迎接'被驱逐者'，我是人们注意力的焦点。堂兄弟远道而来，就是为了看看我。起初我很兴奋，我向每个人打招呼，回答了所有的问题。然后我变得非常愤怒，我把自己关在房间里，拒绝见任何人。"

她所面临的所有好奇和探究都表明，尽管迄今为止人们在讨论性暴力方面都还心存禁忌，但米歇琳的家人已经意识到了发生这种情况的可能性。"他们问我的问题总是一样的：'告诉我，你被强奸了吗？'（这是最常被问到的一个问题）'你受了很多苦吗？你被打了吗？你被折磨了吗？他们用什么打你？你被绝育了吗？你的意思是，你没有其他衣服吗？你是怎么活下来的？'"米歇琳最终问了自己一个更本质的问题：一切都表明，我确实回来了。但在真正意义上，我真的回家了吗？她的母亲后来发现，比起米歇琳憔悴不堪的身体状态，最令人不安的是她眼中的"疯狂神情"。米歇琳的一个兄弟则意识到，她似乎无法理解人们在说什么。

对米歇琳和其他许多幸存者来说，这段关于集中营的过往没有被留在德国，而是持续占据着她们的身心。"很长一段时间以来，集中营的现实都比我所在的世界更真实、更明确。我被那些面孔所困扰，至今我有时仍然感到如此……成百上千张脸，瘦削的、痛苦的、扭曲的，呈现出冰冷的青绿色，充满了绝望……我仍然本能地害怕受到威胁和攻击，因此，如果有人朝我快步走来或擦身而过，我会不由自主地畏惧退缩，浑身僵硬。"如果她听到街上或隔壁房子里有很大的声音，她会以为他们在说德语，命令她跑步去点名，大喊"Schnell, schnell"！

米歇琳还要面对另一件令人心碎的事实，因为她发现在自己监禁期间，"我爱的男人找了另一个女人"。而且和其他回国的被驱逐者一样，她面临着进一步的考验：要告诉同伴的家人，他们的母亲、姐妹、妻子和女儿都在德国去世了。"我没有权利感到不快乐。"她写道。但她承认，每当她想起死者，想起自己曾经过着如同女鬼的生活时，幸福就离她而去了。

弗吉尼亚·阿尔伯特-雷克于 1945 年 5 月 27 日抵达巴黎，并在日记中描述了自己"心烦意乱"。这不仅是因为她"身体极度虚弱"（她离开德国时体重 76 磅，约 34.47 公斤，在集中营期间体重减轻到 50 磅，约 22.68 公斤，看起来像一个虚弱的老年妇女），还因为她在回家的路上越来越矛盾。"我从未经历过如此喜悦的期待，但喜悦中夹杂着恐惧，对等待我的未知感到恐惧……我所爱的人发生了什么？我的丈夫，我的家人，在这漫长的杳无音讯的一年里都怎么样了？"事实证明，她的丈夫菲利普——自由法国的一员——幸存了下来。但她的母亲于 1945 年 4 月在美国去世，生前一直在拼命寻找女儿的下落。得知她亲爱的母亲"在最后的日子里经历了无尽的痛苦和折磨，却不知道她的努力没有白费"，弗吉尼亚与丈夫的重逢黯然失色。她还想起了那些没有回来的同志："在我们 250 名女性中，只有 25 人今天还活着。一些人被枪杀，一些人被毒气毒死……然而，大多数人死于寒冷和饥饿。25 名返回的人，几乎全都患有肺结核、心脏病或其他一些疾病，这些疾病是由她们所经受的剥削造成的。许多人失去了所有的财产，或者回来后发现自己的家人也被驱逐出境或已经死亡，家都没了。"

这次归国的女性曾为了在集中营中生存而苦苦挣扎，现在却不得不适应法国的新生活方式。这个她们在抵抗运动中为之奋斗的家园，它的样子和氛围已与以前完全不同。正如珍妮特·弗兰纳笔下所描述的欧战胜利日庆祝活动那样，她们的存在让人痛苦地想起了胜利付出的代价："法国和欧洲其他国家已经厌倦了死亡和毁灭。随着德国集中营传来的消息，许多本应随和平而自动到来的快慰都消失了……纳粹政权最终垮台，遗留下的恶臭却久久不能散去，这是当代最令人深感震撼的事实之一。"无论法国多么希望摆脱与德国人合作的耻辱和羞愧，这些被驱逐者都是德占期间法国合作主义者所犯下罪行的有力证据。"纳粹的非军事破坏计划没有随着和平的到来而停止，"弗兰纳总结道，"集中营的囚犯们已经回到了家中，但他们依然生病，依然疯狂，依然残疾，依然因头部曾受到打击而完全失聪，身上依然有着流疮的恶臭。"

具有讽刺意味的是，一些回国的女性起初被误认为是女同性恋者，她们因与德国人发生性关系而受到惩罚，在解放后民间自发举行的"狂野清洗"（épuration sauvage）运动中被剃了头。其中有西蒙娜·罗纳（Simone Rohner），一位被囚禁在拉文斯布吕克的抵抗者，她在回到法国后不久就写下了自己的经历："平民们带着厌恶的神情看着我们，有的人会羞辱我们……"

西蒙娜和大多数被驱逐者一起被送往卢蒂西亚（Lutetia），这是位于左岸的一家大酒店，在德占期间被德国军事情报局阿勃维尔征用。它现在是一个官方的遣返中心，家人和朋友都试图在这里寻找失踪的被驱逐者。西蒙娜描述了她进入卢蒂西亚，穿过绝望地寻找失踪亲友的人群时，她内心感受到的悲伤："这不是我梦寐以求的……生活沉重地压在我身上。所有的欢乐都从我心中消失了。"杰奎琳·弗莱里-马里耶与卡特琳娜一样有着在不同的集中营辗转的经历，她发现这种经历让人难以忍受："我对卢蒂西亚有着不好的记忆，从那以后，它一直伴随着我——像是一只嘈杂的蜂巢，我们在那里被问东问西长达几个小时。我们又累又焦虑……这种嘈杂令人无法忍受，我们感觉自己仿佛身处另一个星球。"

与此同时，菲利普·德·罗斯柴尔德也是前往卢蒂西亚寻人的人之一。他仍在寻找他的妻子伊丽莎白，她与卡特琳娜·迪奥和其他许多人在一起，乘坐着离开巴黎的最后一班火车被驱逐到德国。在他的回忆录中，他写道："一群刚刚离开拉文斯布吕克的女人抵达了这里，她们看起来就好像刚从坟墓里复活一样。其中有一个人认出了我，我再三地看了看她，认出这是塔妮娅·德·弗莱里奥伯爵夫人（Comtesse de Fleurieu），一位勇敢的抵抗运动女性。她本来很可爱，但现在她所有的牙齿都被打碎了。她知道莉莉（伊丽莎白）的事，她也在那里，在同一间小屋里。莉莉被打，被羞辱，直到动弹不得，后来被人拽着头发从木板床上拖下来，活活扔进了烤炉。她遇害是因为她随了我的姓氏，这一点毫无疑问……可怜的漂亮女人，在那天早上他们找上她之前，她的生活一直无忧无虑，一切都是那么诗情画意。"

★

迪奥档案馆里有两张卡特琳娜 1945 年返回法国后拍摄的照片。在第一幅更为正式的肖像中，她佩戴了两枚奖章，这是表彰她杰出的勇气和付出。卡特琳娜获得了一些最负盛名的国家勋章：法国政府颁发的战争十字勋章（Croix de Guerre）和志愿者抵抗战士十字勋章（Croix du Combattant Volontaire de la Résistance），此外还有波兰十字忠勇勋章（Polish Cross of Valour），以及英国政府颁发的国王自由勇气勋章（King's Medal for Courage in the Cause of Freedom）。1945 年 11 月 10 日颁发战争十字勋章的致辞，提到了她志愿参加"所有危险任务"的勇气，她堪称楷模的"谨慎、冷静和果断"，她在遭受"最令人憎恶的酷刑"时保持沉默，以及她"在被驱逐到德国时表现出的巨大勇气和令人钦佩的精神"。在这张照片中，卡特琳娜的头发又长了回来，但仍然比战前短得多。她的嘴唇紧紧地抿着，那双黑色的眼睛仿佛和我的目光相遇了，脸上流露出的悲伤神色令人难以描述。

在第二张可能是她父亲拍摄的照片中，卡特琳娜站在普罗旺斯家庭住宅纳依塞斯农舍的门口。她的哥哥克里斯汀和情人埃尔维·德斯·查尔伯尼站在她两边，玛斯紧挨着克里斯汀。四个人神情亲密，紧紧依偎着，但卡特琳娜那种悠远的表情很难解读，就好像她正凝视着镜头之外，在这一瞬间，她看起来比实际年龄要大不少（她从德国回来时才 27 岁）。此时，她身边站着两个爱她的男人，他们等了她那么久，并将永远呵护她。

埃尔维的儿子休伯特在 1945 年才 8 岁，他回忆起，父亲告诉他卡特琳娜第一次回到卡利安时已经面目全非了。他的另一位亲戚则简单地对我说，

1945 年，卡特琳娜从德国回来后，埃尔维·德斯·查尔伯尼、卡特琳娜、克里斯汀和玛斯·勒费弗尔在卡利安。

当埃尔维告诉她，他和卡特琳娜终于重聚的时候，埃尔维哭了。让家人大为欣慰的是，卡特琳娜在纳依塞斯农舍的那个夏天开始康复。7月1日，她在给一家关注被驱逐者福利的组织的信中写到，她"目前正在普罗旺斯疗养，受益于这片美丽地区的阳光和宁静"。

1945年秋，卡特琳娜已经完全康复，可以和埃尔维一起回到巴黎，这对情侣搬进了克里斯汀在皇家街的公寓。两人都需要谋生，当卡特琳娜获得鲜切花（从植物上剪切下来的花朵、花枝、叶片等的总称）交易许可证后，他们开始一起工作，将普罗旺斯种植的鲜花出售给巴黎的花商，其中包括成立于19世纪的传奇花店拉索姆（Lachaume），这家花店一直深受顶尖时装公司的青睐。他们还将花出口到法国殖民地，甚至远至印度尼西亚。休伯特在孩提时代就与卡特琳娜建立了牢固而亲密的关系，他记得她每天早上4点起床，毫无怨言地赶往位于旧市场区（Les Halles）的鲜花市场。他还回忆起了5月1日的盛况，法国人的传统是在这一天把铃兰作为好运的象征，因此卡特琳娜和埃尔维每年在这一天都会向世界各地的客户送去大量精致的铃兰花。

卡特琳娜在工作中表现出的坚忍精神以及她对重建生活的坚定决心，在她的医疗记录中一览无余，这些记录都被收录在被遣返者的官方档案中。记录表明，由于数月的奴役劳动和死亡行军，她被臀部、背部和脚部的疼痛所困扰，还有慢性关节炎、流脓和肾脏问题。卡特琳娜的心理症状同样严重，不得不与失眠、噩梦、失忆、焦虑和抑郁做斗争。她的档案还显示，她需要"独处"；与许多幸存者一样，她对自己曾遭遇的酷刑，以及其他在集中营中所经历的痛苦闭口不谈。

卡特琳娜的沉默，映射出更大范围内在谈论驱逐问题方面的禁忌。戴高乐将军的临时政府在巴黎成立后不久，亨利·弗雷内（Henri Frenay）被任命为囚犯、被驱逐者和难民部部长，负责监督他们返回法国的情况。弗雷内发布了一项法令，禁止传播有关被驱逐者的信息，并指出这会给他们的家人带来不必要的焦虑。尽管在解放后，政府立刻就表彰了抵抗运动中所体现出来的英雄主义，但少数勇敢抵抗者的个人叙事，很快被关于国家成就的史诗般的集体叙事所取代。戴高乐意识到，为了团结法国，有必要弥合合作主义者与受害者之间的分歧。因此，他在 1944 年 8 月 25 日来到巴黎时发表了著名的胜利演讲："巴黎！愤怒的巴黎！破碎的巴黎！殉道的巴黎！但巴黎解放了！在法国军队的帮助下，在全法国、战斗的法国、唯一的法国、真正的法国、永恒的法国的支持和帮助下，解放了自己！"

戴高乐呼吁人们要团结，但这并没有阻止人们自发对合作主义者发起惩罚：从剃掉女性的头发，在她们脸上涂抹纳粹标记，到当场处决。马尔科姆·穆格里奇（Malcolm Muggeridge）在战争期间为英国情报部门工作，1944 年 8 月 12 日抵达法国，并与戴高乐同时抵达巴黎。他的回忆录生动地描述了解放后这座城市的气氛："巴黎实际上处于崩溃状态，没有权力或执法机构……白天，这一点并不那么明显，但是在我有机会参观的司法宫和监狱等地方，却完全是一片混乱。法官大多失踪或被捕，监狱里挤满了被指控的通敌者，这些通敌者不知道是被谁关进来的，也不知道被指控的罪名是什么。当夜幕降临时，人们才意识到城市崩溃了：没有街灯，高大的房子都静悄悄的，锁着门，窗子用木板封着，就像一双双失明的眼睛。在房子里面，我能想象到，那些畏缩的身影以为自己如果保持安静和低调，就有希望存活下来。然后，夜深了，街上传来了匆忙的脚步声、突然的哭喊声、枪声、尖叫声，但没有人在场，也没有人去关心或去调查。至今还不知道有多少人被击毙、被剃了光头，或被迫献出自己的财产以换取获释，但肯定有很多人，有成千上万的人……"

穆格里奇还目睹了一些前合作主义者如何善变，声称自己作为法国国内武装部队（Forces Françaises de l'Intérieur，简称 FFI）的成员忠于戴高乐。他曾近距离观察过这一伙人，后来这一组织的头目被发现与德军曾有合作往来。穆格里奇第一次认识他们，是在凯旋门的停战日阅兵仪式上，当时丘吉尔和戴高乐在无名烈士墓前敬献了花圈。FFI 组织邀请穆格里奇前往位于佛赫大道宫殿式的总部，该总部与伯杰及其帮派在庞贝街的公寓有着惊人的相似之处：它"以前被盖世太保占领，里面有气派而优雅的家具，存放了大量香槟酒"。这个组织本身听起来也让人想起伯杰及其手下："他们是一群鱼龙混杂的家伙，偶然间走到一起。有人告诉我，这个头目是一个演员，喜欢展现出引人注目的姿态，例如，一只胳膊吊在悬带上，另一只手拿着一把左轮手枪。我觉得他的副手是阿尔及利亚人，看起来很凶恶，可能是混黑道的人物……还有一个叫尚塔尔（Chantal）的女孩，穿着卡其色的裙子和束腰外衣，系着一条子弹带，很漂亮，但看起来曾饱受蹂躏。"

这伙人与伯杰的团伙还有其他相似之处，比如他们似乎认为抢劫是他们的权力。"他们肯定抢过东西——烟盒、珠宝、钱。"穆格里奇写道，"同样可以肯定的是，他们被分配了任务。去某间房子，进行搜查，审问某个人，逮捕，甚至是执行处决——他们总是这么吹嘘，但我从未见过他们真的处死

右页图：沙特尔地区（Chartres）的女性因与德国人合作而被剃光头作为惩罚。
罗伯特·卡帕（Robert Capa）摄。

过什么人。如果没有给他们开门，他们会直接把门推倒；在他们面前，每个人都感到畏惧，不得不按照他们的吩咐去做。他们是如此年轻，却表现出了如此可怕的冷酷、傲慢和残忍……"

穆格里奇的回忆录中还讲述了他与亨利·拉方特（Henri Lafont）的会面，亨利·拉方特和伯杰一样，在德占期间与盖世太保勾结开展了一系列活跃的黑市活动。与伯杰不同的是，拉方特在巴黎解放 5 天后被捕，伯杰则在被捕之前逃离巴黎（1944 年秋，他穿过法国东部前往德国，继续进行敲诈勒索、抢劫和谋杀）。在穆格里奇采访他时，这个臭名昭著的法国匪徒和盖世太保已经落入警方手中，正在等待审判，但他似乎有意说服盟军司令部——最好是艾森豪威尔将军——亲自介入他的案件。拉方特告诉穆格里奇，他是如何掩护在法国上空跳伞的英国皇家空军飞行员，并帮助他们逃到西班牙的。到目前为止，这几乎已成为一种常规操作。我见过的法国人里面，似乎没有一个没在战争中的某个时刻，帮助至少一名英国皇家空军飞行员藏在自家阁楼里。我经常想，如果英国皇家空军的飞行员数量像他们说的那么多，我们的空军规模也太大了，简直能在战争开始之前就赢了。

不用说，英方没有介入拉方特案件的调解。他在巴黎一家法院受审并被判有罪。1944 年 12 月 26 日，他与自己的得力助手、腐败的警督皮埃尔·邦尼一起被行刑队处决。穆格里奇是这样描写拉方特的："与他那次令人毛骨悚然的相遇，一直萦绕在我心头。并不是因为我对他的处境有任何的同情，也不是因为我对他的所作所为感到恐惧。更确切地说，一想到他那副自大的样子，就像看见一条眼镜蛇昂着头，吐着芯子。这种傲慢像法老的宝藏一样，在黑暗的坟墓中掩埋了几个世纪后重现于世，毫发未损，鲜活如真……"

继对拉方特和邦尼的审判之后，还有其他几次审判同样备受瞩目，其中最引人注目的主角是维希政权领导人菲利普·贝当和皮埃尔·赖伐尔。1945年4月30日希特勒自杀前，贝当元帅刚刚结束德国西格马林根城堡的可耻流放。对他叛国罪行的审判于7月23日在巴黎司法宫举行，最终他于8月15日被定罪并判处死刑。珍妮特·弗兰纳为《纽约客》报道了这场审判："从审判的第一天起，贝当就傲慢地宣称他不会屈尊发言，特别高等法院没有权力审判他……这将对他不利。最后一根稻草是元帅奇怪地坚持说，他也是'第一批抵抗者'，因为他问道，如果不是他为戴高乐保存下一个完整的法国，如果不跟德国合作而让法国化作一片废墟，那戴高乐将军有什么好光复的呢？"弗兰纳还指出，贝当给希特勒的信对他的辩护极其不利。他与希特勒曾在臭名昭著的蒙托伊尔（Montoire）会晤中确定了合作政策，在会晤的一周年纪念日，贝当元帅写信给希特勒："法国将永远记住你伟岸的身姿。"1942年8月，英加联军发动迪耶普战役（当时约4000名盟军士兵被德国人打死、打伤或俘虏），贝当再次写信给希特勒，感谢他"清理了法国的土地"。

鉴于贝当的年龄（他当时89岁），戴高乐将死刑减为无期徒刑。贝当先被送到比利牛斯的波塔莱堡（Fort du Portalet），然后被转移到法国大西洋海岸附近的小岛——利勒迪厄岛（Île d'Yeu）上。由于年老体衰，贝当于1951年去世，时年95岁，并被安葬在岛上，没能实现与凡尔登战役的牺牲者埋葬在一起的愿望。

接下来是对皮埃尔·赖伐尔的审判。与贝当一样，他也被流放到德国的西格马林根，尽管在盟军逼近之时，他乘坐一架带有纳粹标记的容克飞机逃到巴塞罗那，从而逃脱了德国崩溃的终局。赖伐尔曾希望在西班牙获得政治庇护，但最终被美军拘押，于1945年8月移交给法国当局，并被转移到弗雷斯纳监狱。

至此，曾经因为关押卡特琳娜·迪奥这样的抵抗组织成员而臭名昭著的监狱，现在关押的则是受到指控的合作主义者。马尔科姆·穆格里奇多次造访那里，试图辨别所谓双重间谍的说法。他说，"这批新囚犯中有曾经杰出的政治家、高级公务员、军官、外交官、作家和记者，以及被指控为德国人做过告密者、间谍或皮条客的街头混混。他们都挤得很紧，五六个人挤在一间原本容纳一个囚犯的牢房里。这是一种《乞丐歌剧》（*Beggar's Opera*）式的场景，在这种场景里，有拉方特式的流氓，也有杰出的海军将军，他们衣冠不整，但仍然穿着制服，佩戴着勋章。这里有法兰西喜剧院著名女演员，也有妓女，她们曾在德国官员和其他阶层中寻找有利可图的客户。我所熟悉的面孔是政客们，他们大多设法转移到医务室，在那里偶尔会看到他们肩上披着毯子坐着，像钟乳石一样。在那里，他们多多少少又感受到狱警的尊重，甚至再次被称呼为'总统先生'，因为他们正在恢复自由和以前的地位。"

然而，尽管赖伐尔在1945年10月4日开始的审判中为自己进行了激烈的辩护，但他并没有逃脱正义的审判。赖伐尔的论点与穆格里奇从弗雷斯纳监狱里较低级别的工作人员那里听到的类似：他玩了个双重间谍的把戏，其实是在欺骗德国，保护法国。这些言论激怒了包括陪审团成员在内的司法官的许多人，他们开始侮辱和威胁赖伐尔，审判演变成了一场激烈的谴责和闹剧。珍妮特·弗兰纳报道了法庭上的混乱场面："法官、陪审团、律师、议员、检方、旁听席上一两位年轻的观众，以及被告自己，全都挤在狭窄的过道里大声喊叫，全都用他们此前从未在公众场合展现出的巨大音量叫喊着。

人们憎恨赖伐尔，憎恨他这个人，也憎恨他代表着法国被占领、法国人与德国合作的奇耻大辱，因此按捺不住要对他进行声讨。而赖伐尔却还有底气对着其他人喊回去。无论是在音量上还是在精神上，他完全控制了场面……当他开口时，他的话语就像水银一样，没有人能控制他。他的措辞时而浮夸时而沉重，在庭上四处滚动、分散，然后凝固，但总是从手指间滑落……"

最后，在持续不到 1 周的审判后，赖伐尔被判有罪并判处死刑。赖伐尔的支持者认为这是对正义的嘲弄。戴高乐拒绝了重审或上诉的请求，死刑定于 10 月 15 日在弗雷斯纳监狱执行。那天一早，赖伐尔（当时正患有癌症）试图用一颗藏在夹克衫衬里中的氰化物药丸自杀。然而，毒药并没有杀死他，他在洗胃后苏醒过来，然后被抬出来，绑在椅子上，由军事行刑队正式处决。

在贝当、赖伐尔以及军事情报局前局长约瑟夫·达南德的审判结束后，公众对起诉知名合作主义者的兴趣开始减弱。这场清洗还没有结束——在战后，有 800 人被判处死刑——但人们似乎对这一过程越来越厌倦。毕竟，法国鼓励团结重建。第一次国民议会民主选举于 1945 年 10 月举行，为新共和国起草宪法。

菲利普·德·罗斯柴尔德在回忆录中表明，愤怒的复仇呼声逐渐平息。在得知妻子在拉文斯布吕克去世的惨烈情形，以及姑妈在奥斯威辛毒气室的惨剧后，德·罗斯柴尔德有充分的理由希望看到正义得到伸张。他还在与盟军一起返回巴黎后发现，他的家在占领期间被征用，锁也换了。"当门打开时，穿着我的晨衣站在那里的不是别人，正是亨利·利拉兹（Henri Lillaz），战前的内阁部长，也是一个著名的合作主义者。"德·罗斯柴尔德命令他离开这所房子，但他犯了一个错误，给了利拉兹几天宽限："我一转身走开，他就叫了一辆货车，拿走了我每一件家具，把房子的地板都拆了——他甚至还拿走了我的睡衣。这类把戏当时屡见不鲜，合作主义者玩捉迷藏、伪造、假冒，耍各种伎俩……"

他接着说，难怪在巴黎胜利日的那天，人们也无法庆祝和平，因为此时此刻，"法国人正在伤透彼此的心"。就连德·罗斯柴尔德也不再幻想着通过朝令夕改的司法手段来伸张正义。"许多人被放跑了，还有许多人逃跑了。其他人被关起来了……后来，随着风暴平息，戴高乐开始发放赦免令。就是这个时候，像维希政权外交官、作家保罗·莫兰德这样的人卷土重来，丝毫没有改变自己的观点。"至于德·罗斯柴尔德本人，他"无法压抑对罪犯的厌恶"。他承认："我的愤怒情绪很快就消失了。这并不是说我是一个绥靖主义（对侵略不加抵制）者，远非如此，只不过复仇有什么用呢？在监狱的墙壁前枪杀一个人，不会使受害者复活。但是，当然，我是幸运的一员——我逃脱了。除了死者，我们这些被流放的人几乎是唯一没有嫌疑的人……"

然而，像卡特琳娜·迪奥这种从死亡阴影中归来的流亡者，以及那些为抵抗运动而死的冤魂，又会怎样呢？例如，在弗里德里希·伯杰及其帮派逮捕的300人中，有一半以上被驱逐到德国，已知有110名受害者死亡。波兰抵抗者伊雷娜·勒乌利斯（Irène Lehulis）曾在庞贝街遭到酷刑和性侵犯，在德国人逃离巴黎时被留在监狱医院，并于1944年8月17日被红十字会解救。尽管她身受重伤，但仅1个月后，她就在司法宫的法官面前提供了一份足以定罪的证人证词。

随着时间的推移，法国军事司法部门对庞贝街盖世太保各种活动进行调查，调查由一位紧追不舍的地方执法官梅西尔上尉（Captain Mercier）主导。梅西尔的团队用尽各种方法，暗中细细追踪其他证人，包括卡特琳娜·迪奥，她于 1945 年 10 月 18 日提交了第一份实质性陈述。她毫不费力地从照片中辨认出伯杰及其帮派的其他关键成员（包括他的情妇丹尼斯·德尔福）以及折磨她的男人。因为卡特琳娜永远忘不了他们，也忘不了他们对她和她勇敢的同志们所做的一切。虽然其中有很多同志，已经永远地沉默了。

玻璃宫殿

　　卡特琳娜·迪奥回到哥哥位于皇家街的公寓，也因而重回了巴黎时尚圈的中心。巴黎时尚圈如同一个游离在外的世界，在整个德占期间和解放后都一直活跃着。皇家街的地理位置优越，正位于马克西姆餐厅到莫利纽斯时装屋这两大时尚地标的中心位置，构成巴黎迷人景观的重要部分，直到今天仍然如此。每一个独立时装屋的遗产和声望都受到了强有力的保护，它们不受竞争对手的影响，仿佛共同居住在一座巨大而无形的玻璃宫殿中，一座隐形的拱门高高地凌跨于旺多姆广场之上，从圣奥诺雷郊区（Faubourg Saint Honoreé）一直延伸到宏伟的蒙田大道。这座宫殿守卫严密，守护着其中的珍宝和秘密，而守门人则是 1868 年成立的高级定制时装公会。

　　令人惊讶的是，高级定制时装的创始人却是英国人查尔斯·弗雷德里克·沃思（Charles Frederick Worth）。沃思 1825 年出生于林肯郡，在穷困潦倒的环境中长大，先在伦敦一家百货公司当学徒，然后在一家纺织公司工作，21 岁时移居巴黎，并在这里结婚。他以美丽的妻子为模特，成为一名服装设计师，并在和平街（Rue de la Paix）7 号建立了一家生意兴隆的公司。1860 年，沃思成为拿破仑三世的欧仁妮皇后最爱的服装设计师。多亏了她的赞助和随之而来的宣传，沃思时装屋吸引了大量富有的美国客户以及欧洲

左页图: 巴黎沃思时装屋的沙龙，1910 年。

贵族。当他于 1895 年死于肺炎时，《泰晤士报》上的讣告写道："这非常反常……沃思在本应独属于法国的艺术中发挥带头作用。"而巴黎则正如他自己惊人的天赋和野心一样，在沃思的成名之路中发挥了重大作用。因为正是巴黎，而不是伦敦或别的城市，被人们视为奢华和时尚之都，它的宫殿、亭台楼阁、剧场和歌剧院，与拿破仑三世委托建造、乔治 - 欧仁·奥斯曼（Georges Eugène Haussmann）男爵主持建造的建筑紧密相连、相得益彰。

时装屋和所有王朝一样，经历兴衰起伏。沃思被保罗·波烈（Paul Poiret）映照得黯然失色，后者以其戏剧性的东方主义统治着 20 世纪初的巴黎时尚界。随后，波烈陷入了贫困，被传奇人物可可·香奈儿所替代。香奈儿一扫"美好年代"的皮毛和华丽装饰，打造出简约线条的现代时装景观。吕西安·勒龙与香奈儿是同一代人，但并没有像她一样全球知名。香奈儿本人就是她自己最好的广告，她所展现出的女性时尚方式，使她的男性同辈黯然失色。但勒龙还称得上享有盛名，并拥有一位俄罗斯公主出身的妻子——迷人的娜塔莉·佩利（Natalie Paley），至少在 1937 年他们离婚之前，都把他的衣服展示得尽善尽美。他还以挑选有才华的设计师为自己工作而闻名，其中最著名的就是皮埃尔·巴尔曼和克里斯汀·迪奥。作为第二次世界大战期间具有极高影响力的高级定制时装公会主席，人们一致认为是勒龙挽救了时装行业，使其免于被德国当局关闭，或被迫迁往柏林。

"巴黎的高级时装，无论是作为整体还是其中的任何一个部分，都不可以转移。"勒龙在 1940 年秋写道，以回复德国当局关于时装工作室及其高技能工匠应被派往德国的计划。"它要么存在于巴黎，要么根本不存在。"然而，他对时装的坚定捍卫，使他无可避免地要与纳粹官员定期进行密切接触。例如，当面临巴黎的出口禁令时，勒龙决定于 1942 年 3 月在里昂举办一场由 20 来名时装设计师组成的团体秀（当时里昂在维希统治下仍属于未沦陷地区），希望能吸引来自西班牙和瑞士等中立国的买家。就这一目标而言，勒龙是成功的。但为了获得穿越分界线所需的许可和文件，勒龙参加了一次"圆桌"午餐会，这是在丽兹酒店举行的一系列定期会议之一，主要参与者为法国商人和德国高级官员。解放后，勒龙被指控参与被称为"叛国午餐"的通敌活动，但最后被判无罪。

但似乎很矛盾的是，勒龙本人作为高级定制时装公会的主席，呼吁成立一个采购委员会来审查时尚行业在沦陷期间的往来记录。在这起事件中，委员会调查了 55 起合作案件，其中没有一件涉及高级时装，对那些被判有罪的人只施加了暂时停业这样最轻微的惩罚，而这些被惩罚的人大多是低级别员工。雅克·法特曾是臭名昭著的合作主义者俱乐部"欧洲圈"的成员，但他没有受到惩罚。他的妻子吉内维夫也没有，据传她与德国人建立了有利可图的商业和社会合作。"欧洲圈"组织的另一名成员马塞尔·罗切斯也逃过了惩罚，尽管他以机会主义合作著称。他的一名知名前客户科琳娜·卢希尔就没那么幸运了，这名年轻的女演员曾穿着罗切斯设计的礼服参加过一系列盛大的法德聚会，她在监狱里待了几个月。而她的父亲、合作主义媒体的负责人让·卢希尔（Jean Luchaire）被判处死刑，并于 1946 年被处决。

法国时尚历史学家多米尼克·维隆（Dominique Veillon）称，时装界能够毫发无损地逃脱清洗，其中的原因很简单：当这个国家成为废墟，经济不稳定时，"需要重新夺回市场，需要赚取外汇……在这种情况下，怎么能驱逐那些'害群之马'，即那些与敌人'妥协'，但其专业能力又不可否认的'害群之马'？"

吕西安·勒龙的服装。安德烈·德尔福（André Delfau）插图，1942 年。

马塞尔·罗切斯的服装。安德烈·德尔福插图，1942年。

在解放后的几个月里，推广时装业的任务再次落在了勒龙身上。此时正值严寒的冬天，食品定量配给，燃料和其他基本商品供应有限。随着盟国的进军和德国军队的撤退，他们摧毁了港口、桥梁和铁路。法国东部的激烈战斗还在继续，而一些关键港口仍在德国人手中。因此，包括服装用纺织品和鞋用皮革在内的所有材料都严重短缺。

勒龙的努力得到了纽约《哈泼芭莎》编辑卡梅尔·斯诺的支持，她决心回到她深爱的巴黎。距 1939 年 9 月她最后一次在巴黎的旅行，已经过去 5 年了。她在回忆录中写道："战争期间，法国被占领后，有很多悲观的言论，大意是巴黎作为时尚中心已经'完蛋'了。与戴高乐将军一样，我也不愿意承认巴黎会永远沦陷下去……"她申请了前往巴黎的签证，最终于 1944 年 12 月获得许可。由于大西洋上仍在进行海战，她只能采取迂回的空中航线："我不得不向南飞到迈阿密，从那里经特立尼达和南美抵达西非，再从达喀尔转到里斯本。"在马德里，她与备受尊敬的西班牙时装设计师克里斯托瓦尔·巴伦西亚加（Cristóbal Balenciaga）共进晚餐，然后乘火车前往巴黎。到达后，她发现由于燃油不足，当地没有出租车，唯一的出行方式是步行或乘地铁。斯诺很高兴能与朋友们团聚，包括玛丽·路易丝·布斯凯、克里斯汀·贝拉尔和珍妮特·弗兰纳（她也为《哈泼芭莎》撰稿），但她对巴黎的情况感到震惊："老人们看起来干瘪枯瘦、冻得发抖，还有说不出的悲伤。他们的衣服都经过精致的织补，用上了每一块能找到的旧布料。"

卡梅尔·斯诺拜访了巴黎的珠宝店和时装店，而即使是在这些最奢华的殿堂，她也被店里的寒冷和昏暗所震惊。在卡地亚，她欣赏着美丽的作品，并与设计师珍妮·图桑（Jeanne Tussaint）交谈。"一位非凡的女性，充满力量。她的脖子上挂着 3 串华丽的珍珠，她的脚上穿着古老的俄罗斯刺绣靴子……商店里冷极了，在冰冷的房间里看着世界上最奢华的珠宝显得那么别扭……天气太冷了，每个人都戴着手套。正如珍妮·图桑所说：'这对我们来说很糟糕，但想象一下，六楼的工人们整天都在手工制作最好的作品。'"当斯诺去巴黎世家试穿期待已久的时装时，一位女裁缝一直在把别针掉在地上，并为此不断道歉：她的手指在寒冷的气温下冻僵了。"煤几乎没有，早上 8 点半就停电了。"她写道，"到了下午 5 点，那个时候所有的办公室和商店都因停电而关门，而你可以通过街上响起的数百只木鞋的咔嗒咔嗒声来判断时间。"除了为时装业加油助威外，斯诺还与著名摄影师亨利·卡蒂·布列松（Henri Cartier Bresson）一起离开巴黎，报道盟军在法国的军事进展情况。"我们经过的村庄里一点生机都没有：房屋、马厩、教堂都被炸成了碎片……但是医院里的伤员最让人心碎。"她同样被 *Vogue* 巴黎版（法国版 *Vogue* 杂志的前身，2021 年 11 月正式改名为 *Vogue* 法国版）几位法国同行的经历所感动，该杂志在战争期间停刊。编辑米歇尔·德·布伦霍夫（Michel de Brunhoff）失去了独生子，这名少年因涉嫌参与抵抗运动而被盖世太保杀害。编辑索兰奇·达恩（Solange d'Ayen）也是如此，她的儿子在 1944 年 10 月加入法国军队的途中去世，享年 19 岁。索兰奇在弗雷斯纳忍受了几个月的单独监禁，而她的丈夫达恩公爵则因为参加抵抗运动被驱逐出境，先后被关押在几处德国集中营中。1945 年 4 月 14 日，即贝尔根 - 贝尔森解放前一天，他在集中营去世。

美国版 *Vogue* 驻巴黎记者贝蒂娜·巴拉德在战争爆发后离开法国，随后加入了红十字会。卡梅尔·斯诺到达之后不久，她也回到了这座城市，听闻了前同事们在战争期间痛苦的经历。她在自传中写到，自上次见面以来米歇尔·德·布伦霍夫似乎老了20岁，并且似乎无法理解他的儿子已经去世了。"他似乎还在为此神志不清、手足无措……我记得，他从一开始就痛恨这场战争，而这场战争的噩梦真的降临到他的身上，并且永远不会离开……"贝蒂娜拜访索兰奇·达恩时，她觉得自己"看到了她的鬼魂"，并意识到如果自己试图谈论她儿子的死亡，"那将是一场她无法面对的悲剧"。于是，索兰奇谈到了被捕时自己身穿一件米色的巴黎世家泽西裙，她每天早上在狱中都会仔细清洗："现在已经洗干净了，看起来仍然很美。"

　　贝蒂娜写到，起初，"我不想参与 Vogue 在巴黎的活动，部分原因是时尚似乎离战争太远了"。但卡梅尔·斯诺的出现，证明了她对法国时尚的信心，这足以推动贝蒂娜与服装设计师，或至少与那些仍在经营的设计师重新建立战前的那种关系。(《哈泼芭莎》和 Vogue 之间一直存在着竞争，当斯诺于 1933 年离开 Vogue 成为《哈泼芭莎》的编辑时，这种竞争加剧了。) 贝蒂娜的第一次约见是在巴黎世家的时装店："他的沙龙看起来和以前差不多，只是白色的油漆变黄了，白色的缎子窗帘很脏。他著名的 17 世纪西班牙椅子仍然优雅地摆放在房间周围，就像一群骄傲的西班牙贵族。唯一奇怪的是一群吵闹、肥胖、戴着花哨帽子的女人，声音粗俗而刺耳……其中一名妇女从钱包里数出 1000 法郎的钞票，付现金买了一件衣服，把它装在一个蓝白相间的巴黎世家盒子里带走了……事后巴伦西亚加充满歉意地跟我解释说，这些都是黑市客户……他们会买任何东西……而且不计较价钱，从鼓鼓的钱包里掏出现金结账……"巴伦西亚加对这些客户很不满，认为他们很低俗，但除此之外，"巴伦西亚加自己似乎很少被战争或解放所影响……和往常一样，他过着与世隔绝的生活，忙于自己唯一真正了解的事情——时装"。

　　贝蒂娜还与吕西安·勒龙会面，他所做的努力给她留下了深刻的印象，因为"他说服了德国人，让他们支持时装屋的人才，为他们提供足够的面料，因为这将有利于巴黎的整体士气"。她还支持一种听起来有点离谱但当时很流行的说法，声称德占期间时装屋在面对德国客户的时候，会想办法忽悠他们购买一些奢侈得可笑的衣服。"勒龙解释说，德国人面对法国时装有一种自卑情结，几乎任何东西都可以塞给他们。法国时装越奢侈，德国人就越喜欢。"但事实上，在巴黎发放的"时装配给卡"，发到德国人手上的比例很低：1944 年 4 月发行的 13625 张卡中，只有 200 张。因此，购买奢侈时装的富裕客户更可能是法国人，而不是德国人。

不久，贝蒂娜发现自己又回到了传统的战前对话中——"关于帽子、衣服和时尚界的八卦"。她参观了位于旺多姆广场的夏帕瑞丽时装沙龙，发现它"非常需要重新粉刷和供暖"，但她很高兴在那里购买到了条纹头巾，"与我唯一的黑色西装搭配"。贝蒂娜在巴黎四处奔波时，惊叹于现在流行的巨大而繁复的帽子。特别是她在地铁上看到一位优雅女士头上戴着的一顶高帽子，由粉红色毛毡制成，"上面有小鸟的巢穴，还蒙着一层美丽的薄纱……"。

贝蒂娜也指出，巴黎社交圈"沉迷于古董，沉迷于艺术，沉迷于房子。在战争期间，收藏珍宝已成为他们花钱最明智的方式，艺术品商人和古董商也是巴黎的暴发户"。她的回忆录没有指出这样一个事实，即在德国占领期间，这些宝藏中有许多都是从犹太家庭掠夺来的。但至少，她还是注意到"巴黎是由反差组成的：那些失去了一切的人承受着无法忍受的痛苦，他们甚至失去了希望；也有无数在战争中幸免于难的人，他们的生活完好无损"。

在这次短暂的巴黎之行之后，贝蒂娜回到美国的家中待了几个月，然后于 1945 年夏天回到了位于巴黎的 Vogue 办公室。她搬回了以前的公寓，在德国占领期间曾有一个德国军官和他的法国情妇住在那里。随后，她重新开始

雅克·法特的服装模特，巴黎，1944 年。
大卫·E. 舍曼（David E.Scherman）摄。

1944 年，巴黎，勒鲁姐妹（Legroux Sœurs）的模特戴着一顶帽子。
大卫·E. 舍曼摄。

了战前那种舒适的居家生活。"还是那个女仆，马塞尔，给我带来了早餐。她的头发在解放后被剃掉了，现在已经长出来，长成了往日那种紧密的卷发。"与此同时，为贝蒂娜洗亚麻床单的看门人，从早上做第一件事到晚上做最后一件事，都穿着一双银色高跟凉鞋："买这双鞋的钱，是她做出租车司机的父亲从诺曼底走私鸡蛋和黄油，然后在黑市贩卖赚来的。"

然而，贝蒂娜对 *Vogue* 的同事们"疲惫的懒散"感到沮丧："没有动力，办公室就像一座挂满了没有上弦的钟表的房子。"她喜欢玛丽·路易斯·布斯凯每周在波旁宫的家中举办的沙龙，那里的气氛更为欢快，这样的沙龙在解放后也一直没有中断。过去每周四参加社交聚会的德国客人已经不见了，也没有人提及他们。取而代之的是盟军战地记者，被沙龙女主人的机智谈吐逗得哈哈大笑。

除了布斯凯夫人的欢乐沙龙，贝蒂娜还注意到，随着英国大使馆新任大使达夫·库珀（Duff Cooper）和他时髦的妻子戴安娜·库珀（Diana Cooper）于 1944 年 9 月到来，巴黎社交圈的焦点集中在了英国大使馆。"在这里可以找到'小团体'，这是巴黎人非常喜欢的一种内部排他性，在这种封闭的环境里，交谈都用一套特定的话语，外人几乎听不懂。"据她报道，这一精选小圈子的关键成员包括玛丽·路易斯·布斯凯、克里斯汀·贝拉尔、乔治·杰弗里和路易丝·德·维尔莫林（Louise de Vilmorin）。路易丝·德·维尔莫林是一位文学界的女神级人物，达夫·库珀与她曾有过一段恋情。

解放后作为军情六处情报官员留在巴黎的马尔科姆·穆格里奇发现自己处境艰难，因为大使馆招待的客人名单"让同事们摇着头，不以为然地挑起眉毛"。穆格里奇在他的回忆录中写到，库珀家族"高举战前智慧的旗帜，许多人蜂拥而至，其中一些人自解放以来由于各种原因一直处于低调状态。每一种社会阶层都会形成相应的语言体系，而百万富翁、演员、作家、服装设计师、子爵夫人和其他人，对他们在德国占领期间的行为所感到的任何模糊的——或者说是实际的——焦虑，都被八卦作家们描述为烦恼（des ennuies）。达夫·库珀的沙龙是一个很好的纾解烦恼的场所，因此也经常举办"。

黛西·费洛斯（Daisy Fellowes）是达夫·库珀的前恋人之一，也是大使馆的常客，她以恶毒的舌头和天价珠宝收藏而闻名。用卡梅尔·斯诺的话来说，她是"夏帕瑞丽风头鼎盛时期那种 30 年代极致时尚的化身"，她一直保持着"时尚界品位最高仲裁者"的地位。作为 20 世纪 30 年代初《哈泼芭莎》的驻巴黎记者，黛西并不是真的需要或想要工作：1890 年，她出生在富裕的家庭，是一位法国公爵和一位美国女继承人伊莎贝尔·布兰奇·辛格（Isabelle Blanche Singer）的独生女。她的第一任丈夫是德布罗意王子（Prince de Broglie），二人生有 3 个女儿，其中两个女儿被指控在战争期间与人勾结，并在"狂野清洗"期间受到惩罚。大女儿埃梅林（Emmeline）在弗雷斯纳待了 5 个月，小女儿杰奎琳则因为嫁给了德国军事情报局阿勃维尔的间谍被剃了光头。

黛西的第二任丈夫是温斯顿·丘吉尔的堂兄弟雷金纳德·费洛斯（Reginald Fellowes）。这对夫妇在英国度过了战争时期，回到巴黎后，她和她的女儿们都恢复了以前在上流社会的地位。在达夫和戴安娜·库珀的帮助下，这一过程进展得很顺利，尽管他们都清楚地知道黛西女儿所遭受的指控。达夫花了一上午时间阅读有关杰奎琳和她丈夫的情报文件，并在日记中指出这是一个"刺激的故事"。但他认为并不需要去理会他眼中的那些"流言蜚语",尤其是当事情涉及他的情妇们,比如说战争期间形迹十分可疑的路易丝·德·维尔莫林时。据菲利普·德·罗斯柴尔德说:"她绝非毫无污点,她的丈夫是匈牙利人,他们在战争中花了很多时间跟德国人厮混在一起。"而达夫本人在日记中承认,他曾与路易丝争吵,因为"她是如此反美和反犹太人"。

至于戴安娜·库珀,与那些和德国人合作的人相比,她对那些让她感到厌烦的人更不宽容。用她的传记作家菲利普·齐格勒(Philip Ziegler)的话来说,她"有时把友谊放在理智的决定之前"。黛西·费洛斯的大女儿埃梅林因与一名德国官员有染而被监禁,当她从巴黎监狱获释时,她立即被邀请到大使馆。

碰巧的是,黛西的另一个女儿杰奎琳呼吁马尔科姆·穆格里奇帮助处理 P. G. 沃德豪斯(P.G.Wodehouse)的案件。1941 年,沃德豪斯非常不理智地从柏林发了几条无线电广播,内容是关于他作为政治犯在德国被拘留的经历,因此这位小说家和他的妻子在巴黎布里斯托酒店下榻期间被指认为叛徒并遭到逮捕。穆格里奇代表军情六处调查了此案,并认定沃德豪斯是无罪的。"那几条广播……既不反德也不亲德,"他说,"只是典型的沃德豪斯式作风。"在确保沃德豪斯、他的妻子和他们的京巴犬获释,并将他们安置在枫丹白露附近一家可靠的酒店后,穆格里奇随后借此机会见了可可·香奈儿,这是当时巴黎一个同样备受争议的人物。

由于与德国情报官员汉斯·甘瑟·冯·丁克拉格(Hans Günther von

Dincklage）在战时的关系，香奈儿在解放后被传讯，随即很快被释放。这也许是因为她与温斯顿·丘吉尔的长期友谊，这段友情的开端可以追溯到 20 世纪 20 年代，当时香奈儿是丘吉尔的朋友威斯敏斯特公爵的情人。而香奈儿的其他朋友包括让·谷克多和克里斯汀·贝拉尔，二人在德国占领期间都曾公开与德国人一起参加上流社会的聚会。与之不同的是，香奈儿在战争期间通常保持低调。尽管她一直在继续销售包括香奈儿 5 号在内的那些备受追捧的香水，但直到 20 世纪 50 年代初，香奈儿时装店才重新开业。

穆格里奇回忆说，"香奈儿的一位老朋友 F"曾邀请他与香奈儿共进晚餐，"F 身披金色穗带出现在巴黎，是驻扎在巴黎的众多联络团之一的成员。所以我一半出于公务，一半出于享受，和 F 一起去了香奈儿夫人奢华的高级时装和香水商店……即使香奈儿夫人因为我的在场感到不安，她也没有表现出来……事实上，她也没有任何理由感到严重的焦虑，因为她在解放时已经成功地经受住了第一波'清洗'，手段简单直接——她只是在商场的橱窗里发布了一条通知，宣布美国士兵可以免费领取香水，于是美国士兵排起了长队，领取香奈儿 5 号，如果法国警察碰了她的一根头发，他们都会很愤怒。香奈儿由此获得了喘息的空间，随之开始多方寻求帮助。她的努力没有白费，最终避免了像莫里斯·契瓦利埃（Maurice Chevalier）、让·谷克多、萨哈·吉特里（Sacha Guitry）和其他响当当的名字一样，出现在合作主义者的清单里"。

穆格里奇试图在与香奈儿进餐的当晚起草一份情报报告，但正如他在自传中总结的那样："真没什么好说的，我只是确信，无论清洗运动的磨盘磨得多么细致，都不会磨碎她——事实证明也确实如此。"

解放后的巴黎时尚。
鲍勃·兰德里（Bob Landry）摄。

★

　　在这种道德界限相当模糊的时代背景下，一些观察家认为高级时装在解放后的几个月里似乎误入歧途，这或许并不奇怪。克里斯汀·迪奥在回忆录中写道，他的妹妹卡特琳娜回到巴黎后，"我生命中不愉快的一章结束了。在我面前的这一页上，我希望记录下的只有幸福"。然而，战争的后果不容忽视："我周围到处都是战争的痕迹——被破坏的建筑、被摧毁的乡村、配给制度、黑市，以及不那么严重但让我感触良多的东西——可怕的时尚。帽子太大，裙子太短，夹克太长，鞋子太重……由于缺少其他材料，羽毛和面纱被尊为象征着尊严的旗帜，像革命旗帜一样飘荡在巴黎。但作为一种时尚，我认为它令人反感。"《纽约时报》(*The New York Times*)在此事上的看法同样犀利。1945年1月，吕西安·勒龙在接受采访时表示，巴黎仍然是时装的灵感之源。该报的回应显然不屑一顾："在这个时候还说受到巴黎的启发……这可能夸张地折射出一个还没从失败的屈辱中恢复过来的城市受到的精神创伤——如同一个居所里没有暖气也没有阳光的悲惨妓女，内心愤恨敏感，唯有在黑市上才能购买到片刻的舒适和欢乐。"

　　卡梅尔·斯诺也对她返回巴黎时所看到的时装界感到困惑。她一直擅长精准诠释时尚对当下社会情绪的表达，而她观察到，时尚现在"反映了法国人自德国占领以来所经历的混乱。大肆购物的人……是靠黑市发家的新贵，粗俗得令人难以置信。他们是那些曾经与德国人做过交易，现在仍在交易中发财的人。他们能解释很多发生在巴黎的事情：戴着可怕的帽子，穿着昂贵衣服的女人，你宁死也不会想跟她们在一起……"。然而，她确实很欣赏迪奥在勒龙的工作，并仍然忠于巴黎世家。最重要的是，她仍然相信巴黎时装

与新近成立了时装店的巴尔曼不同，克里斯汀·迪奥现阶段仍在为吕西安·勒龙工作。此次展览中最令人难忘的 3 件服装就是迪奥为勒龙时装屋设计的：第一件是象牙色薄纱无肩带落地式晚礼服，裙子上绣有精致的蓝色花朵图案；第二件是绿松石和白色圆点雪纺日间礼服；第三件是长度刚过膝盖的"舞会裙"（dance dress），配有浪漫的粉红色紧身胸衣，用相配的面料制成玫瑰来装饰，再加上一条撞色的黑色伞裙。映衬晚礼服的背景是克里斯汀·贝拉尔的手绘剧院，洋溢着法国伟大戏剧传统的浪漫色彩。日间礼服的背景是微缩的巴黎皇家宫殿（Palais Royal），旁边陈列着巴黎世家和夏帕瑞丽的醒目设计。而这件舞会裙则有一个更不寻常的背景："无主港"（Le Port du nulle part）。在一个无名的港口旁停泊着一艘船帆破碎的幽灵船，一群玩偶站在码头上排队。这个背景是一位名叫乔治·瓦赫维奇（Georges Wakhévitch）的俄罗斯移民的作品，他是一位备受赞誉的艺术导演，也是歌剧和电影的布景设计师，曾与谷克多等人合作。

当我浏览展览褪色的照片时，不禁想起克里斯汀·迪奥 1945 年 3 月制作这些衣服时的情形：妹妹消失在了第三帝国的无边黑暗之中，而他正焦急地等待消息。与德国的战争仍在激烈进行：3 月 18 日，柏林上空爆发了一场空战，盟国于 3 月 23 日发起了穿越莱茵河的行动。就在同一天，时尚界曾经的"王后"伊丽莎白·德·罗斯柴尔德在拉文斯布吕克去世。

然而在巴黎，盛会仍在继续。"时装剧院"深受各界重视，以至于在开幕之夜，共和国卫队（Garde Républicaine）提供了身穿正式制服的仪仗队。由于渴望观看的人太多，展览延长了数周，最终一直持续到 5 月 10 日（欧洲宣布胜利后两天）。超过 10 万名来访者前来参观，他们的入场费为战争救济慈善机构筹集了 100 万法郎，同时也提醒着观众时装所具有的巨大价值。

1945 年 3 月，克里斯汀·迪奥为吕西安·勒龙设计了一件礼服，用于"时装剧院"展览。

上上页和上页图："时装剧院"，巴黎，1945年。罗伯特·多伊斯诺摄。
上图："时装剧院"，巴黎，1945年。拉尔夫·莫尔斯（Ralph Morse）摄。

5月8日，拉乌尔·道特里写信给法国驻伦敦大使，请求他帮助安排"时装剧院"到英国巡展："唉，法国几乎没有什么东西可以出口，唯有其对美丽事物的欣赏，以及时装店的精湛技巧。"巡展于1945年9月在伦敦开幕，这是自第二次世界大战爆发以来的第一个外国引进展览，主办方还为女王安排了一场私人导览。6周内，12万名游客排队观看所谓的"时尚奇观"。随后，"时装剧院"前往利兹、哥本哈根、斯德哥尔摩和维也纳。1946年，一个更新版本的展览被送往纽约和旧金山，在那里，它为重建法国时装在美国的声誉做出了很大贡献。

吕西安·勒龙称赞了"时装剧院"的巨大成功，他写道："这是巴黎，这只能是巴黎——这是'时装剧院'！它的微笑，它的力量，它的精神，它的魅力……"沉默的白脸娃娃与那些将黑市现金带入时装沙龙的庸俗顾客截然相反。它们完美的模特脸没有被浮华的妆容所玷污，它们茫然的眼睛看不到战争的恐怖和耻辱，它们的金属丝四肢免疫了饥饿和伤害。如果说时装展是在借鉴其神圣的过去，那么它也在为未来做好准备：穿着不是为了杀人，而是为了生存。

魔法思维

　　"对时尚的维护，成了一种信念的表现。"克里斯汀·迪奥在回忆录的最后一页写道，"在这个试图破解所有奥秘的世纪里，时尚很好地守护了自己的秘密。其魅力最好的证明就是，它对于外国人来说依然是那么神秘。"就像他多次讲述的那样，他创建时装屋的原因是一个神秘的故事。也许这是为了创造一个比平淡无奇、商业化的叙述更令人着迷的传说。一方面，他在时尚的商业化方面有着深厚的基础；另一方面，他作为自由设计师的经验和为吕西安·勒龙工作多年的经历，让他也相信直觉和魅力的力量。迪奥在他的自传中反复提到命运和算命的重要性，最早要追溯到他 14 岁时住在格兰维尔时收到的预言。"那是在 1919 年一次为士兵们组织的慈善赈济游艺会上。花团锦簇的摊位上，各种游艺项目琳琅满目，每个人都试图以自己的方式参与其中。我呢，把自己打扮得像个吉卜赛人……专卖护身符。到了晚上，游人逐渐减少，我发现自己就在占卜师的摊位旁边。她主动提出要看我的手相。'你将遭受贫困，'她说，'但是女人会给你带来好运，你会通过她们取得成功。你会从她们身上赚到很多钱，也将不得不到处旅行。'"

左页图：雷诺曼占卜卡（克里斯汀·迪奥曾使用），
以拿破仑时代的法国灵媒玛丽·安妮·雷诺曼（Marie Anne Lenormand）的名字命名。

尽管这番预言在当时看来似乎不太可能，但这次邂逅一直萦绕在他的脑海中。20世纪30年代初，克里斯汀经历了一段贫困时期，他的父亲破产了，他自己的画廊也倒闭了。在此之后，他更加相信占卜师的建议。卡特琳娜从德国回来后，他的信仰更加根深蒂固，因为这印证了他最信赖的算命师德拉哈耶夫人的预言。1946年4月，他觉得命运真的降临了，当时他正走向皇家街的路口，碰巧遇到了一位来自格兰维尔的童年朋友，二人已经多年没有见过了。这位朋友当时在圣弗洛伦丁街附近的嘉士顿时装屋（Gaston Couture House）担任主管，他告诉克里斯汀，这家有点没落的时装屋现在归马塞尔·布萨克（Marcel Boussac）所有。布萨克是一位优秀的实业家和赛马主，靠纺织制造业发了大财，他正在寻找一位新的设计师来改善他的时装屋。当这位朋友问克里斯汀是否知道有什么合适的候选人时，克里斯汀"仔细想了一会儿，然后遗憾地告诉他，我想不到任何这样的人"。

　　几天后，克里斯汀和他的朋友在圣弗洛伦丁街和皇家街之间的同一条人行道上第二次见面，并进行了同样的谈话。然而这一次，克里斯汀也没有推荐自己。但第三次，他相信一定是命运把他带到朋友身边，因为这次他在马路上发现了一颗铸铁小星星，并将之视为幸运的预兆。于是他捡起星星，放进口袋，然后在这个幸运符的鼓舞下，挺身而出接受了这份工作。但不久之后，当他参观尘土飞扬的嘉士顿时装屋时，他认定这家时装屋无可救药。他以出人意料的激烈语气说道："我相信我生来的使命不是来起死回生的。"

　　接下来发生的事情出乎意料：克里斯汀去见了马塞尔·布萨克，他打算一口回绝这份工作，继续留在吕西安·勒龙的舒适岗位上，但令他惊讶的是，他发现自己想出了一个完全不同的计划。"我突然听到自己告诉他，我真正想做的不是作为设计师救活嘉士顿，而是在我自己选定的地方，以我

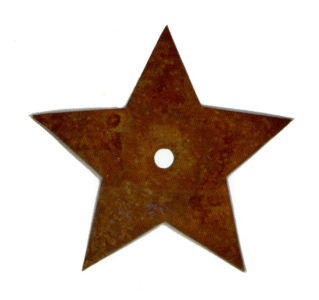

1946 年 4 月，克里斯汀·迪奥在巴黎人行道上捡到的幸运星。

自己的名字创建一个新的时装屋。我想要一所房子，里面的每一样东西都是新的……在我们周围，生活正在重新开始，也是时候掀起一股新的时尚潮流了。"为了实现这一目标，他继续说道，"法国时装必须回归奢华的传统。"

在考虑了这一提议后，布萨克同意了，这让克里斯汀陷入了担忧。因此，他又约见了德拉哈耶夫人，"她严厉地命令我立即接受布萨克的提议"。他将这一消息透露给了在勒龙公司的一位亲密朋友和同事雷德蒙·泽纳克尔（Raymonde Zehnacker），也就是"雷德蒙夫人"，他深情地将其视为自己的"守护天使"。她转而咨询了另一位算命师"老奶奶"，后者进一步保证他的计划注定会成功。到了这个时候，克里斯汀才有足够的信心继续前进。他认为，这个时机是命中注定的。同时，他的妹妹也在巴黎恢复了生活。如果卡特琳娜都能奇迹般地从死亡阴影中回到皇家街，手臂中满抱象征着全新职业生涯的鲜花，那么克里斯汀现在也可以在自己的职业生涯中实现重要的信仰飞跃，建立一个象征着新时代开始的时装屋。

当我写下克里斯汀·迪奥对占卜师的信仰时，我可以想象怀疑论者会皱起鼻子嘲笑他，我在捍卫他的立场和把自己抽离其中之间左右为难。我妹妹过去常常温和地取笑我这种魔法思维的倾向。然而当她去世后，我感到自己破碎了，我需要相信我们之间的纽带并没有被割断。是不是妹妹去世的经历，让我对那些似乎在时尚界出没的鬼魂更加敏感？不仅仅是在时尚界，只要你也曾不愿丢弃心爱之人穿过的衣服，你就会理解。这些曾经紧贴皮肤的织物，在他们的身体化为尘土之后，依然作为他们曾经存在的证据留存在世间。

我希望那些与我一起走进巴黎时装这座玻璃宫殿的读者能够理解，巴黎时装界的仪式和历史中，原本就包括了对魔法的信仰，以及对那些在沙龙镜子中闪烁的鬼魂的尊重。法国诗人、艺术家雅克·扬内（Jacques Yonnet）在1954年写道："时间为那些置身于时间之外的人服务。如果你没有认识巴黎的鬼魂，你就不可能属于巴黎，也不可能真正了解巴黎。"作为法国抵抗运动的前成员，扬内将战争期间的巴黎描述为一个被幽灵和德国军队占领的非现实的地方。在那里，种种不可思议的东西继续存在于日常生活中。扬内的领地是左岸阴暗的小巷，但他的观察与塞纳河另一边的大型时装屋同样息息相关。那里的原住民为自己能够预见未来，预见他们的追随者在即将到来的新季最渴望穿什么而感到自豪。因此，手相术、占星术和塔罗牌在这里流传甚广。然而，设计师们同样也崇敬过去，因为正如克里斯汀·迪奥所说，他们的城堡"不仅仅是一座虚荣的庙宇。它是一种古老文明迷人的外在表现，而这种文明的目的就是生存"。

　　迪奥当然不是第一个被未知领域深深吸引的服装设计师。可可·香奈儿的想象力同样是由她超自然的感知塑造的，而每当她描述起童年时，都绕不开这个主题。"每个孩子都有一个特别的地方，在那里他或她喜欢隐藏、玩耍和做梦。"战后不久，当她和朋友保罗·莫兰德［后来在《香奈儿的态度》（L'Allure de Chanel）一书中写下了自己关于香奈儿的回忆］两人在瑞士寻求庇护时，香奈儿对他说："我的这个地方就是奥弗涅公墓……我是这个秘密花园的女王。我喜欢它的地下居民。'只要人们还会想到他们，逝者就不是真的逝去了。'我会这么对自己说。"

　　香奈儿的劲敌艾尔莎·夏帕瑞丽同样对超自然现象着迷。尽管夏帕瑞丽早年与一位所谓的超自然现象专家（1915年在伦敦法院被判"假装算命"

写了一篇题为《预言与预兆》("Prophecies and Portents")的长篇作品。弗兰纳说："以前从来没有这么多人，迫切想知道历史为他们准备了什么。一些正在创造历史的人显然也同样好奇。一位从德国归来的大学校长证实，希特勒先生为了预测自己的未来，雇用了 5 名占星家（可能都穿着制服）。"

　　无论是通过神秘的远见，抑或是她自己眼光独到，卡梅尔·斯诺在 1946 年初克里斯汀·迪奥还在为吕西安·勒龙工作时，就预测他日后必将名扬四海。斯诺对他那年 2 月推出的时装系列印象深刻，她宣布："勒龙有了一位新设计师，他的新系列非常感性，充满创意。他的名字叫克里斯汀·迪奥！"尽管当时克里斯汀已经为勒龙工作了 4 年，但这 4 年与斯诺毫无关系。她依然认定他是"新人"，因此他就是新人。她立即委托亨利·卡地亚·布列松为《哈泼芭莎》拍摄迪奥的肖像，其他时尚界人士也迅速注意到了这一点。

　　此时，贝蒂娜·巴拉德已调到 Vogue 纽约编辑部，但她于 1946 年 2 月前往巴黎报道高级定制时装系列，并被勒龙时装屋在时尚界突然掀起的热潮所打动。"我很好奇，在当时弥漫于巴黎时装界的战后氛围中，是谁的双手在幕后为服装赋予了这种新鲜而诱人的外观。"贝蒂娜将之称为勒龙历史上最好的一个系列，随之她就被介绍给"一个面颊红润的男人，他的身上依然有着婴儿般的丰满，下巴后缩，更显得十分羞怯。'这是克里斯汀·迪奥'，勒龙说着，好像他在用帽子变出一只兔子。我面前那个男人红着脸，一张小嘴紧紧抿着，一边露出一个甜蜜而有些忧伤的微笑，一边低声礼貌地回应我的恭维。"

贝蒂娜对这一系列非常感兴趣，因此她订购了一套服装："一套晚礼服，包括一条长及小腿肚的黑色缎面裙和一件淡紫色雪纺露肩胸衣，概念非常新颖。"根据她的描述，这套晚礼服听起来与克里斯汀·迪奥为前一年春天的时装展设计的"舞会裙"非常相似（唯一的区别是后者是一件玫瑰粉色的紧身胸衣），而这套晚礼服的廓形，则是3年后迪奥1949年春夏高级定制系列中出现的"迪奥小姐"（Miss Dior）礼服裙的前身。

但并不是每个人都准备好了接受迪奥对时尚的全新诠释，贝蒂娜在出访伦敦时穿上这套礼服，却被禁止进入400俱乐部（英国上流社会最时尚的夜总会）。"英国女人们都穿着战前那种拖尾雪纺裙扫过我的身边，一边走路还一边掉着珠子，但当晚我身穿着这套来自巴黎的新作品时，却被认为穿着不得体。陪同我的年轻保镖不断威胁看门人，说这整件事就应该在议会中提出来，英国的时尚如此落后，真是太离谱了，更离谱的是 *Vogue* 的一位编辑竟然被400俱乐部拒之门外。"

尽管迪奥的设计在伦敦没有通过酒吧看门人的审查，但他的才华在巴黎引起了轰动。贝蒂娜写道："通过1946年的夏季系列，克里斯汀·迪奥成了一个备受谈论的人物。有一个非常棒的消息：法国棉花大王、赛马大户马塞尔·布萨克将支持他开一家时装店……勒龙伤心地告诉我，连他自己都忍不住鼓励自己的明星设计师凭借天赋开拓一番属于自己的事业。突然间，人们纷纷将迪奥称为'老朋友'。艺术家贝贝——克里斯汀·贝拉尔（Bébé，Christian Bérard）和室内设计师乔治·杰弗里自称是他的私人顾问，并在他周围徘徊。名声散发着强烈的气味，不仅吸引了朋友，也吸引了那些感受到时装业发生的激动人心的巨变，并愿意在这个幸运的人身上展开冒险的员工。"

迪奥的第一步是聘请雷德蒙·泽纳克尔担任他的得力助手和设计工作室主任。"雷德蒙将成为我的第二个自我，"他在回忆录中写道，"或者更准确地说，成为我的另一半。她正是我的互补：她是我心血来潮时的理智，是我天马行空时的条理，是我自由散漫时的严谨，是我行事鲁莽时的远见，而且她知道当人们陷入纷争时如何带来和平。"

然后，他聘请玛格丽特·卡雷（Marguerite Carré）担任技术总监。换言之，担任一支熟练的女装裁缝团队的领导者。她在巴杜（Patou）公司工作多年，迪奥称她为"时尚达人（Dame Fashion in person）……如果世界末日来临时，她正在仔细研究一件衣服，我真的不相信她会注意到外面发生了什么……"这将是他口中的"玛格丽特夫人"，她会将克里斯汀的草图转移到白色棉布上，化为迪奥时装的图样，并一路监督接下来的一系列艰苦工作，直到最终完成一件作品。

迪奥女装核心团队中的第三位成员是米萨·布里卡尔（Mizza Bricard），在战争爆发之前，她曾在皇家街的莫利纽斯时装屋工作。表面上，她被聘为女裁缝师团队的负责人，但实际上她扮演了一个作用更广、难以一语概括的角色，承担起克里斯汀创作中不可或缺的一部分。迪奥生动地描述了她的魅力："我们成了好朋友。布里卡尔夫人这种人，现在已经越来越少了。对于他们来说，优雅似乎是存在的唯一理由。这么说吧，她仿佛是从丽兹酒店的窗户里往外看着这个世界，对政治、金融或社会变革都漠不关心。"他的措辞很有意思，尤其是考虑到他妹妹在战争期间的经历以及巴黎被占领的时代背景，当时丽兹酒店大部分房间都被纳粹高级军官占领。赫尔曼·戈林搬进了皇家套房，在他定期前往巴黎的过程中，他一边处理公务，一边大肆购买掠夺来的艺术品和珠宝，并发现这里称得上是一个方便的驻地。此外，这间酒店也因为香奈儿和她的德国情人在此同居而一度名声不佳。

事实上，在迪奥对布里卡尔夫人的描述中，她在各方面都与卡特琳娜恰好相反。"每年8月，她都要雷打不动地寻找一处时髦的水城小憩1个月，让人们看见她出没于当地豪华的酒店和赌场。总的来说，她对乡间和自然的热爱仅限于欣赏花卉。她尤其擅长用鲜花装点自己的帽子和衣服。"无论她与卡特琳娜·迪奥以及克里斯汀本人有多么不同，他们都热爱园艺和种植玫瑰，更不用说他们每年都会在卡利安收获鲜花。

迪奥对米萨的敬意还不止于此："她拥有不可动摇的高标准。在时尚方面，她追求一种最显著的表达，那种微妙的、有时会为人们所忽略的'时髦'风度。布里卡尔夫人的优雅完全是世界性的，我觉得她那出众的性格，她那无与伦比的奢华品位，也许能与我骨子里诺曼底人那种过于理性的冷漠气质形成极佳的平衡。我相信，只要她出现在我的时装公司里，无论她对我的作品是反对还是支持，她对我的任何反馈都将激励我的创作。她对高级服装行业传统深刻的理解，以及她那种拒绝妥协的精神，对我这样一个在这个时代自由放任的风气中很容易就随波逐流的人，堪称最好的兴奋剂。布里卡尔夫人就是这样坚守着无比优雅的个人传统，简直是将我理想中的座右铭人格化了——我会坚守……"

克里斯汀·迪奥的回忆录中没有明确表明他妹妹和这三位为他工作的女性之间的联系；然而，在他建立时装屋的过程中，卡特琳娜无形地存在着。1946年2月，勒龙推出了一个极具突破性的时装系列，克里斯汀设计这个系列的时间为1945年冬天，当时卡特琳娜正与哥哥一起住在皇家街。这个时

克里斯汀·迪奥和米萨·布里卡尔一起挑选领带。威利·梅沃德摄。

机似乎很重要——卡特琳娜的安全回归，也许让克里斯汀相信自己能够掌控自己的未来。

当克里斯汀完全意识到自己具有作为一名时装设计师的雄心壮志时，他对美丽和女性气质的想象毫无疑问也包含了他的妹妹——他在这个世界上最爱的女人。认识卡特琳娜的人认为她是一位真正的女英雄，是战争期间法国抵抗运动中最优秀、最具有勇敢精神的典范，但她并不是哥哥的时尚缪斯，也永远不会成为众人瞩目的焦点。尽管她天性谦逊，具有非凡的冷静和判断力，但战争时期的痛苦经历还是令她陷入了长久的沉默寡言。她的脸上流露出内心忍受的悲伤和痛苦，身体上则留下了折磨和监禁的伤痕。但不久之后，卡特琳娜的名字将与"迪奥小姐"香水联系在一起，这款香水就诞生于迪奥时装品牌的创建之初。

1946 年，克里斯汀·迪奥周围的人都开始为他感到激动，甚至在他开设自己的时装屋之前，另一位来自格兰维尔的儿时朋友赛尔日·爱夫特尔-路易什（Serge Heftler-Louiche）就已经与他接触，打算一起成立一家香水公司。赛尔日在科蒂（Coty）香水公司担任董事多年，他向儿子的教父克里斯汀建议，他们应该一起做生意。最终，马塞尔·布萨克为他们提供资金成立了这家合资公司，赛尔日成为克里斯汀·迪奥香水公司的董事，并拥有 35% 的股份，布萨克拥有 40% 的股份，克里斯汀持有 25% 的股份。

克里斯汀直接参与了第一款香水的创作，他请一位名叫保罗·瓦彻（Paul Vacher）的专业"鼻子"，一位备受推崇的调香师，来制作"一款充满爱的香水"。瓦彻恰如其分地用普罗旺斯茉莉和玫瑰创作出了独特的配方，而这恰好是克里斯汀和卡特琳娜最珍爱的两种花。

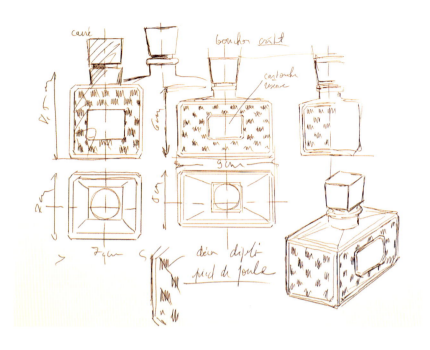

传说中，米萨·布里卡尔在香水的命名中起到了一定的作用。这个故事的来源是克里斯汀的另一位密友，《费加罗报》的时尚编辑爱丽丝·查瓦恩（Alice Chavane）。战争期间，当克里斯汀与卡特琳娜住在卡利安的时候，她委托克里斯汀担任该报的自由插画师。其关于迪奥小姐起源的手写记录保存在迪奥档案馆中。据爱丽丝说，当时克里斯汀正在考虑香水应该叫什么，卡特琳娜恰好走进房间。"布里卡尔夫人说：'天哪！瞧，迪奥小姐！'就在这样一个晚上，卡特琳娜从一个每天早上 4 点去旧市场区做买卖的花卉商人，成了藏在迪奥小姐幕后的缪斯。在这只小小的香水瓶中，装着铃兰芳息、盎然春意与爱。"

爱丽丝·查瓦恩的这段抒情描写（法语原文是 un petit flacon qui enferme le muguet, le printemps et l'amour）稍有一点诗意的夸张。毕竟，铃兰只是迪奥小姐配方中的一小部分，尽管克里斯汀认为这是他的幸运花，并将其缝在他所设计的时装婚纱的下摆上。

在关于迪奥小姐创造过程的传说中，米萨和卡特琳娜当时都在场，这一点很有趣。这两个对克里斯汀都至关重要的女性之间的强烈反差，是显而易见的。卡特琳娜比米萨年轻 17 岁，最显著的特质是她的正直、对自由的坚定追求和理想主义原则。当然，卡特琳娜同样很了解时尚，战前她曾在巴黎的一家时装商店工作，并且跟在哥哥身边耳濡目染。但本质上，她从花园里得到的灵感要比从时装沙龙中得到的多得多。米萨因收藏精美珠宝而闻名。卡特琳娜拥有的则是用勇气换来的勋章，至于饰品，她平时只戴着情人埃尔维的母亲送给她的一只珍贵手镯，手镯上刻有罗马数字，标明她被捕和出狱

左页图：迪奥小姐香水瓶的初版设计稿。

的日期。最重要的是，卡特琳娜总是被认识她的人形容为"可敬的"。这是一个永远不会被用来形容米萨的词。如果说迪奥小姐的花卉香调受到卡特琳娜的启发，并且象征着克里斯汀对妹妹温柔的爱而长久流传下来，那么一款可以代表米萨的香水，将会更黑暗、更感性。

米萨总是身披豹纹，就如同她总是身处谜团之中，好像有什么东西要隐藏。甚至她名字的拼写也不确定——只知道大致是 Mitza 或 Mitzah。事实上，她于 1900 年 11 月 12 日在巴黎出生，原名杰曼·路易丝·诺伊斯塔特（Germaine Louise Neustadt），出生证明上她父母的名字写作马克斯·诺伊斯塔特（Max Neustadt）和阿格妮丝·苏斯曼（Agnes Sussman）。米萨结过 3 次婚（令人困惑的是，她的婚前名字在巴黎市档案馆中的拼写再次不同：她的第一次和第二次婚姻记录分别在 1923 年和 1930 年，记录显示她当时姓 Neudstadtl）。她的第一任丈夫亚历山大·比亚努（Alexandre Bianu，又写作 Bianuo）是一名罗马尼亚银行家，1944 年至 1946 年在巴黎担任外交官。似乎没有人知道她第二任丈夫的身份，但档案显示，她第三次结婚是在 1941 年生日那天，新郎是一位名叫休伯特·布里卡尔（Hubert Bricard）的商人。在米萨的故事中，这位商人唯一的登场方式就是尽职尽责地提着一个手提包，里面装着她的晚礼服。

她最亲密的朋友都知道，她向他们描述的浪漫历史很可能都是建立在幻想上的。其中一位朋友简·阿布迪夫人（Lady Jane Abdy）在 1977 年 12 月米萨去世后写下了她的故事。她说："有时候，布里卡尔夫人会跟我谈起她的早年生活，我觉得其中不乏有神话的成分。正如安妮塔·罗斯（Anita Loos）评价另一位美人时所说的那样，她是'一个有着 50 年历史的女孩'，而且每次她开始回忆，都从没有保证过故事的真实性。"阿布迪夫人继续说道："她的父亲是维也纳人，母亲是英国人……她关于童年的记忆包括参观莫奈在吉维尼创作的睡莲花园……17岁时，她与俄罗斯王子纳里什金（Narishkine）有过一段赶时髦的童话式婚姻，但这段婚姻很快就结束了。这位前王妃很快就在巴黎最伟大的服装设计师雅克·杜塞特（Jacques Doucet）的时装屋里开始了自己真正的事业。"

杜塞特给了米萨一条值得终生铭记的建议："当一个男人想给你送花时，一定要对他说'我的花店是卡地亚'。"正是在他的工作室里，米萨认识到了只使用最优质材料的重要性，因为杜塞特本人就以其为包括演员莎拉·伯恩哈特（Sarah Bernhardt）在内的客户设计奢华礼服而闻名。但简·阿布迪也表示，米萨在加入杜塞特之前就有了创作奢华时装的野心。当她还是个孩子的时候，她就被带到隆尚（Longchamp）赛马场观看赛马比赛，在那里，她就深感"交际花的优雅气质……看起来像一群蕾丝蝴蝶"。

米萨的助手们对她精致的品位赞不绝口，而当她离开杜塞特，开始为莫利纽斯公司工作时，她的品位又在不断提高。但诋毁她的人认为她本人就是个交际花，品位庸俗，并非那么得体。在莫利纽斯工作的10年（1930年至1940年）中，她与年轻的皮埃尔·巴尔曼产生了交集，后者于1934年加入时装屋，担任助理设计师。在回忆录中，巴尔曼展现出对米萨的矛盾情绪，他将其描述为"B夫人"："她没交什么朋友，但她似乎很讨莫利纽斯喜欢。在工作室里，她会穿一件白色连体服，上面别着3颗镶着白金和钻石的大星星，露出她的黑色蕾丝内衣。她的腿很粗，但穿着精致的黑色长袜和高跟鞋。她的一只手上有被酸灼伤的痕迹……她让我胆寒，但也让我着迷。我可以想象她扮演一个中欧间谍的角色，或者是 1900 年统治着马克西姆餐厅的高级妓女。"

　　尽管高级时装界并没有非常在意米萨这种神秘中带有一点险恶的状态，但巴尔曼并不是唯一一个猜测她可能既是间谍又是妓女的人。20 世纪 30 年代，当贝蒂娜·巴拉德第一次遇到米萨时，她是莫利纽斯的助手。贝蒂娜写到，她当时是一个传奇人物，穿着一件紧身的黑色 V 领礼服坐在马克西姆餐厅，她著名的钻石星形别针让衣领更低了，头上垂下几条长长的黑色薄纱。战后，二人在克里斯汀·迪奥的皇家街公寓再次会面，现场还有克里斯汀·贝拉尔和玛丽·路易斯·布斯凯，贝蒂娜再次提到了布里卡尔夫人"马克西姆式的优雅"。换言之，她并不像迪奥后来经常交往的人那样"在社交上无可挑剔"，但尽管如此，她还是穿着相当漂亮。

　　很明显，在与贝蒂娜的谈话中，克里斯汀本人将米萨称为"助手"：他和贝蒂娜都没有使用"缪斯"一词，尽管后来人们经常这么称呼她。在他看来，布里卡尔夫人的价值观是"将优雅视为一种信仰，身心专注于感受时尚、思考时尚、沉浸于时尚之中。米萨这种人非常少见，因为她已经消除了生活中的所有其他兴趣"。她也非常容易让人感到恼怒。贝蒂娜观察到，她"性格倔强，性情暴躁，以自我为中心，哪怕非常简单的关系也很难维持，只痴迷于珠宝，甚至在一大清早浑身都珠光宝气"。然而，她代表了某种"纯纯的巴黎人，巴黎的本质……我记得有一次，她来到康涅狄格州吃午饭，戴着她口中的'美国国石'（蓝宝石），常年不离身的面纱遮住了眼睛，穿着迪奥最新款式的玫瑰图案山东府绸连衣裙，以及一双浅色鳄鱼皮高跟鞋。'为了这个国家。'她看着我露台上的石板，脚步明显地退回到了客厅熟悉的拼花地板上。阳光、泥土、石头、空气——这些都不属于米萨·布里卡尔的时尚生活"。

历史并没有将克里斯汀、卡特琳娜和米萨相互之间存在的差别联系起来；当然，除了都和克里斯汀本人关系密切，他的妹妹和助手似乎不太可能有任何共同之处。勒内·格鲁瓦认识这三个人（在战争期间，他在戛纳第一次见到克里斯汀和卡特琳娜），他在为迪奥小姐香水所作的插图中，创造了一系列动人的视觉景观，展现了他们之间奇特的气场。在 1984 年的一次采访中，格鲁瓦将米萨描述为"我见过的最优雅的女人……她自己的设计也很棒"。和米萨的其他崇拜者一样，格鲁瓦对她出身的真相也不确定。他说："我们没完没了地猜测她的国籍，但我们从未找到真相。"但大家都认为她是斯拉夫人。

1949 年，克里斯汀委托格鲁瓦为迪奥小姐制作了一系列广告，极简的视觉效果是如此经典永恒。其中第一张图上是一只戴着黑色大蝴蝶结的白天鹅，在它优美修长的脖子上佩戴着 3 串珍珠。"天鹅像一个年轻的女孩一样曲线优美，"格鲁瓦说，"它是白色的，像铃兰，克里斯汀最喜欢的花。它同时象征着优雅、清新和纯洁。蝴蝶结和珍珠项链是为了增加一点精致感。"

在我写作的时候，身边放着一幅格鲁瓦所创作《天鹅》的原始印刷品。当我再次看到它时，惊叹于作者笔触的细腻，然后闭上眼睛，想象米萨在工作，用珍珠和黑色蝴蝶结装饰卡特琳娜纤细的脖子。在我桌上打开的一本书中，印着第二幅插图，它描绘了一只洁白纤细的手放在豹爪之上。不需要标题，就会让人想起"美女与野兽"。关于布里卡尔夫人的一个典故是，她手腕上的伤疤——有时她会用豹纹围巾盖住——来自另一个女人愤怒的袭击，因为米萨勾引了她的丈夫。格鲁瓦的第三幅插图展示了一只戴着白手套的手拿着一把黑色的扇子。这把扇子大得出奇，占据了一半的页面，黑色的扇子似乎不太符合格鲁瓦标志性的明亮色调。"手套里藏着的那只手是谁的？"这幅画似乎在问。看不见的女人是那么难以捉摸、神秘莫测、引人入胜，就像迪奥小姐的香味一样，她的神秘感永远不会随着年龄的增长而消失。

勒内·格鲁瓦，《天鹅》，迪奥小姐插画，1949 年。

勒内·格鲁瓦，《折扇》，迪奥小姐插画，1949 年。

勒内·格鲁瓦，《手》，迪奥小姐插画，1949 年。

Bérard

新风貌

　　迪奥时装屋位于蒙田大道 30 号，面对雅典娜广场酒店（Hôtel Plaza Athénée）和香榭丽舍剧院，这两座场所均于 1913 年开业，吸引着时髦的游客来到这条绿树成荫的街道。克里斯汀早在 1945 年就很喜欢这座联排别墅，当时他和朋友皮埃尔·克勒路过这里，就为之吸引而驻足欣赏。皮埃尔回忆道："我向他指出了这座建筑整洁而紧凑的比例，恰到好处的优雅，而且一点都不夸张。"第二年，克里斯汀与马塞尔·布萨克结束谈判后，发现这座房子已经开售，立刻决定将其收为己有。这里的地理位置对巴黎人和外国游客来说都很方便，而这座建筑迷人的 19 世纪风貌也深深地吸引了他。只有一个问题：该房产直到 1946 年 12 月 16 日才可用，距离迪奥计划于 1947 年 2 月 12 日推出第一个系列仅有不到两个月。克里斯汀同意为吕西安·勒龙继续工作到 1946 年 12 月 1 日，这意味着他和他新组建的团队必须快速开展工作，以确保时装屋按时开业。

　　离开勒龙后，克里斯汀与皮埃尔·克勒和他的妻子卡门住在一起（她很快将被聘为蒙田大道迪奥精品店的经营者）。克勒夫妇在巴黎东南部枫丹白露森林的中部有一座乡村住宅，当时那里被雪覆盖着。正是在那里，在那个寒冷的隆冬季节，克里斯汀·迪奥生发起了一个浪漫的美丽愿景，这将使他

左页图：新风貌，1947 年，克里斯汀·贝拉尔插图。

成为传奇：那是一个属于春天的系列，灵感来自花冠，一组精致的花瓣组成的一朵花。正如他在回忆录中所写的："我们刚刚摆脱一个贫穷、节俭的时代，被定量配给券和服装购买券所束缚，我的创作自然应该应对这种想象力的匮乏……1946年12月，由于战争和穿着制服带来的影响，女性的外表和穿着仍然像亚马孙女战士那样。但我要为花朵般的女性设计衣服——圆润的肩膀，丰满的胸脯，在宽大夸张的裙摆之上，纤腰盈盈一握。"

12月9日，当克里斯汀正在为该系列最后设计定稿时，他收到了自己74岁的父亲去世的消息。他立即乘火车前往法国南部，与卡特琳娜一起参加在卡利安举行的葬礼。他们的兄弟姐妹雷蒙德和杰奎琳也出席了仪式，还有他们的家庭女教师玛斯·勒费弗尔，她一直照顾莫里斯·迪奥，直到他最后的时刻。（伯纳德自22岁开始就住进诺曼底的精神病院，直到1960年因死亡而获得解脱。）

克里斯汀在父亲去世一周后买下了他的第一间时装屋，这标志着他个人和职业生活都发生了重大转变。"我觉得自己好像是第二次成年了。"他写道，"我不再是任何人眼中的孩子，轮到我为后辈提供安慰和支持了。我不得不走出家庭小圈子的温暖和亲密，欢迎那个令人生畏的陌生人——服装设计师克里斯汀·迪奥的到来。"这个想法，后来成为他那本回忆录的基本主题，书名《克里斯汀·迪奥与我》（ Christian Dior et moi ）也是由此而来。这表明有两个克里斯汀·迪奥：一个是害羞的个人；另一个是伟大的服装设计师，居住在以他名字命名的时装屋之中。

右页图：蒙田大道30号外立面，1947年，克里斯汀·贝拉尔插图。

260

Hommage
a Cheiston
Dior

René 47

这家时装屋里，充满了克里斯汀对"美好年代"与童年的怀念，那时战争还没有爆发，灾难也还没有降临在克里斯汀的家中。他的团队包括两位来自格兰维尔的老朋友苏珊·吕玲和赛尔日·爱夫特尔 - 路易什，他们曾帮助他尝试解救被驱逐出境的卡特琳娜。赛尔日的职责是发布和运营迪奥香水线，苏珊则负责时装的销售和宣传。克里斯汀委托另一位朋友维克多·格朗皮埃尔负责时装屋的装修。尽管克里斯汀告诉马塞尔·布萨克，他最大的抱负是让自己的品牌看起来很"新"，但他似乎更愿意回顾自己的过去。在回忆录中，他谈到自己希望重现记忆中父母在巴黎的第一套公寓的风格，虽然这套公寓"已经完全过时了。这种路易十六风格的装饰，在 1900 年到 1914年间风靡一时……白色护壁板、白色瓷釉家具、灰色帷幔、带方形玻璃窗格的房门和带小灯罩的青铜壁灯……我觉得这将是展示我们时装系列的理想背景……我下定决心，我的装修风格不应仅仅是精致的装饰"。

20 世纪 40 年代初的维希时代，格朗皮埃尔和迪奥在戛纳相遇。他们有着相似的艺术感受力和对传统的尊重。事实上，格朗皮埃尔出生在"美好年代"的巴黎。他的父亲是一位受人尊敬的建筑师，曾受到委托为名媛黛西·法罗（Daisy Fellowes）的姑姑温纳雷塔·辛格（Winnaretta Singer）建造一座新古典主义联排别墅。作为一名才华横溢的年轻摄影师，格朗皮埃尔则为黛西拍了一幅讨人喜欢的肖像。解放后，格朗皮埃尔与戴安娜·库珀女士成为朋友，并与达夫·库珀的情妇路易丝·德·维尔莫林合作，将自己的摄影作品与她的诗歌结合在一起。

有人可能会以为，克里斯汀会找他更知名的朋友，比如乔治·杰弗里来装饰房子。战前，杰弗里为罗贝尔·比盖的时装屋设计私人沙龙，证明了自己的才华。1944 年，他受时装设计师马塞尔·罗切斯和海伦娜夫妇的委托，设计了他们在巴黎的家。不久前，他帮助达夫·库珀为英国大使馆创建了一个漂亮的新图书馆。但克里斯汀选择维克多·格朗皮埃尔是非常慎重的，正如他在回忆录中所解释的那样："我在这一行朋友很多，可他们要么太理想主义，要么太坚持自己的想法，不会听我的。其实我想要的并非真正的路易十六风格——我想要的是1910年流行的那种路易十六风格，他们中的大多数人肯定认为这是个愚蠢的想法。"格朗皮埃尔却能理解他所追求的效果："在共同追求寻回儿时天堂这一点上，我们惊人地一致。他创建出了我梦想中的'艾勒风格'（Helleu）时装沙龙，色调是白色和珍珠灰，装饰有水晶枝形吊灯，看起来很'巴黎'……"

今天走进蒙田大道30号，就是走进克里斯汀·迪奥的梦幻世界：穿过气势恢宏的前门，穿过石灰岩大厅，登上中央环形楼梯的宽阔台阶，墙壁仍然被漆成他自己制作的独特珍珠灰，迪奥小姐的花香调飘荡在空气中，正如时装屋当年第一次开门时那般。就像在每家时装屋一样，这里有些更加私密的地方，尤其是顶层的工坊，那里的"小手"们（petites mains）正在进行复杂的手工制作，手工缝制精美的作品。还有一间今天已不再使用的更衣室，曾经是模特们准备在时装秀上登场的地方，当年的时装秀就在走廊对面挑高屋顶的沙龙中举行。我曾溜进过这个房间，想象着那里曾经的景象：挤满了模特和服装，克里斯汀·迪奥直到发布前最后一刻还在亲手调整时装，然后让模特们穿着他的最新设计隆重登场。小屋里的挂钟已经停了下来，然而时间在这里并没有静止。相反，它似乎在这里盘旋着，被曾经在这些墙内摇曳的美丽女孩的幽灵轻轻地搅动。

上图：克里斯汀·迪奥站在巴黎时装屋的更衣室里，展示他的新系列。卢米斯·迪恩（Loomis Dean）摄。

右页图：迪奥时装秀后台，更衣室立面图。设计师站在左边，人们为模特递下一件礼服。卢米斯·迪恩摄。

今天，我被赋予了一个独特的特权：在位于迪奥时装屋中心位置的私人沙龙里，在他本人的办公桌上写作。在我手边，有一幅装在镀金画框中的照片，这是一张黑白照片，照片中有一个身穿水手服的小男孩，他站在格兰维尔花园里的草坪上，一只手放在口袋里，头发梳得整整齐齐。他的目光天真无邪，直视着镜头。这间沙龙是日后这个男孩最终成名的地方，那时他已经42岁了。克里斯汀·迪奥就是在这里，在巴黎最优雅的圣殿里，在忠实团队的簇拥下，投身于他的时装创作，而他的客户就坐在那里，观看每一场精彩的时装展示。现在是2月的一个工作日的安静下午，昨天的时装秀结束后，这里显得很平静。这场时装秀展示的是由迪奥品牌历史上第一位女性创意总监玛丽亚·嘉茜娅·蔻丽（Maria Grazia Chiuri）带来的一系列精彩作品，她将姐妹情谊和女性主义置于她鼓舞人心的设计师工作的最前沿。

一切都安静下来了，但我正试图想象很久以前，1947年2月12日上午10点30分，房间里挤满了宾客，他们聚集在一起，怀着激动的心情，见证克里斯汀·迪奥的首场发布会。

装修工人们整夜都在工作，当克里斯汀在清晨到来时，他们还在用钉子钉牢天鹅绒地毯。"正如占卜师德拉哈耶夫人所预测的，"他回忆道，"最后一锤子敲好之际，正是第一位宾客入场之时。"走廊里挂着迪奥首次亮相当天拍摄的照片，连楼梯间都挤满了旁观者和来道贺的人。大型沙龙里摆满了镀金椅子，每把椅子上都有一张名片，展现出业界严格的等级制度，这也是当今时尚界仍然遵循的规则。

戴安娜·库珀女士出席了第一场秀，让·谷克多、乔治·杰弗里和克里斯汀·贝拉尔也是如此。《哈泼芭莎》的编辑卡梅尔·斯诺坐在黄金位置的

克里斯汀·迪奥在绘画，1948 年。
威利·梅沃德摄。

镀金椅子上，由她的忠实下属玛丽·路易斯·布斯凯陪同。贝蒂娜·巴拉德在她的回忆录中说，外面的街道上聚集了一群期待的人，人群中充满了一种"电流般的紧张感"，而这是她在为 *Vogue* 工作的岁月中从未经历过的。"第一个女孩走了出来，步伐很快，以一种'挑衅性'的姿态切换着动作，在拥挤的房间里旋转着，褶裥裙摆飞速地掠过烟灰缸，每个人都不由自主地挪到了座椅的边缘，希望不要错过这一重大时刻的每一个细节……我们看了一场精彩的戏剧性表演，这是我们以前从未在任何时装屋看过的。我们见证了一场时尚的革命，也见证了一场时装秀的革命。"

时任《哈泼芭莎》英国版时尚编辑的欧内斯汀·卡特（Ernestine Carter）随后将这次时装秀描述为她漫长而杰出的职业生涯中最值得纪念的一场："模特们骄傲地摆动着她们宽大的裙子（其中一条用了 80 码的面料）、柔软的裙摆、紧身胸衣、纤细的腰身，以及带有长过下巴的面纱小帽子。对于身穿着锐利肩线（夏帕瑞丽留下的风格）、轻薄面料的西装的我们来说，这种柔软而圆润的全新风格是如此诱人。在沙龙的四周，你都可以看到英国人在使劲拽着她们的裙子下摆，试图让它们遮住膝盖。"

每个模特都在沙龙里疾步而过，然后回到小屋，向焦急的设计师汇报。迪奥下令整个沙龙都要笼罩在花香之中，屋里摆满带有铃兰的鲜花花环，到处喷洒着迪奥小姐香水，这款香水要到那年晚些时候才会上市，但配方已经确定。而这款香水命名的原型卡特琳娜，同样静静地坐在观众席上。1983 年，她在一次罕见的采访中对美国历史学家斯坦利·加芬克尔（Stanley Garfinkel）说："这真是令人欣喜若狂。每个人都对这场胜利感到有点惊讶，而这是法国时尚和艺术的胜利。"

她的哥哥自己似乎比任何人都感到惊讶，整个演讲过程中掌声愈发热烈，到了最后一幕，全体起立鼓掌。他在回忆录中写道："我捂住耳朵，害怕早早就膨胀起来，但战场上传来的一张张简报证明，我的队伍……已经取得了胜利。"克里斯汀被带进沙龙鞠躬致意，周围是一群骚动的朋友和崇拜者，所有人都立即向他表示祝贺。就在那时，卡梅尔·斯诺想出了一句话来定义迪奥："亲爱的克里斯汀，这是一场革命。你的设计带来了一场'新风貌'。"

贝蒂娜·巴拉德回忆道："秀场结束后，我们中的一些人留下来试穿了这些不同寻常的新衣服，每个人都兴奋得有点醉意。贝拉尔在他那只永远脏兮兮的小白狗脑袋上戴了一顶小小的侧斜帽子；乔治·杰弗里则发表了普鲁斯特式的演讲，讨论设计理论和迪奥的天才之处。每个人都坚持要我立即订购一件名为'1947'的礼服，当我回到纽约时，这件礼服让我短暂地出了会儿名。甚至出租车司机也问我：这是'新风貌'吗？这个说法很快就成了我们日常词汇的一部分。"然而，在他取得最大成功的那一刻，当他的朋友们在时装秀结束后在沙龙庆功时，贝蒂娜注意到克里斯汀·迪奥本人是如何离开人群的，"带着自嘲的、略带悲伤的微笑……"

我想知道人群中的卡特琳娜在做什么。但没有书面记录可以证明她在场，也没有留存的照片记录下她脸上的表情。卡特琳娜是迪奥家族中唯一一位见证克里斯汀成功的成员。尽管对母亲的记忆可能是迪奥小姐香水一个隐藏的灵感来源，而她的裙子沙沙作响的声音也在"新风貌"系列的丝绸面料中回荡。最著名的时尚观察家之一塞西尔·比顿（Cecil Beaton）认为迪奥"在一段阴郁的因战争造成的休克之后"，创造了一种令人振奋的愉悦感，但他也感受到了这位服装设计师对过去的敬意："品味无可挑剔，对文明高度敏感，尊重传统，偏爱被遗忘的事物，迪奥就这样创造了一种灿烂的怀旧之情。"

　　在克里斯汀的桌子上，仍然放着一张母亲玛德莱娜·迪奥的深褐色照片，我在写下这些话的时候瞥了一眼。照片上，她穿着一件刺绣精细的高领连衣裙，系着紧身胸衣，黑色的头发向后梳成了一个发髻，这是"美好年代"典型的精致风格。在 20 世纪初，这也许也算是当时的一种新风貌。当然，这张照片也许预示了她儿子后来对女性美的一贯看法。这幅肖像上，呈现出一位面容憔悴的女子，她的脸略微偏离镜头，嘴唇抿得有点紧，似乎很不高兴。看着这张照片，我想起了卡特琳娜在玛德莱娜·迪奥去世半个多世纪后提供的一些关于她母亲的线索。"我的母亲是一位非常优雅的女性，她对我哥哥的事业有着巨大的影响，"她告诉加芬克尔，"从某种意义上说，我哥哥对女性服装的兴趣要感谢我的母亲……她是一个迷人的女人，喜欢款待客人和盛装打扮，我哥哥在很小的时候，就开始对她穿的礼服感兴趣。当他长大一点的时候，他会陪她去皇家街上的罗辛·佩罗特裁缝店……他们喜欢谈论时尚，喜欢讨论艺术问题。我哥哥很爱我们的母亲，他们有很多共同点。"卡特琳娜也曾接受克里斯汀的传记作家玛丽-法兰西·波希纳的采访，她在采访中提到了笼罩着他们整个童年时期的"母系统治"："我母亲对男孩很严厉，对女孩更是如此。"波希纳认为，玛德莱娜·迪奥这个遥远却令人难忘的人物，才是她儿子的缪斯女神。在他所设计出的每一条褶皱、每一寸布料里，都飘荡着一个母性的魂魄，以表达他对逝去时光的渴望。她既是他的批评者，也是他的灵感来源。

　　在迪奥的第一场时装秀前夕，他提到了以他名字命名的时装屋，以保守的黑色字母作为标志（就像今天一样）镂刻在时装屋的门头上。他坦言：

迪奥"新风貌"的第一批草图，1947年。山姆（Sam）插图。

"如果母亲还活着，我就永远不敢这样。"他的这番话，是默认母亲会否定他的职业生涯，因为她曾明确表示不希望他做生意。因为尽管最初的迪奥化肥公司也有着这个家族姓氏，但克里斯汀的母亲却禁止他在最初的商业冒险中，也就是 1928 年在巴黎与他人共同创建前卫艺术画廊时使用这个姓氏。那么，他还在试图用自己在蒙田大道创立的时装屋取悦她吗？尽管迪奥曾以画廊主的身份展示着前卫艺术，但在他时装屋的私人沙龙中，却鲜少见到这种现代主义艺术的痕迹。蒙田大道的上方，高高的窗户之间挂着优雅的雷诺阿，克里斯汀·贝拉尔迷人的素描装饰着其他墙壁。我数了数，沙龙四周点缀着 11 只陶瓷天鹅——生动呼应着迪奥小姐的插画。木镶板漆成柔和的灰色，天花板边缘雕刻着旋曲的纹样、小天使以及古典女神作为装饰，门框上则装点着枝繁叶茂的卷须。

如果这个房间里有幽灵，也许他们已经在高悬于迪奥先生办公桌上方的镜子的映照下，撤离了此地。这面银色的镜子放得太高了，无法映照出我写这篇文章时的脸，但透过它，却可以用另外一个角度来观察这间沙龙。这面镜子本身，也被映照在对面那堵墙大理石壁炉上方的第二面镜子中。镜像之间相互反射，形成平行空间。悬挂在两面镜子之间的水晶吊灯闪烁着无限的光芒。如果我闭上眼睛，只要几秒钟，就能想象陶瓷天鹅开始飞翔。它们在沉重的家具上飞起来，离开了它们的栖息地，在我够不着的地方，消失在镜子中。

克里斯汀·迪奥似乎也注意到了它们。不是第一张照片中的小男孩，也不是桌上另一张照片中的严肃少年，而是第三张照片中的年轻人。他和一个不知名的年轻女子在一起：尽管她的脸被阴影所遮蔽，但我愿意相信那是卡

右页图：模特们在高级定制沙龙里身穿迪奥的最新设计，1957 年。
卢米斯·迪恩摄。

274

特琳娜。她的眼睛低垂着，远离镜头。她的嘴角挂着微笑，他也在微笑。他又看了我一眼，似乎被逗笑了，眼神中也带着一丝鼓励。

"继续吧"，他似乎在说，"跟着天鹅，找到它们，你就可能找到我们。"但随着一个身穿黑色制服的保安自言自语地走进房间，他就消失了。

在迪奥的首场时装秀中，无论是时装的设计还是时装屋的陈设都尽显奢华，鉴于整个欧洲仍然实行着配给制，而异常严酷的冬季天气又让生活更加艰难和痛苦，这场秀的影响力就显得更加非凡。正如克里斯汀本人在谈到给城市风貌留下伤痕的弹孔时所说："巴黎仍然没有忘记这场战争。墙上的伤口还在。"这或许可以解释巴黎一些地区和其他地方对这种奢侈的"新风貌"所表达的愤怒。迪奥在蒙马特的勒皮克街的市场上拍摄时装大片时，发生了一起影响不佳的事件：一名模特的服装被几个愤怒的女性撕碎，这些女性仍在忍受战后节俭的困苦，看到街上有人如此挥霍无度而感到愤怒。1947年10月，沃尔特·卡隆（Walter Carone）拍摄的现场照片出现在《巴黎竞赛画报》（*Paris Match*）中。这些照片带有一种自发的戏剧感，因此有人猜测，街头上演的这一幕其实是一个巧妙的宣传噱头。

作家南希·米特福德（Nancy Mitford）战后搬到巴黎，从一开始就是迪奥的狂热崇拜者。2月份，她从新系列中订购了一套"雏菊"（Daisy）套装，并在信件中开玩笑地提到在巴黎街头被看到身穿迪奥时装颇有风险。1947年10月29日，南希在给姐姐戴安娜·莫斯利（Diana Mosley）的一封信中描述了她穿着新时装时的一次遭遇："一个陌生的女人问我能不能允许她问个问题：这是迪奥的时装吗？当时我在我常去的一家小酒馆，当然大家都知道迪奥的价格。所以我编造了一个小故事，讲的是我在整个战争期间如何省吃俭用，买下了这件新外套。但我知道我的命运很快就会像蒙马特的勒皮克街上的优雅时装一样。"

在 1947 年 12 月的严寒中，米特福德写信给她的朋友爱德华·萨克维尔·韦斯特（Edward Sackville West），问道："你听说过'新风貌'吗？提高臀线，把腰收紧，裙摆一直拖到脚踝处——这真是太美好了。你会觉得自己像格雷弗尔夫人（伊丽莎白·格雷弗尔伯爵夫人，一位著名的巴黎美女）一样浪漫，而人们却会在货车上对你大喊大叫，因为出于某种原因，它会以一种奢华皮草所不具备的方式创造出阶级感。"

在伦敦，贸易委员会（Board of Trade）主席斯塔福德·克里普斯爵士（Sir Stafford Cripps）谴责迪奥时装在纺织品配给时代是一种不可原谅的材料浪费。欧内斯汀·卡特被召唤到贸易委员会与其他几位英国时尚记者举行了一次会议，会上记者们被明确告知："迪奥的'新风貌'是魔鬼的杰作……斯塔福德爵士敲了敲桌子，哼了一声：'应该有法律管管。'"

然而，卡特认识到，再多的反对也无法抵消"新风貌"广泛而持久的吸引力："高个子女性、矮个子女性、年长女性、年轻女性，'新风貌'适合所有人。"迪奥第一个系列的纯粹之美也吸引了一位美国驻巴黎外交官的妻子，28 岁的苏珊·玛丽·帕顿（Susan Mary Patten）。1947 年 2 月 23 日，她在给朋友玛丽埃塔·特雷（Marietta Tree）的信中说："我们得救了，时装又回来了。里面的胸衣做得很好，甚至不需要穿内衣，上半身的剪裁使胸围和腰围尽可能纤细，然后是裙撑的衬裙，加固过，达到了……迪奥先生想要

衬托出纤细腰身的芭蕾舞裙效果。"

南希·米特福德一直坚定地支持这些讨人喜欢的廓形。1947 年 9 月 4 日，她向妹妹戴安娜汇报："昨天我在迪奥时装屋站了两个小时，他们用大量的棉球改变我的体形，然后在上面做了一件外套。我看上去和玛丽王后一模一样——想想有多热！阿德（Adelaide Stanley，米特福德一家的堂兄）说，所有的英国报纸都在报道这些长裙并嗤之以鼻。他们可能会这样做吧，但我现在能想到的全都是可以穿长度超过膝盖的衬裤了。现在我快 50 岁了，我决定选择一种风格并坚持下去，我选择迪奥目前的系列。在我看来，这就是完美……"

然而在迷人的女性气质之外，"新风貌"本质上如同一件复杂的雕塑作品，包括结实的紧身胸衣、丰富的填充物和坚硬的细麻布衬里。正如迪奥本人所解释的那样："只有通过精细的工艺才能获得空灵的外观。为了满足我对建筑和线条设计的热爱，我想采用与当时使用的方法完全不同的技术来设计我的衣服——我想把它们建造得像建筑物一样。"

30 多年前，可可·香奈儿以流畅的设计把女性从紧身胸衣中解放出来，并给女人们设计了裤子，难怪她对迪奥的这种新造型感到愤怒。"迪奥不是给女人做造型，"她宣称，"而是给她们做装修。"一个女人不能穿着迪奥礼服骑自行车或是冲向办公室，他首个系列中标志性的迪奥套装（Bar Jacket）与香奈儿标志性的柔软宽松开襟羊毛衫形成鲜明对比。

1946 年冬天，皮尔·卡丹（Pierre Cardin）来到迪奥做裁缝，2019 年我

左页图：带来"新风貌"的迪奥套装。威利·梅沃德摄。

在他巴黎的家中采访他时，他仍然记得那件迪奥套装的精巧。时年 97 岁的卡丹给那件象牙色的山东府绸夹克绘制了几幅速写，特别突出了纤细的腰围，并描述了如何收紧腰身，让已经很纤细的模特身型达到所需要的效果。当这件原版夹克在他的笔下再次浮现在眼前，卡丹屏住呼吸，瞥了我一眼。"那女孩不得不屏住呼吸。"他说，"就像这样。即使是最瘦的女孩，也不得不为那件迪奥套装屏住呼吸。"

1996 年，作家弗朗辛·杜普莱塞克斯·格雷（Francine du Plessix Gray）为《纽约客》写了一篇文章，纪念迪奥时装屋成立 50 周年。1940 年，她的外交官父亲在所乘坐的飞机被击落后身亡。她的继父亚历山大·利伯曼（Alexander Liberman）是 *Vogue* 美国版的艺术总监，也是克里斯汀·迪奥的朋友。也许正是这段家族历史让格雷乐于接受"新风貌"的细微之处。1947 年时她才 17 岁，时至今日，当她审视迪奥第一个时装系列中一件名为"亲爱的"（Chérie）的海军蓝塔夫绸鸡尾酒礼服时，她当年的记忆再次被唤醒。这件礼服现今保存在纽约大都会博物馆的服装学院。格雷欣赏这种颜色——"能想象到的最空灵的蓝色，只比雄鸡脖子上的彩虹色羽毛暗一点点"，以及"精巧的工艺"，一条 20 英寸腰围、使用了近 14 码布料的裙子，呈倒马提尼杯形徐徐展开。然而，她承认自己"充满了矛盾情绪，混杂着回忆的愉悦和严厉的自责。我质疑的与其说是这件衣服的复古风情，不如说是我们这一代人过去的集体自我意识……我们热衷于迪奥风格。她们呼喊着给自己绑上'亲爱的'这类服装要求的紧窄腰带。我们背叛了近 50 年来逐渐解放女性身体的时尚"。

回顾过去，"新风貌"出现的时机可能看起来有些反常。格雷认为这个名字是"服饰史上最愚蠢的用词不当"。法国女性最终在 1945 年的选举中获得了投票权，而可可·香奈儿也并不是唯一一个认为迪奥的设计逆反历史的人。黛安娜·弗里兰欣赏"新风貌"的浪漫，并在《哈泼芭莎》的页面上为其进行了宣传，但她个人不愿意把自己塞进紧身胸衣来穿上迪奥早期的系列时装。1977 年，她终于向一家杂志社承认："噢，我自己都受不了（这些衣服）。所有的走线和……束缚。"

1947 年秋，当这些衣服的创造者第一次访问美国（应邀前往达拉斯领取著名的尼曼·马库斯奖）时，这位举止温和的服装设计师同时面对着抗议和奉承。他将示威者描述为"挥舞着标语牌的妇女参政权主义的家庭主妇，牌子上面写着'打倒新风貌''烧死迪奥先生''克里斯汀·迪奥，滚回去'"。这迅速成为头条新闻。例如，《新闻周刊》（*Newsweek*）引用了一位女士的话说："长裙很危险。以这个时代的速度，你穿长裙甚至连有轨电车都追不上。而且你怎么开汽车？"

到目前为止，迪奥已经出名了，他精明地意识到这场辩论对商业有好处。他在纽约给梅森百货公司总经理雅克·鲁伊特（Jacques Rouet）的信中写道："关于'新风貌'的争论甚嚣尘上，这是极好的宣传。我认为我们的名字从未像现在这样广为人知。"

迪奥的直觉被证明是正确的，正如他在商业上取得的巨大成功。整个欧洲和美国都在匆忙拥抱"新风貌"，香奈儿的设计所代表的服装解放在此间迷失了方向。弗朗辛·杜普莱塞克斯·格雷写道："这让时光倒流到了极具限制且华而不实的"美好年代"，并引发了令人担忧的女性回归倾向——女性是被动的性对象，是男性财富和地位的展示者。女性需要在他人帮助下上出租车，她们出门旅行时需要巨大的行李箱才能装下华美的衣服，还需要女佣帮助她们穿衣。"

格雷还将迪奥的愿望置于历史背景中，即将法国时尚带回"极尽奢华的传统"之中："1947 年的奢华既是一种驱魔形式，也是一种经济上的需求，以此消除第二次世界大战强加给西方的贫困和限制。这是一次雄心勃勃的尝试，旨在恢复法国作为西方时尚之都的数百年历史……此外，如果时装设计师像诗人一样，表达同时代人潜意识里的渴望，那么鉴于法国在战时尴尬的合作主义历史，怀念一个遥远的时代可能更加安全——'美好年代'无罪的享乐主义，是一个理想的安抚选择。"

格雷的分析在今天引起了共鸣。然而，不知何故，克里斯汀·迪奥的天赋仍然抗拒这种审视或解构。有人可能会争辩说，他所设计的时装的建筑气质代表着保护，而不是限制，或者说衬垫和层叠可以被解释为抵御攻击的盔甲，而不是令女性顺从的手段。即使迪奥的第一个系列中包括笨重的晚礼服，但在蒙田大道上穿着晚礼服的模特们在沙龙里穿梭时，展现出的却是解放后年轻女性的优雅和自信。

和往常一样，迪奥自己也对"新风貌"为何大获成功做了一个经过思考的总结。他在回忆录中写道："黄金时代似乎又来了，战争已经远去，没有其他的战争了。我那些奢华的面料、厚重的天鹅绒和沉甸甸的锦缎又有什么关系？当内心轻盈的时候，织物的重量不会让你的身体笨重……这一切都发生在优雅的 1947 年。1937 年，人们就佩戴着夏帕瑞丽的羽饰品和缎花头饰，在一座即将喷发的火山顶上跳舞。十年后，人们则穿上'新风貌'，在一座熄灭的——希望是永久熄灭的——火山上翩翩起舞……克里斯汀·迪奥时装屋从这一波乐观主义浪潮和文明世界幸福理想的回归中获益匪浅。我坚持用'幸福'这个词……因为女人们本能地明白，我的梦想是让她们不仅更加美丽，而且更加幸福。"

所有被告胸前都佩戴着一块黑色牌子，上面写着白色数字。"由于这个数字有时会被被告席的护栏遮住，所以他们被要求举起牌子，他们每个人都不以为意地拉紧脖子上的绳子，没有意识到他们这一动作的可怕象征意义。"

随后举行的听证会，是在汉堡进行的 7 场关于拉文斯布吕克纳粹人员的审判中的第一场。最后一场则于 1948 年 7 月举行。总共有 38 名被告人，其中 21 名是女性。考虑到拉文斯布吕克长达 6 年的集中营历史中，有大量工作人员曾在那里工作，这些审判必然极具代表性，甚至具有象征性。据估计，有 3500 名被称为"主管人员"（Aufseherinnen）的女警卫曾被派驻营地，其中许多人在经过培训后又被派往其他营地。其中大多数人从未面临过法律制裁，她们的男性同行也没有。第一营地指挥官马克斯·科格尔在战争结束时失踪，直到 1946 年 6 月 26 日才被捕。第二天，他就在牢房里自杀了。1945 年 4 月底，苏联军队逼近时，科格尔的继任者弗里茨·苏伦逃离了营地。他带着奥黛特·桑索姆一起开车前往一个美军基地，希望她的在场可以救他一命。苏伦被指控犯有战争罪，并将与他的下属一起在汉堡受审，但他在第一次审判开始前几天不知怎么就逃出了监狱。汉斯·普夫劳姆曾负责拉文斯布吕克的奴隶劳动系统，他与苏伦同时逃走。在巴登巴登附近的拉斯塔特举行的法国军事审判后，这两名男子最终于 1949 年被捕，并于 1950 年被处决。

奥黛特·桑索姆在汉堡的第一次听证会中出庭作证，检方还出示了法国护士维奥莱特·莱科克的素描。维奥莱特和她的朋友路易丝·勒·波茨医生在营地目睹了大量恐怖事件，因此被传为证人，并详细描述了医院大楼医务人员的残忍行为。

1947 年 2 月 4 日拉文斯布吕克纳粹人员审判后，卡门·莫里被判处死刑。

另一名拉文斯布吕克幸存者杰曼·提里昂作为法国被驱逐者的代表出席了审判。她后来指出，在集中营的"非正常世界"中犯下的罪行，对那些没有经历过的人来说是无法理解的，包括参与法律诉讼的法官和律师。因为当杰曼盯着被告席上的被告人时，她也被他们明显的不以为意所震惊。多萝西娅·宾兹因其凶残行为在整个集中营令人胆寒，接受审判时她只有 26 岁，一头金发与她担任警卫时一样整齐。她的党卫军前同事看起来也同样受人尊敬。"他们在那里，"杰曼回忆道，"穿着得体，打扮得体，擦洗得体，举止得体。医生、印刷工、护士、中层工人。没有犯罪记录，正常的教育，正常的童年……都是普通人。"

杰曼·提里昂参加了每一场审判，一直到 1947 年 2 月 3 日。对虐待和杀害关押在拉文斯布吕克的盟军囚犯的指控，16 名被告人均不认罪。所有人都被判有罪（其中一名医生名叫阿道夫·温克尔曼，在宣判前两天死于心脏病发作）。杰曼写道："法庭几乎空无一人，在一片寂静中，我面对着他们，静静地看着他们，内心充满了痛苦和悲伤，这些曾经犯下如此之多罪行的生物，现在离我只有几步远，他们必须对成千上万桩在手无寸铁的女性身上犯下的谋杀负责。"这一经历加深了她的看法，那就是这场苦难的规模是如此之庞大，既无法确保为受害者主持正义，也无法解释为什么肇事者的行为如此残忍。"我非常清楚，我个人所知道的一切几乎没有触及他们罪行的表面，任何人、任何法律诉讼或任何历史研究都无法给出完整的解释。而他们，最知情的、唯一知道整个故事的人，已经忘记了其中的一部分……我意识到，在真实发生的事情与被称为'历史'的不精确表述之间，差距越来越大。"

在 15 名还活着的被告人中，包括多萝西娅·宾兹在内的 11 人被判处绞刑。珀西·特里特和卡门·莫里于 1947 年 4 月在被处决前自杀。其余的人被判入狱。其中一个是 1933 年加入党卫军的牙医马丁·海林格（Martin Hellinger），他在拉文斯布吕克的主要职责是从生者和死者身上拔出金牙，因此他参与了 1945 年 1 月英国特别行动处特工维奥莱特·萨博、丹尼斯·布洛赫和莉莲·罗尔夫的枪决。海林格被判处 15 年监禁，但他于 1955 年 5 月获释，并在德国政府拨款的帮助下，重新建立了自己的牙科诊所。

1947 年 2 月 4 日对拉文斯布吕克被告人的判决被一名来自百代电影公司（Pathé）的英国摄影师拍摄下来。没有声音，但无声的黑白画面显得那么陌生而有说服力。每名被告人都被分别押送到法院的被告席，脖子上戴着自己的号码，除了两名身穿皮衣的女性：被蒂克尔形容为有种"懒散的肉欲"的德国护士维拉·萨尔维卡特（Vera Salvequart），以及身穿华丽狐皮夹克的卡门·莫里。莫里是唯一一个在被判处死刑时看起来不冷漠的人。她以明显的漫不经心审视法庭，并做作地画十字。后来莫里用藏在鞋内的剃刀割腕，警卫发现她的尸体时，周围放着几十件衣服，包括她标志性的红狐皮草，就像一名女演员在最后一幕后丢弃的服装。

如果说拉文斯布吕克纳粹分子审判是对惨遭屠戮的人伸张正义的一种表现，那么它也反映了将纳粹罪犯绳之以法所面临的广泛挑战。希特勒、戈培尔和希姆莱在受审前自杀，尽管赫尔曼·戈林在战后最重要的审判中被判有罪，但他也自杀了，而不是接受死刑判决。戈林作为第三帝国 24 名主要人物之一，曾在纽伦堡国际军事法庭受审。这是纽伦堡审判中最早也是最著名的一次，于 1945 年 11 月 20 日至 1946 年 10 月 1 日在该市司法宫举行。

盟国达成一致，为这些诉讼提供合作。因此，在场的有来自英国、美国、苏联和法国的法官和检察官。其中 3 名被告人没有出庭：希特勒的私人秘书马丁·鲍曼（Martin Bormann）在战争结束时失踪，缺席审判并被判处死刑；纳粹政治家罗伯特·莱伊（Robert Ley）在审判开始前在监狱中自杀；而资深工业家古斯塔夫·克虏伯（Gustav Krupp）则因为健康状态被判不适合出庭受审，并于 1950 年在家中去世。在这起案件中，3 名被告人被判无罪，12 名被告人被判处死刑，其余被告人被判处不同刑期。

与随后的一系列战争罪审判一样，国际军事法庭不仅是为了起诉个体被告，同时也是为了彰显纳粹暴行的可怕程度。正如美国首席法律顾问罗伯特·杰克逊（Robert Jackson）在纽伦堡第一次审判的开幕词中所宣布的那样："我们试图谴责和惩罚的，是一系列精心策划的、极其恶毒和具有毁灭性的罪行，我们的文明无法容忍这些罪行被人们忽视，因为这些罪行无论如何都不可以再重演了。"

控方的关键是玛丽-克劳德·维兰特-库图里埃（Marie-Claude Vaillant-Couturier）的证词，她于 1946 年 1 月 28 日出庭作证。她是奥斯威辛集中营和拉文斯布吕克集中营的幸存者。同时，作为一名摄影记者和法国抵抗运动成员，她也是 1933 年第一批报道达豪集中营的人之一。她对集中营的描述骇人听闻。玛丽-克劳德的陈述凝重而清晰，她向法庭提供了毒气室、奴隶劳动、医疗实验、强迫绝育、晚期堕胎、饥饿、流行病以及党卫军长期施虐的准确细节。然而，在证词结束时，她告诉法庭："很难向任何人传达关于集中营的确切情形，除非有人自己去过集中营，因为转述只能尽力举一些可怕的例子……但如果被问及最糟糕的是什么，却不可能给出答案，因为那里的一切都惨无人道。饿死、渴死、生病，看到身边所有的同伴都死去，却无法帮助他们，真是太残忍了……有时我们会问，我们的生活到底是不是一场活生生的噩梦，因为这种生活被裹挟在恐惧之中，显得如此虚幻……数月来，数年来，我们只有一个愿望：希望我们中的一些人能够活着逃跑，这样就能告诉世界，各地的纳粹监狱到底是什么样的，无论是在奥斯威辛还是在拉文斯布吕克。其他营地的同志也讲了同样的故事。那里有一种系统性的而且不可动摇的目的，就是把人当作奴隶，并在他们不能工作的时候杀死他们。"

玛丽-克劳德·维兰特-库图里埃是一位共产主义者，战后在法国展开了一段漫长而杰出的政治生涯。她所出生的家庭位处于巴黎的时尚社会核心。她的父亲卢西恩·沃格尔（Lucien Vogel）与众不同，他致力于左翼政治，就像致力于时装艺术一样。作为一名出版商，他大力推动这两项事业。1912 年，也就是玛丽-克劳德出生的同一年，沃格尔创办了他的原创时尚杂志《邦顿公报》（*Gazette du bon ton*）。她的母亲珂赛特·沃格尔（Cosette Vogel）于 1920 年成为 *Vogue* 法国版的第一任主编，她的舅舅米歇尔·德·布伦霍夫于 1929 年接任了这一职位。与此同时，卢西恩·沃格尔随后还创办了一家插图新闻杂志 *Vu*，该杂志在 20 世纪 30 年代开展了反法西斯主义运动。事实上，他的女儿玛丽-克劳德 1933 年关于达豪集中营的报道就是刊登在 *Vu* 杂志上。1940 年 6 月，卢西恩·沃格尔发现自己作为著名的反法西斯分子深陷于危险之中，于是带着妻子逃往纽约。在那里，他一边为他的朋友康泰纳仕（Condé Nast）做了一些工作，一边继续他的政治活动，支持戴高乐的事业。1944 年 11 月，他们回到巴黎，帮助米歇尔·德·布伦霍夫重建了在战争期间停刊的 *Vogue*。沃格尔和德·布伦霍夫与克里斯汀·迪奥关系密切，也在迪奥1947年2月首场时装秀的贵宾之列。当时米歇尔·德·布伦霍夫还在为1944年被盖世太保杀害的独生子哀悼，他们的出现更加凸显出家庭和友谊的纽带，无形中连接起迪奥的战后沙龙与战争时期发生的历史事件，以及与之相关的所有损失和悲剧。

迪奥在巴黎展示"新风貌"时，第一场针对拉文斯布吕克纳粹人员的审判刚刚在汉堡结束，但另一场战争罪审判则正在纽伦堡继续进行：这场审判针对的是被指控参与纳粹医学实验和大规模谋杀集中营囚犯的德国医生。23名被告人中有前党卫军首席外科医生、德国红十字会主席卡尔·格巴德，他也是他的朋友海因里希·希姆莱的私人医生。众所周知，"医生"审判始于1946年12月9日（莫里斯·迪奥去世的同一天），一直持续到1947年8月20日。审判中揭露了诸多可怕的细节。波兰证人贾德维加·齐多（Jadwiga Dzido）出现在看台上，展示了她腿上的伤疤，以及她在拉文斯布吕克服刑期间，在格巴德的指示下所遭受的毁容和残疾。格巴德和其他6人被判处死刑，并于1948年6月被处决。唯一的女性被告人赫尔塔·奥柏豪瑟（Herta Oberheuser）是一名职业医生，曾协助格巴德在拉文斯布吕克进行所有实验，并因此被判处20年监禁。但是，与大多数因战争罪被判处监禁的人相同，她后来获得减刑：1952年，她在服刑仅5年后获释。随后，奥柏豪瑟轻松地恢复了她以前的职业，并在联邦德国成为一名家庭医生。然而，当她被一名拉文斯布吕克幸存者认出时，国际社会对她仍在执业感到愤怒，在英国的压力下，她的医疗执照最终于1960年被吊销。她于1978年去世，时年66岁。

★

卡特琳娜·迪奥在战后再也无法回到德国。她无法忍受听到德国人的声音，甚至在法国的道路上看到挂着德国牌照的汽车都会感到愤怒和不安。在这件事情上，她的态度坚定。后来她继承了由德国艺术家保罗·史垂克创作的一幅哥哥年轻时期的肖像，她画掉了艺术家的签名。尽管艺术家和克里斯汀是朋友，而且这幅画创作于1928年巴黎生活时期，但在经历了纳粹奴隶劳改营之后，卡特琳娜不愿意自己的家里出现任何德国产品，也不愿意购买任何她和她的同志们为之辛勤工作过的、战后仍在蓬勃发展的工业品牌的产品，如西门子和宝马。

美国军事法庭在纽伦堡对使用奴隶劳动并受益的德国实业家进行了3次审判。第一次是从1947年4月19日至12月22日，起诉了大亨弗里德里希·弗利克（Friedrich Flick）和其他5名公司董事。在他诸多分布于第三帝国的钢铁和煤炭企业中，弗利克剥削了4.5万名奴隶劳动者，其中大多数人都没有幸存下来。其中3名被告人被判无罪，其他3名被告人的监禁相对较轻。弗里德里希·弗利克被判7年监禁，但实际服刑时间不到3年。在1951年被提前释放后，他重建了巨额财富的帝国，在法国钢铁行业和德国汽车制造商戴姆勒-奔驰持有大量股份。1972年弗利克去世时，他是世界上最富有的人之一，但他从来没有给任何一个曾经的奴隶劳工一分钱的补偿。

对法本公司（IG Farben，染料工业利益集团）的审判从1947年8月27日持续到1948年7月30日。在这家制造纳粹毒气室所用毒药"齐克隆

B"的化工公司中，24名董事被指控犯有包括大规模谋杀和奴役在内的战争罪。其中10人被判无罪；1人因健康原因退出审判；13人被判有罪，被判处1至8年不等的监禁（包括已服刑期）。诺伯特·沃尔海姆（Norbert Wollheim）是法本公司审判的证人之一，他在战前曾在柏林大学学习法律和政治。沃尔海姆的妻子和3岁的儿子在奥斯威辛被毒死，他本人则曾在集中营附近的法本公司化工厂当过奴隶工。沃尔海姆随后在接受作家安东·吉尔的采访时表示："审判过程受到冷战的影响——美国政客会过来敦促起诉方放松裁决，尤其是当涉及德国工业时，因为新的联盟阵线需要它们的帮助来对抗苏联。事实上，大多数涉案的实业家即使受到了处罚，也是从轻处罚。"

法本公司的化学家兼董事会成员弗里茨·特米尔（Fritz ter Meer）的案件就是一个例子。他曾深度参与奥斯威辛集中营的规划，该营将为该公司的一家工厂提供2.5万名奴隶工人。战后他在纽伦堡被判处7年监禁。1950年，他因"行为良好"提前获释后，迅速升任拜耳公司（法本公司企业集团的一部分）董事长，并在几家主要的德国银行和企业担任董事。

最后一次实业家审判从1947年12月8日持续到1948年7月31日，由3名美国法官组成的陪审团审理。在这次审判中，克虏伯军火集团的12名董事被起诉，其中包括该公司首席执行官阿尔弗雷德·克虏伯（Alfried Krupp，他是古斯塔夫·克虏伯的儿子，后者因为过于年迈，在医学上被认为不适合参加纽伦堡的首次审判）。该公司在战争期间蓬勃发展，支持生产重型武器，并使用了大约10万名奴隶劳工。但阿尔弗雷德·克虏伯否认有任何罪行，他说："我们克虏伯从不太在意（政治）观念。我们只想要一个运行良好并允许我们不受阻碍地工作的制度。政治不是我们的事。"然而，正如阿尔弗雷德本人所承认的那样，克虏伯的业务与纳粹主义有着不可磨灭的联系："经济需要稳定或持续增长地发展……我们原以为希特勒会给我们这样一个健康的环境。他确实做到了。"

古斯塔夫·克虏伯在第一次世界大战期间担任公司董事长，最初对国家社会主义的兴起持怀疑态度，但在希特勒于 1933 年掌权后，他成了一名忠实的支持者。希特勒任命他为德意志帝国工业联合会主席，在这个职位上，他驱逐了所有犹太工业家。希特勒曾 4 次前往埃森附近的一座 19 世纪的豪宅，即克虏伯家族的休格尔别墅（Villa Hügel）拜访古斯塔夫，并在他 1940 年 70 岁生日之际颁发给他纳粹党的金质荣誉徽章，授予他"劳动先驱"的称号。到了这个阶段，古斯塔夫已出现痴呆症的迹象，1941 年他患了中风。他的儿子阿尔弗雷德于 1943 年成为公司的唯一所有者和控制者。

年轻的阿尔弗雷德·克虏伯本人是纳粹党的忠实支持者，24 岁时加入党卫队，成为"赞助成员"。像他的父亲一样，他被任命为国防部长（第三帝国的官方军事经济领导人）。威廉·曼彻斯特（WilLiam Manchester）在其著作《克虏伯的军队》（*The Arms of Krupp*）中称，阿尔弗雷德在"劳动灭绝"政策中发挥了重要作用。曼彻斯特引用纽伦堡的审判记录写道："克虏伯对元首直言不讳……他说，每个党员都赞成清算（Beseitigung）'犹太人、外国破坏者、反纳粹德国人、吉普赛人、罪犯和反社会分子'（Verbrecher und Asoziale），但他认为没有理由不在他们离开之前为祖国做些贡献。在适当的驱动下，每个人都可以在被清算前的几个月内贡献一生的精力。"

因此，不出所料，对阿尔弗雷德·克虏伯和其他被告人的 4 项指控中，有一项与奴隶劳动明确相关："参与谋杀、灭绝、奴役、驱逐、监禁、酷刑和利用德国控制下的平民、德国国民和战俘从事奴隶劳动，构成危害人类罪。"一名被告人被宣告无罪，其他人被判处 7 至 12 年监禁。阿尔弗雷德·克虏伯本人被判 12 年监禁，所有财产被没收。然而，1951 年 1 月，美国驻德国高级专员约翰·J. 麦克洛伊（John J. McCloy）在康拉德·阿登纳（Konrad Adenauer）总理领导的德国政府的压力下，赦免了克虏伯（以及数十名其他被定罪的战犯），将其刑期减至 6 年，并撤销了财产没收令。这一决定引起了广泛的批评，美国前总统罗斯福的遗孀埃莉诺·罗斯福（Eleanor Roosevelt）甚至写信给麦克洛伊，问道："我们为什么要释放这么多纳粹分子？"主持克虏伯案审判的法官之一威廉·J. 威尔金斯（William J. Wilkins）后来记录说，他"觉得有必要写信给麦克洛伊先生"，并指出"法官的判决经常被推翻，但至少他们有机会知道原因"。威尔金斯认为，这一决定是出于政治原因的权宜之计，当时许多人都持这种观点。阿尔弗雷德·克虏伯从监狱获释，他的财富得以归还，他也重新成为公司领导人。在原审中被定罪的克虏伯的两名前董事也重新加入了公司。

　　尽管在战后审判中进行了大量细致的法律工作，但新出现的冷战导致的紧张局势结束了对德国战犯的审判进程。盟国发起"去纳粹化"倡议，目的是让德国社会去除纳粹党和党卫军的成员，但很快这就被认为是不切实际的。800 多万德国人加入了纳粹党，数十万人参与了集中营和奴隶工厂系统。在第三帝国时期，党卫队建立了 27 个主要营地和 1100 多个附属营地。

不仅不可能在行政上惩罚所有这些人，而且复兴德国经济的紧迫性，正成为一个更重要的优先事项。西方盟国负担不起管理国家的高昂费用。再者，他们现在更关心苏联的崛起。事实上，美国和苏联已经带走了数百名纳粹科学家，加入他们的火箭计划和原子能项目。苏联的"反法西斯"清洗行动往往更为广泛，在铲除"颠覆分子"方面更为无情，但在民主德国，有许多前纳粹分子在需要时会证明自己是顺从的斯大林主义者。著名历史学家伊恩·克肖爵士（Sir Ian Kershaw）总结道："必须把展望未来置于更彻底的清理过去之上。集体失忆是我们未来的方向。"

恩斯特·海因克尔（Ernst Heinkel）的飞机制造厂曾在使用奴隶劳动方面与法本公司和克虏伯的飞机制造厂展开竞争，这一公司同样也成功避免了受审。没有一名西门子董事会成员或员工被指控在拉文斯布吕克犯下罪行，也没有一名党卫军官员和卫兵被指控在卡特琳娜·迪奥当过奴隶工的集中营从事管理。扎哈瓦·萨兹·斯特塞尔在奥斯威辛失去了全家，14岁时与妹妹一起在马克莱堡当过奴隶，她在回忆录中写道："想到折磨我们的人逃脱了惩罚，真是令人难以忍受。"然而，当扎哈瓦有机会指认一名她在营地认出的匈牙利党卫队员时，她却无法做到，因为她知道这么做的话，他将被移交给苏联，随后很可能会遭到处决。她不知道他的名字，但永远也忘不了他的脸："我仍然偶尔在梦中看到那个男人挥之不去的'狼眼'。"但她说，即使是现在，她也不后悔自己的决定："怜悯和同情的感觉比复仇和报复的负担更容易承受，也更轻松。"

其他幸存者则不太愿意原谅。丹尼斯·杜福尔尼尔在加入法国抵抗运动之前是一名律师，她在1945年写了一本回忆录，她在回忆录中宣称："当

工作……我们德国人都有一个共同的特点：我们可以工作。"这些机器从美国运来后不到 10 天，工厂就开始生产第一批高质量的尼龙长袜，沃纳·乌尔曼的卓越产品使他的公司赢得了迪奥在德国的第一份授权协议。

抵达利普斯塔特时，迪奥在德国发表了一篇优美的演讲。"几年来，我一直想来德国学习，不幸的是，我从来没能实现这个计划。但今天，我们做到了。"他在开场白中这么说，随后他展现出自己惯常的外交礼仪，"请允许我真诚地表示，巴黎时装业与德国纺织服装业之间的交流可能会大大有助于进一步改善德法关系，从而为欧洲团结做出贡献，我们都希望我们两国在相互欣赏和钦佩中团结一致，全力合作。"

甚至在克里斯汀·迪奥前往德国之前，早在 1949 年 4 月，他就在德国展出了一些时装系列，作为公益和外交举措的一部分。第一场时装秀是应 3 位驻海德堡的美国将领的妻子的要求举行的。一架美国军用飞机将迪奥的模特和时装从巴黎运往德国，出席军官妻子和其他贵宾的活动。其中一位组织者向克里斯汀·迪奥寄出了一封感谢信，信中透露了战后德国生活面临的持续挑战。"你对这些作品的展示，不仅迷人而且慷慨，代表了创作性艺术的最高形式。这鼓舞了每一个人，也鼓舞了那些有时……对这里普遍的生活条件感到失望的人。有些人可能很难想象你举办这样的活动会给一个女人带来什么样的安慰。她永远不会忘记它，也不会忘记你。"

1949 年 12 月，在德国时尚杂志《康斯坦茨》（*Constanze*）的鼓动，以及法国总领事和英国城市副委员会的赞助下，迪奥的下一场活动在汉堡举行。共有 3000 名观众观看了 3 场门票全数售罄的时装秀，所得收益捐给了当地的一家福利慈善机构。关于这次活动的宣传非常热烈，汉堡的一家报纸发表了一篇详尽的报道，标题为"具有启发性和教育性的时装秀"。

1952 年 3 月，在法国驻德国高级专员的夫人的邀请下，迪奥又在巴德戈德斯堡和杜塞尔多夫举办了一轮庆祝活动，再次为慈善机构（这次是法国战争寡妇和孤儿协会）筹集资金。陪同苏珊·吕玲和模特们出访的迪奥新闻官事后报告称，杜塞尔多夫时装秀的 700 名嘉宾大多是财力雄厚的实业家："他们再次享受着繁华、工作和旅行，尤其是去瑞士和英国的旅行。他们笑得很含蓄，看起来很富有，是正派的公民。"

第二年 5 月，迪奥连续两天在慕尼黑一家名为拜里舍霍夫（Bayerischer Hof）的酒店举办时装秀。1944 年，在盟军的一次轰炸中，这座建筑的大部分被摧毁，但它著名的"镜厅"保存了下来。活动赞助人是法国总领事和巴伐利亚州经济部长，门票销售收入流向了法国和德国红十字会。让·谷克多也在观众席上（可能是因为秀场上的一件衣服是以他的名字命名的），他对整个过程投下了批判的眼光。他在 1953 年 5 月 9 日的日记中写道："昨天，迪奥在拜里舍霍夫酒店举行了一个时装之夜。模特和在座嘉宾之间形成鲜明对比。在一张桌子上，有一位肥胖的红色女士戴着一顶巨大的帽子，上面覆盖着蓬松的白色羽毛，脖子上也有同样的白色羽毛。模特目光悠远，仿佛在另一个世界里走动。我就坐在他们中间……在部长的那桌上，在两位小公主之间……她们都被这一系列的服装所吸引。"

迪奥 20 世纪 50 年代在德国的最后一场时装秀最为盛大：1953 年 12 月 12 日，他在克虏伯家族的休格尔别墅举行了一场盛大的晚会。阿尔弗雷德·克虏伯在 1945 年被捕后在这里被关押了数周，随后别墅被为控制战后德国而成立的盟军委员会的美国和英国成员占领。1951 年，克虏伯的财产没收令被撤销，休格尔别墅重新归他所有。没有记录显示阿尔弗雷德参加了迪奥的时装秀，但他的母亲伯莎和兄弟伯托德肯定在那里。法国驻联邦德国大使安德烈·弗朗索瓦·蓬塞特（André François Poncet）也在场，他本人在战争期间被盖世太保逮捕，并被监禁3年。大使夫人在邀请函中被列为活动赞助人。和以前一样，活动筹集的资金流向了法国和德国的慈善机构。附近埃森市市长和法国大使都称赞这次活动对两国和解做出了重要的贡献。

1955年10月，克里斯汀·迪奥本人抵达德国，这引起了更大的轰动。单从个人角度来看，考虑到他妹妹的感受，这对他来说是一个重大的决定。但卡特琳娜对克里斯汀是如此忠诚，以至于她从来没有公开谈论过他去这个她所讨厌的国家之旅，也没有质疑他对战后欧洲统一和民主做出的努力。到目前为止，迪奥公司已扩展到五大洲且都有正式授权商和里程碑式的时装秀，而迪奥小姐香水则销往全球87个国家。由于克里斯汀·迪奥在重振法国经济方面发挥的关键作用，以及他对法国国内外文化声誉的独特贡献，他在1950年被授予"荣誉军团勋章"（Legion d'Honneur）。尽管如此，迪奥与汉高的合约最初还是引起了巴黎的关注。法国工业部长介入，要求撤销许可协议，因为与德国制造商达成这一备受瞩目的协议具有政治敏感性。然而，由于该协议对法国的经济价值，并且克里斯汀·迪奥抵达德国时已完成谈判，该交易最终于1955年夏天达成。

在参观了利普斯塔特和普福尔济姆的袜子和珠宝工厂后，迪奥短暂拜访了法兰克福和海德堡，然后于10月3日飞往西柏林。数十名摄影师和记者在西柏林坦佩尔霍夫机场等着他。在他逗留的两天里，西柏林报纸对这位法国"时尚沙皇"进行了大范围报道，评论了包括德国电影明星玛莲娜·迪特里茜（Marlene Dietrich）在内的他的诸多知名客户。一位电台记者介绍说，迪奥是"1947年创造了'新风貌'的人，他的革命性思想一直在时尚界引起轰动"，但事后他观察到，迪奥"看起来并不那么浮夸，实际上相当害羞和沉默……你可能把他当成银行经理或大学教授"。在电台采访中，迪奥用德语说了几句话，然后换成了法语。他告诉听众："我对西柏林的生活很感兴趣，我最关心的是与这个仍对世界有发言权、仍然如此繁荣的都市恢复联系。"

另一位记者将迪奥描述为"典型的外交官"。当他在西柏林参加商人和实业家的招待会上与数百人握手时，人们高度赞扬了他的亲切和礼貌。西柏林女装行业主席海因茨·莫尔（Heinz Mohr）发表讲话，感谢"最尊敬的迪奥先生"访问柏林，"这是对我们都在为之努力的欧洲联盟的重大贡献……我们希望你能好好看看我们都非常热爱的柏林市……这座城市的空气中充满了重建的强烈愿望。"迪奥在对他的回复中还提到了"最终统一欧洲"的必要性。

迪奥到访的报道与当天其他的头条新闻并驾齐驱：第一批德国战俘从苏联集中营的拘留所回国；联邦德国经济几乎实现了充分就业，人们仍在争论是否应该强制实行每周48小时的工作制。

在第二次世界大战结束的10年后，德国经济奇迹（Wirtschaftswunder）已经如火如荼，克里斯汀·迪奥也在其中发挥了作用。他在 *Talking about Fashion* 一书的最后一章谈到了时尚，并重申了他的信念，即"传统和持久的价值观"将一直支撑着西欧前行。"在我们这样一个严肃的时代，国家的奢侈品意味着火炮和喷气式飞机，而我们必须捍卫我们个人的每一寸奢侈品……我认为这是一种潜在的必要性。除了温饱和头上的屋顶，一切都是奢侈品。我们的文明是一种奢侈品，我们正在捍卫它……我最简单的职责就是不屈服，以身作则，不顾一切去创造。"

上图: 阿尔弗雷德·克虏伯因战争罪被拘禁期间, 站在休格尔别墅中一幅家庭肖像下面, 1945 年 7 月。

玛格丽特·伯克 - 怀特 (Margaret Bourke-White) 摄。

右页图: 1953 年 12 月, 迪奥时装秀在休格尔别墅举行。拉尔夫·克雷恩 (Ralph Crane) 摄。

花之少女

就这样，迪奥小姐和我终于单独在一起了，在克里斯汀·迪奥的安静档案中。经过一段美国的长途旅行，在达拉斯艺术博物馆的展出结束后，她回到了巴黎。现在，她被允许走出她一直如同睡美人一般沉睡的黑暗地下室，虽然仅仅只有几个小时。迪奥小姐笔直地站着，附身于一个无头的白色人体模型上。她的腰围和 70 多年前首次亮相时一样纤细。裙摆依然优雅地在她的小腿肚边展开，下面的 6 层衬裙完好无损。轻轻地，我伸手去摸她胸衣上的花朵：柔软、顺滑、褪了色，就像衰老的肌肤。我们的距离是如此近，我的指尖似乎侵犯了迪奥小姐的隐私。

克里斯汀·迪奥曾经说过，他珍爱自己的衣服，就像爱自己的孩子一样。因此，每件衣服都有一个名字。他写道："礼服的命名有一种神圣的性质。"因此迪奥小姐礼服裙的命名显得尤为重要。1949 年 2 月 8 日，迪奥小姐香水在美国成功推出两个月后，他推出了春夏高级定制系列。我通常不认为衣服有灵魂，尽管它们可能包含着那些制作、穿着、喜爱它们的人的短暂记忆。但迪奥小姐似乎有所不同——既不是人类，也不是非人，而是一种神秘的生物。

左页图：演员芭芭拉·穆伦（Barbara Mullen）身穿 1949 春夏高级定制系列的迪奥小姐礼服裙。莉莲·巴斯曼（Lillian Bassman）为《哈泼芭莎》拍摄。

档案馆里的百叶窗遮住了阳光。在新的十年开始之际，在这个明媚的冬日的早晨，巴黎的天空晴朗而蔚蓝。1月21日，在克里斯汀·迪奥的生日之际，我来到这里，这纯属偶然，并非刻意安排。考虑到他自己的魔法思维倾向，以及他毕生对护身符和符号数字的信仰，这似乎是我访问的一个好日子。然而，在我工作的房间里看不到任何神秘的迹象。它的浅灰色墙壁上一片空白，整个空间几乎空空如也，除了一张素净的白色桌子和一把黑色的椅子，对面放着人体模型。在我身边，放着当年迪奥小姐礼服裙在蒙田大道首发时的原版图册。每件衣服都按字母顺序编号。迪奥小姐礼服裙在总共170套造型中排名第89位，被描述为一件绣有"繁花千万"（mille fleurs）的晚礼服。

　　裙子上覆盖着精致的织物花朵：数百片手工缝制的花瓣，如玫瑰、丁香、铃兰和蓝色勿忘我，其间交织着细小的绿色绸缎叶子。克里斯汀·迪奥是在冬天构思出这件春装的，并在他前一年购买的乡村旧磨坊里画出了草图。勒·库德雷特磨坊（Le Moulin du Coudret）位于米利-拉福雷（Milly-la-Forêt），距离他朋友在枫丹白露森林的家，也就是他绘制"新风貌"系列草图的地方不远。

　　"季节决定着自然的节奏，"迪奥在 Talking about Fashion 一书中说道，"新衣服必须像苹果树上的花朵一样自然绽放。"然而，巴黎时装系列的惯例却并非如此，春装的灵感诞生于隆冬（反之亦然）。"但这很快就成了我们的第二天性，"迪奥继续说道，"因为时尚来自梦想，而梦想是对现实的逃避。在一个温暖的夏日想象一个清寒的冬天早晨是令人愉快的。当树叶落下时，我会很乐意想起春天的花园。"

　　迪奥说，他知道如果一张草图"像老朋友一样向你打招呼"，那么它就成功了，"你能感到彼此之间的默契，仿佛你们相识已久"。他更喜欢在一个安静的乡间隐居，静心地进行设计。等到日后返回巴黎的时候，再把他的珍贵画作交给玛格丽特夫人。在她的监督下，这些草图在首席工匠（premières）和她们专业的裁缝团队的手中变成了白胚布。迪奥在他的回忆录中写道："首席工匠会反复检查，审视效果，做出修改，甚至推倒重来，最后才把布料围到模特人台上……当一块布料获得了成功，人们立刻为它赋予个性。如果失败，它就只是'那件衣服'，这是一种毫不留情的、轻蔑的措辞。"

一旦迪奥认定一块布料恰当地表达出了他的原始设计理念，他就会对最终面料的选择投入无限的关注。图案在转变为成品的过程中，将会经历一系列的艰苦修改。他解释道："想象一下，一份手稿被永久地删除，然后不知疲倦地重新开始。"但在现阶段，迪奥使用的不是铅笔和纸，而是像管弦乐大师一样指挥他的团队，用木棍指点方向，指出缺陷或需要调整的地方。然后，设计将返回工作室，再次由女裁缝完成。在这一细致的过程中，他写道："我会像一个焦虑的父亲一样关注着每一件衣服的进度——满怀骄傲、嫉妒、热情和温柔——代她们忍受痛苦。她们对我有绝对的掌控权，我总是担心她们会辜负我。"

很明显，迪奥小姐礼服裙并没有让他失望。她是该系列中的明星之一，是一件光辉灿烂的创作，在与她同时代的设计被遗忘很久之后，她还继续让无数崇拜者目眩神迷。现在她回到了自己出生的房子里，并将在那里度过余生。

克里斯汀·迪奥在设计这件华丽的礼服时，是否想到了妹妹卡特琳娜，并以此表达她对鲜花的热爱？这件衣服的命名就暗示应该如此。他当然会给卡特琳娜送去每一个系列的服装，但她似乎不太可能选择穿迪奥小姐的裙子。1949 年，卡特琳娜和埃尔维·德斯·查尔伯尼已经搬出了克里斯汀在皇家街的公寓，住在附近的蒙托盖尔街 49 号他们自己的家里。它靠近旧市场区的市集，为他们的鲜花生意提供了便利。卡特琳娜在父亲去世后继承了纳依塞斯农舍，于是他们每年夏天都在那里度过。在那里，她照料着她的花园以及茉莉花和玫瑰花田，这些都是生产迪奥香水的关键原料。我从那些关于卡特琳娜战后生活的照片上看到，她在普罗旺斯穿着亚麻长裤和衬衫，在巴黎工作时穿着更加精致。偶尔，这些照片中也会有惊喜：卡特琳娜穿着一件大胆的格子夹克，在城市街道上与埃尔维挽手而行；在两位亲密朋友（新郎是他们抵抗组织中曾经的同志，新娘是埃尔维的亲戚）的婚礼上穿着一件引人注目的迪奥豹纹大衣。卡特琳娜穿着考究，但很少出现迪奥时装的基本元素，也就是被他称为"转瞬即逝的建筑作品，塑造女性美丽身体"的精致填充物和传统的紧身胸衣。相反，她穿衣服似乎只是为了适应生活，而不是为了展示哥哥精湛的艺术。因此，1987 年在装饰艺术博物馆（Musée des Arts Décoratifs）举行的一次迪奥作品回顾展上，卡特琳娜的一张照片呈现出一种有趣的对比：她穿着一件朴素的深色外套，站在一个穿着迪奥的奢华时装、戴着一顶车轮帽（Cartwheel Hat，拥有超宽的帽檐）的人体模特旁边。卡特琳娜盯着那套华丽的衣服，脸上带着一丝好奇的表情。

起初，当我开始探索卡特琳娜的历史，并意识到她对克里斯汀的追随者来说是可忽略的人的时候，我替她感到愤怒。然后，我想知道卡特琳娜是如何应对巴黎的时尚圈的，毕竟在这个圈子里，少不了虚荣势利、拉帮结派和流言蜚语。在记者、编辑、明星和社交名流的喋喋不休中，当她来到蒙田大道观看哥哥的时装系列时，她是否受到了尊重？他们有没有认出她是克里斯汀的妹妹，或者领会她与迪奥小姐之间的联系？

但我逐渐相信，卡特琳娜拥有一种罕见的优雅和内在的力量，可以在她行走于推搡的手肘、眯起的势利眼和浮华的细高跟鞋之间时，免受时尚圈人士的扰攘。卡特琳娜知道自己是谁。她曾走进地狱，现在又回来了。她爱她的哥哥，为他的成功喝彩，但她不需要他华服的保护或伪装。在卡特琳娜穿着迪奥礼服的照片中——例如，手里拿着一杯葡萄酒，身处纳依塞斯农舍的花园里，或者在教子尼古拉斯的洗礼仪式上紧紧抱着孩子时——她看起来仍然完全是自己。

至于卡特琳娜与迪奥小姐礼服裙模糊的关系，线索可能存在于这件礼服所属时装系列的名字中。克里斯汀本人为这个系列命名为"幻象感"（Trompe-l'œil），这个短语的直译是"欺骗眼睛"。这里的视觉错觉可能指的是什么？迪奥小姐礼服裙上的花是真的？迪奥小姐的原型没有被战争的恐怖所影响，安全地留在了过去，依然是格兰维尔玫瑰园里一个未经世事的年轻女孩？还是像克里斯汀在该系列的说明中所描述的那样简单，"幻象感"是基于两个原则建立的：一个是突出胸围的高度和宽度，同时尊重肩部的自然曲线；另一个是让身体保持自然线条，但给裙子带来丰盈的质感和动感。

然而，这个冷静而专业的解释，与克里斯汀在其回忆录中所展现的强烈情感相矛盾。克里斯汀在回忆录中宣称，他对自己创作的衣服"着迷"："它们让我朝思暮想，它们占据了我的全部，它们可以让我付出一切。一半是诅咒，一半是狂喜，它们使我的生活同时成为天堂和地狱。"因此，他的时装充满激情的艺术，无法被解构，也无法被视为一种具有逻辑或理性的工艺。他最珍贵的设计对他来说似乎是活的——无论是作为心爱的女儿，还是值得信赖的朋友——但它们也以一种理想化的女性气质占有了他，这种气质在一个真正的女人身上是不可能存在的。迪奥小姐诞生于一个梦想，一种创造完美的强烈愿

上图：1948 年 2 月 15 日，卡特琳娜·迪奥和她的教子尼古拉斯·克雷斯佩尔在他的洗礼仪式上。
她穿着迪奥 1947 春夏高级定制系列的时装。
左页图：卡特琳娜·迪奥和埃尔维·德斯·查尔伯尼。

望。被造物主崇拜的她似乎不仅仅是一件艺术品。但就像霍夫曼的短篇小说 *The Sandman* 中炼金术士珍藏的玩偶一样，她无法开始属于自己的生活。

★

档案馆里很冷，空调温度开得很低，为的是不让脆弱的礼服裙受损。我站起身来，在这个灰色的房间里走来走去，免得冻得瑟瑟发抖，然后跪在裙子旁边，更仔细地看着缝线。迪奥小姐礼服裙保持着沉默，但是，这些松散的丝线能否揭示她遥远的过去，在仲夏的夜晚舞步旋转，一直跳舞到黎明？

据档案馆保存的当时的杂志报道，这是克里斯汀在该系列中最喜欢的裙子，报道里还有这件礼服的黑白插图。这篇文章的亮点是一张照片，图中迪奥先生身穿灰色西装，站在蒙田大道中央楼梯的中间，脸上带着严肃的表情，俯视着一位身穿带有刺绣花朵的礼服、表情冷漠的模特。这张照片是彩色的，裙子在照片上看起来比实物更明艳、更大胆，尽管这可能是相机撒了谎。

突然之间，我想起了第一次在拉文斯布吕克看到的那幅引人注目的铅笔肖像，画中的女人穿着集中营的条纹制服。这些画是由珍妮特·勒米尼尔秘密绘制的，她与卡特琳娜同时被监禁在那里。她的画具是一支在地上找到的铅笔。起初，她画在废弃的报纸碎片上，后来开始用她和其他同志在军火厂制造的机枪子弹的盒子上撕下的纸板。这些图画引人注目的地方在于，所有的面孔都是空白的。然而在某种程度上，这些未画出的表情为这些秘密绘制

右页图：1949 年春夏高级定制系列迪奥小姐礼服裙草图。

314

的图像带来了力量。在我看来，这些图像充满了丰富的情感和爱。鉴于纳粹政权旨在摧毁集中营中的所有人，这些无名女性被赋予了一种非凡的尊严。它们以一种难以解释的方式暗示了生命的可能性，即使此刻被死亡包围。

与她笔下绘制的许多女性不同，珍妮特·勒米尼尔幸存了下来，她的绘画也留存了下来。她于 1945 年 5 月返回巴黎。她很少谈论自己的画作，只在 1997 年的一次采访中解释说，为了避免被党卫军发现和惩罚，她不得不飞快地作画，而且她没有时间也没有信心画脸。她还透露，她不想让这些女性在肖像中看起来像现实中那么憔悴。她说，这是为了提高营地同伴的士气。按照她们的真实面目来作画太令人沮丧了：脏兮兮的，剃光了头发，穿着破烂肮脏的制服。她更倾向于描绘她们被驱逐到德国并被迫从事奴隶劳动之前的样子，试图以此向她的同志们灌输希望，并相信她们"无论如何都还是法国人"。

一边欣赏着克里斯汀·迪奥和模特的照片以及迪奥小姐的服装插图，一边挂念这些特殊的肖像画，似乎有些奇怪，甚至有亵渎之嫌。但我无法控制自己。我不想让这些图像在我的脑海中共存，我试图把它们分开。二者之间应该有一个巨大的鸿沟——这是战争造成的鸿沟——但事实上，它们是共存的，哪怕只是在我自己的思想中。因为它们出现的时间是如此接近，近到无法分割开来。而它们出现的动机，也都同样来自它们的创作者创造美的冲动。

1945 年 5 月底，当卡特琳娜回到巴黎，克里斯汀·迪奥在她的脸上看到了什么？他没有留下在火车站与她会面的书面记录，但后来承认自己当时没有认出她。我记得关于 1945 年 4 月的那个春日，第一批法国女性抵达车站的描述。一些幸存者仍然穿着她们在营地穿的条纹制服，其他人则衣衫褴褛或穿着死者的衣服。等待着她们的家人对此大为震惊，他们把欢迎的花束扔到了地上，春花的香味与泥土和疾病的恶臭交织在一起。

　　这些，就是伴随我进入迪奥档案馆空房间的图像：被剃光头发的女人，空白的脸庞，在火车站被踩在脚下的丁香花。在经历了如此疯狂和恐怖的一段历史后，谁能再幻化出一个迷人的梦呢？然而克里斯汀·迪奥做到了。这就是"新风貌"的大胆之处——不可思议的大胆。这就是"幻象感"系列带来的幻觉，迪奥小姐从冬天的黑暗中走出来，一个身披永恒花朵的年轻女子，期待着春天的到来。如果克里斯汀·迪奥是这件惊艳礼服的父亲，那么它也代表了他对未来的希望，以及他对时装变革力量的信念。自此，他的名字将闻名于世，等同于香水和时尚的炼金术。用他的朋友让·谷克多的话说，"迪奥是我们这个时代独有的灵巧天才，他有一个神奇的名字——上帝和黄金的结合（法语中 dieu 意为上帝，or 意为黄金）。"

迪奥公主

1949 年 5 月，克里斯汀·迪奥确立了自己的"时尚皇帝"地位，因为玛格丽特公主参观了他的时装沙龙。那年她 18 岁，第一次去欧洲大陆度假。这位年轻的公主无论走到哪里都会引起一阵轰动，吸引了大批摄影记者和文字记者，正如克里斯汀在其回忆录中回忆的那样："在她身上体现了人们对王室的狂热兴趣……她是一位真正的仙女公主，娇嫩、优雅、精致。前几天，意大利各地的狗仔队都在追踪玛格丽特，他们在卡普里岛拍下了她身穿比基尼的照片，这些照片随后在世界各地见报。与此同时，一名大胆的女记者溜进玛格丽特的酒店套房，报道说里面有多萝西·L.塞尔斯（Dorothy L.Sayers）的侦探小说《巴士司机的蜜月》（*Busman's Honeymoon*）、一瓶兰士（Lentheric）香水和一小瓶佩吉·塞奇（Peggy Sage）指甲油。

公主于 5 月 28 日抵达巴黎，在观光和社交期间，她参观了 4 家时装店：让·杜塞特、雅克·菲斯（Jacques Fath）、爱德华·莫利纽斯和克里斯汀·迪奥。玛格丽特被公认颇具时尚品位。前一年，她在父母乔治六世国王和伊丽莎白王后的银婚庆典上，穿了一套由王室裁缝诺曼·哈特内尔（Norman Hartnell）设计的服装：一条长裙和一件合身的夹克，颜色为勿忘

左页图：1951 年，玛格丽特公主身穿迪奥礼服裙拍摄 21 岁生日肖像照。
塞西尔·比顿摄。

319

我蓝，这身造型在媒体上广受赞赏。《每日快报》（*The Daily Express*）称赞这套衣服"脱颖而出"，也是"王室首次展现全新面貌的礼服裙"。玛格丽特也非常漂亮，有一双蓝色的大眼睛，柔软如桃子般的肌肤，以及性感的沙漏形身材，与"新风貌"是绝配。

5月31日，记者拍摄到公主抵达蒙田大道30号，与克里斯汀·迪奥会面。参观完时装屋后，她欣赏了包括迪奥小姐在内的最新春季"幻象感"系列礼服，并为自己选择了一件浪漫的晚礼服。多年后，她在与朋友安吉拉·胡斯（Angela Huth）的一次采访中回忆道："我最喜欢的衣服从来没有被拍过。那就是我的第一件迪奥礼服裙，白色无肩带薄纱裙，背面有一个巨大的缎子蝴蝶结。宽大的裙摆下有一个蜂巢结构，像一个裙撑那样起到固定作用。这意味着我可以任意移动，甚至可以倒退着走都不会被绊倒。"

迪奥当然很高兴能获得这样一位知名客户，并且从第一次会面开始到之后的几次接触，他都对玛格丽特在着装方面的自信印象深刻。他在回忆录中写到，她"对时尚非常感兴趣，而且，与许多女性不同，她确切地知道哪种时尚适合她娇小又曲线玲珑的身材"。

当玛格丽特回到英国，并在她父亲举办的私人晚宴上第一次穿上这件迪奥礼服裙时，这件礼服引起了人们的关注。显然，她的母亲建议应该加上肩带，并把低胸领口提到一个更端庄的高度。玛格丽特公主的母亲当然深知王室着装的风险和力量。1900年出生的伊丽莎白·鲍斯·里昂（Elizabeth Bowes Lyon），当她作为约克公爵（国王乔治五世的次子）的未婚妻首次出现在公众面前时，人们认为她很迷人，但并不时髦。1923年4月，在这对新人的婚前舞会上，英国首相H.H.阿斯奎斯（H.H.Asquith）说这位"可怜的小新娘"当时"完全黯然失色"。而用她的传记作者雨果·维克斯（Hugo Vickers）的话说，她那件有点不成形的结婚礼服"寒酸得简直糟透了"。1929 年 12 月的一天晚上，弗吉尼亚·伍尔夫（Virginia Woolf）在剧院里观察约克公爵夫人时，对她明褒实贬："一个简单、健谈、心地善良的粉红色小女人，她的手腕上闪烁着钻石……"

与之形成鲜明对比的是沃利斯·辛普森（Wallis Simpson），这位美国社交名流于 1931 年与伊丽莎白的小叔子威尔士亲王走到了一起。沃利斯自己也承认，她不是一个传统的美人。她在回忆录中写道："从来没有人夸我美，甚至没人说我好看。我的下巴显然太大太尖了，并不具有经典之美。我的头发是直的，没有一点卷曲。"但不可否认的是，她很时尚，有着塞西尔·比顿形容为"迷人"的优雅气质，她的皮肤"难以置信地明亮光滑，就像贝壳的内部一样；她的头发总是打理得光滑无比"。沃利斯·辛普森一直被种种传闻围绕着：联邦调查局（FBI）怀疑她同情纳粹，并怀疑她曾在 1936 年做过德国驻伦敦大使的纳粹外交部长乔 - 奇姆·冯·里宾特洛普（Joa-Chim Von Ribbentrop）的情妇。反对这段婚姻的官员们或多或少地都将辛普森夫人描述为吸血鬼和女巫，用黑魔法催眠了这位王位继承人，并将其变成受虐狂。不管这些传言的真相是什么，到 1934 年夏天，沃利斯似乎完全掌握了局势。王子的助理约翰·艾尔德（John Aird）将这种情况描述为"万分尴尬……（他）对自己失去了信心，像狗一样跟着 W（沃利斯）到处跑"。

随着这段关系的进展，周围的人觉得他看起来似乎越来越奇怪，这位未来的国王表现得如此放肆，无视礼节，与一个看起来甚至都不爱他的女人在一起。在塞西尔·比顿拍摄的照片上，辛普森夫人身穿印有巨型龙虾图案的夏帕瑞丽礼服（这出自时装设计师与萨尔瓦多·达利的合作）。奇怪的是，

沃利斯·辛普森，1936年。
费尔（Fayer）摄。

沃利斯之所以选择穿这件超现实主义的裙子，是因为她认为最近的肖像让她看起来很生硬，她想显得更柔和，更有吸引力。因此拍摄选择了田园诗般的背景，她每只手上都拿着一把春天的花束。

至于约克公爵夫人，她宁愿在商场里裸奔，也不大可能穿一件夏帕瑞丽的龙虾裙。她认为沃利斯是"最低贱的，一个彻头彻尾不道德的女人"，并尽最大努力避免与她见面。1935年，这两位女性在威尔士亲王位于温莎大公园的度假胜地贝尔维德堡（Fort Belvedere）相遇时，场面十分尴尬。约克公爵夫人走进一个房间，却发现辛普森夫人在充满嘲笑意味地模仿她。沃利斯称伊丽莎白为"寒酸的公爵夫人"或"肥胖的苏格兰厨师"，而伊丽莎白只是称她为"那个女人"或"某个人"。1936年1月乔治五世去世后，她们之间的相互反感加剧为不信任、痛苦和持久的怨恨。

威尔士亲王继承父亲的王位成为爱德华八世后，辛普森夫人继续主宰着他的生活。同年8月，他与沃利斯乘坐游艇环游地中海，达夫和戴安娜·库珀应邀参加了他们的派对。库珀夫妇万分惊讶地目睹国王四肢着地，把辛普森夫人裙子的下摆从椅子下面拽出来，而辛普森夫人则轻蔑地斥责他。戴安娜·库珀很快就厌倦了沃利斯和她的花言巧语，她也相信他们的这段关系不会长久。"事实是，"她写道，"沃利斯对国王感到厌烦。"

尽管如此，到1936年11月，爱德华终于忍不住与沃利斯结婚，完全不顾与这个有两任在世前夫的女人结婚会出现的宪政危机。英国国王的丑闻已经在美国媒体上曝光，其中包括美国版的《哈泼芭莎》，该杂志在1936年5月发行的一期中刊登了沃利斯的肖像，但英国报纸直到12月初才公布这一消息。当时负面宣传已经铺天盖地，国王认定辛普森夫人在伦敦不再安全，应该前往戛纳的朋友那里。他请一位老朋友布朗罗勋爵（Lord Brownlow）陪她旅行。布朗罗在日记中指出，国王"相当可怜、疲惫、劳累过度，对沃利斯的离开忧心忡忡，就像一个小男孩第一次被学校留堂一样"。

辛普森夫人离开英国几天后，爱德华告诉他的弟弟，他已决定退位。12 月 11 日，这位即将成为温莎公爵的国王发表了重要的退位演说，举国为之震惊。乔治六世的加冕礼定于 1937 年 5 月 12 日举行，而温莎公爵的婚礼将于 3 周后的 6 月 3 日在法国举行。但王室成员之间无法达成和解：温莎公爵非常愤怒，因为他的家人都不打算出席婚礼，而沃利斯的殿下头衔也将被剥夺。

在这场动荡中，沃利斯继续为自己选择婚纱和配饰，尽管她与第二任丈夫离婚的最终判令尚未敲定（最终于 5 月 3 日通过）。她从夏帕瑞丽那里订购了一组由 18 套服装组成的嫁妆，但在新娘礼服上，她选择了梅因布彻（Mainbocher）的淡蓝色丝绸礼服，搭配一顶饰有天使光环般薄纱的帽子。沃利斯对服装设计师的选择与她光滑的头发和无瑕的妆容一样精确：梅因布彻时装屋由梅因·卢梭·布彻（Main Rousseau Bocher）创建于 1929 年。梅因·卢梭·布彻是一名美国人，定居于巴黎，在第一次世界大战后担任 *Vogue* 的插图画家，1927 年被任命为该杂志法文版的编辑。贝蒂娜·巴拉德在 20 世纪 30 年代加入 *Vogue* 后就十分看重他的作品，她说："他一直是时尚潮流的重要引领者，穿他的衣服的女性是重要的时尚领袖。"梅因布彻的客户非常看重他在设计中体现出的精妙和牢靠，温莎公爵夫人的婚纱就是这种品质的证明，这件婚纱采用了一种被称为"沃利斯蓝"的特殊色调。那一

右页图：1937 年 6 月 3 日，温莎公爵和公爵夫人在法国举行婚礼。

年，她的婚纱经常被人们效仿，但现在纽约服装学院档案馆中收藏的原作已经失去了其标志性的颜色，褪为饱经风霜、污渍斑斑的暗褐色。

尽管这对夫妇被誉为时尚的典范，但他们却选择了错误的婚礼地点。1937 年 5 月 11 日，也就是他哥哥加冕前夕，温莎公爵在都兰的坎代堡（Château de Candé）举行了一次新闻发布会，宣布正式订婚。这座城堡的主人是一位名叫查尔斯·贝多（Charles Bedaux）的千万富翁企业家，也是沃利斯一位美国朋友的熟人，曾主动提出主办婚礼。这一邀请对温莎公爵极具吸引力，因为他总是喜欢别人来付账。贝多 1886 年出生于法国，1906 年移民美国，在那里获得了公民身份，并作为一名工业效率专家发了财。他花费巨资翻修了这座 16 世纪的城堡，为温莎夫妇的婚礼提供了一个豪华的场所。但就跟他们与其他许多人的关系一样，他们与贝多的关系也非常可疑，因此英国、美国和法国的情报部门已经开始怀疑他。（贝多后来于 1943 年在阿尔及利亚被美国人逮捕，并因与纳粹德国和维希政权进行商业交易而被控叛国罪。他在面临审判之前自杀。）

塞西尔·比顿在婚礼的前一天来到酒馆为这对夫妇拍照，并在日记中写到，他发现沃利斯"特别不讨人喜欢、生硬、斤斤计较，充满焦虑但没有感情"。至于公爵，比顿的观察是："他的表情虽然是故意做出来的，但本质上是悲伤的，悲剧性的眼睛被鼻子的弧度所遮蔽……他那双深蓝的眼睛似乎无法正确聚焦——尽管明亮，但却黯淡无神……"

与此同时，贝蒂娜·巴拉德认识到，自爱德华八世退位以来，沃利斯·辛普森已成为 Vogue 美国版的"主要关注点"，其狂热的读者"对有关其时尚技巧的每一个细节都穷追不舍"。她还指出，该杂志的英国版"觉得对她进行任何形式的关注，都是非常不好的品位"。对于贝蒂娜本人来说，温莎婚礼显得十分寒酸，根本无法与加冕典礼的壮观相媲美。她曾出席艾尔莎·夏帕瑞丽在伦敦举办的派对，站在一个有利位置观看加冕典礼。对贝蒂娜来说，这就像是一个"童话故事"，之后她加入了白金汉宫外欢呼的人群。"我完全忘记了 Vogue，表现得像个顽童……我们尖叫着要让阳台上的人们看到自己。害羞的国王，迷人的王后，水晶枝形吊灯背景下闪耀的钻石和丝带，对人们来说都是绝妙的盛宴……"

在随后的海外流放中，温莎公爵和公爵夫人似乎清减了——她比以往任何时候都瘦；而他则更加干瘪枯萎，就像年老的彼得·潘一样——但新国王和王后似乎已经适应了他们的新角色，连同他们的两个小女儿一起受到英国公众的尊敬和欢迎。国王努力克服害羞和结巴，在诺曼·哈特内尔的帮助下，王后的御袍选择变得更加自信。诺曼·哈特内尔为她 1938 年 7 月对法国的国事访问设计了一套华丽的全白色时装。伊丽莎白的母亲斯特拉斯莫尔伯爵夫人（Countess of Strathmore）在前一个月去世，但黑色被认为太过阴郁，她不能穿去巴黎，而白色的选择与历史上法国王后们服丧时身穿白色以示哀悼的传统相一致。

在他的回忆录中，哈特内尔将王后的转变和"浪漫裙撑的王室复兴"归因于她的丈夫。国王曾带他参观白金汉宫，并特别指出了 19 世纪宫廷画家弗兰兹·泽弗·温特哈尔特（Franz Xaver Winterhalter）为讨好欧洲王后绘制的肖像。国王说，这就是他心目中王后应该呈现出的样子，因此哈特内尔为即将到来的国事访问设计了白色缎子、薄纱和欧根纱的长裙。这种形象暗示着传统和尊严。其优雅之美，与沃利斯·辛普森身上强硬的现代主义形成鲜明对比。

王后的优雅给法国人留下了意想不到的印象。未来的驻法国大使达夫·库珀说："每个人都说王后身上有一种吸引人的东西，它能感动大众，也能感动少数认识她的幸运儿。"但温莎公爵和公爵夫人却无处可寻，因为他们被告知王室夫妇不会在巴黎或其他地方接待他们。

在此前一年，温莎夫妇曾前往德国，在那里会见了希特勒和其他纳粹领导人，这加深了他们和王室之间的分歧。表面上看公爵此行的目的是考察德国劳工的住房和工作条件，但他的官方传记作者菲利普·齐格勒指出，这更可能是想要给沃利斯留下深刻印象："他想向公爵夫人证明，尽管她没有嫁给国王，但她至少是一个受到大国尊重的人的妻子。在英国，他永远也做不到这一点。在他伦敦家人的影响下，法国贵族乃至整个统治阶级同样也对他保持谨慎克制。至少在德国，他肯定会受到适当的欢迎，更重要的是，公爵夫人也会受到欢迎。"

这次行程由查尔斯·贝多一手安排，他在德国有着重要的商业利益，不久将被任命为帝国的经济顾问。德国当局为这次旅行支付了费用并安排了行程，其中一项行程包括乘坐希特勒的私人火车。10月11日，温莎一家抵达柏林车站时，百代新闻拍摄到，身穿纳粹制服的德国代表团团长罗伯特·莱伊向他们致意。温莎公爵夫人穿着剪裁完美的皇家蓝西装，佩戴着耀眼的珠宝。

公爵夫人自始至终被称为殿下，大家都向她行屈膝礼，公爵接受了纳粹的敬礼，他的尊严似乎又回来了。里宾特洛普确信温莎公爵夫妇已经亲德，并在柏林为他们举办了招待会，在那里他们被介绍给了希特勒的建筑师和亲信阿尔伯特·斯佩尔（Albert Speer）。他们与包括约瑟夫·戈培尔（Joseph

1937 年 10 月，温莎公爵和公爵夫人抵达柏林，受到纳粹政治家罗伯特·莱伊的欢迎。

1937 年 10 月 22 日，温莎公爵和公爵夫人会见了阿道夫·希特勒。

Goebbels）和他的妻子玛格达在内的许多纳粹头面人物共进了意味深长的晚餐。据说，公爵夫人将玛格达描述为"我在德国见过的最漂亮的女人"。戈培尔在日记中写道："与他交谈是多么愉快啊。我们讨论了很多事情。"温莎夫妇还参观了赫尔曼·戈林的乡村庄园。在那里，公爵和空军总司令愉快地玩起了铁路模型和一架微型飞机，飞机悬挂在一根吊索上滑过房间，往下面的玩具火车上扔下小木炸弹。

此行的行程还包括前往埃森的克虏伯兵工厂，该工厂已经开始生产坦克和 U 型潜艇。随后他们检阅了党卫军，但最重要的是前往希特勒位于巴伐利亚阿尔卑斯山的乡间别墅贝希特斯加登（Berchtes-gaden）的度假村与之会面。元首和公爵私下交谈了一段时间，公爵夫人与希特勒的副手鲁道夫·赫斯（Rudolf Hess）喝茶。有一张温莎公爵夫妇与元首的合影，当希特勒鞠躬并握着公爵夫人的手时，她面带灿烂的笑容。在照片的最前面，希特勒的袖子上赫然佩戴着纳粹标记。

在第二次世界大战开始时，伊丽莎白王后明确地将爱德华比作纳粹领袖（至少在给另一位叔伯肯特公爵的信中如此）："奇怪的家伙，他和希特勒一模一样，认为任何不同意他的人都肯定是错的。"她仍然固执地反对温莎公爵夫人。1939 年 9 月 26 日，温莎公爵夫妇短暂访问英国后，伊丽莎白写信给她的婆婆玛丽王后，宣称："我相信她很快就会回到法国并留在那里。我肯定她讨厌我们这个可爱的国家，因此她不应该在战争时期出现在这里。"最终，温莎公爵夫妇回到了法国，公爵于 1940 年 3 月找到一个合适的时机访问了巴黎的卡地亚，在那里为妻子委托制作了一件引人注目的珠宝：一枚火烈鸟形状的大钻石胸针，羽毛为红宝石、蓝宝石和祖母绿镶嵌而成。

在 1940 年，当伊丽莎白公主 14 岁时，人们还拍到她穿着与妹妹相同的服装。在整个战争期间，这一形象都强调着这样的信息：这个国家有一个团结的王室，有一位忠诚的王后，一位坚定而负责的国王，还有两位教养良好的公主。直到战争接近尾声时，两位公主之间的着装差异才变得更加明显：1945 年 2 月，伊丽莎白加入了英国女子辅助服务队（Auxiliary Territorial Service），在那里她接受了机械师和司机的培训，并在军队救护车前穿着制服拍照。1945 年 5 月 8 日（德国签署无条件投降书），英国发起了为期 5 天的庆祝活动，4 名王室成员出现在白金汉宫的阳台上，向欢呼的人群致意，完全体现了王室的重要性和团结精神。国王穿着军装，伊丽莎白公主也穿着军装，玛格丽特和她的母亲穿着传统的粉彩色女装。

此时，伊丽莎白已经爱上了她的远房表哥，希腊的菲利普亲王。1946 年 8 月，当他们在巴尔莫勒尔小住时，她接受了亲王的求婚。她的父亲同意了这门婚事，但条件是他们必须秘密订婚，直到次年 4 月她 21 岁生日。伊丽莎白公主挑选婚纱的时候，求助于她母亲最喜欢的设计师诺曼·哈特内尔。婚礼于 1947 年 11 月举行，当时国内依然在实行战后的配给制度和紧缩政策。出于爱国主义的原因，她选择了绣有白色约克玫瑰图案的象牙色绸缎礼服，当然必须是英国式的。哈特内尔从一家苏格兰公司购买了合适的材料，但正如他在回忆录中透露的那样："然后麻烦就开始了。有人私下告诉我……这些蚕丝是意大利的，甚至可能是日本的！难道我犯了叛国罪，故意使用敌人的蚕丝吗？"进一步调查表明，这些蚕丝实际上来自中国——这显然是可以接受的。

左页图：1940 年 4 月 21 日，温莎城堡内的乔治六世国王、伊丽莎白王后、伊丽莎白公主和玛格丽特公主。这一天是伊丽莎白 14 岁生日。

不用说，温莎公爵和公爵夫人没有被邀请参加王室婚礼。战后，他们回到了巴黎，在那里，他们的生活似乎围绕着购买衣服、做头发，以及为她无价的珠宝收藏添砖加瓦。苏珊·玛丽·帕顿描述了她在一次晚宴上与公爵的对话。"他真可怜，"她在给朋友玛丽埃塔·特雷（Marietta Tree）的信中写道，"我从没见过这么无聊的人……'你知道我今天过的是什么日子，'公爵说，'我起得很晚，然后和公爵夫人一起去看她买帽子。我本来打算去散步，但天太冷了，我简直受不了。我看到的每个人都冻得脸色发青，他们的外套太破旧了，我很沮丧。事实上，我看到一个没穿袜子的人，他的脚踝都冻成蓝色了。我想，如果我没有毛皮衬里的拖鞋会怎么样？'……我认为，对一个曾经是爱德华八世的人来说，他描述的这一天是相当凄凉的。"

他们在巴黎的现身，也让英国大使达夫·库珀和他的妻子戴安娜感到紧张和尴尬。"这两个可怜的小家伙太悲惨了，"戴安娜在 1945 年秋天看到他们时写道，"她更普通、更自信了，而他则更迟钝、更愚蠢了。"与此同时，达夫·库珀写信给国王的私人秘书艾伦·拉塞勒斯爵士（Sir Alan Lascelles），表示温莎夫妇在美国生活会更好。"他在这个国家做不了什么好事……在这里他只能在那个国际化的小世界里找到一席之地。如果继续住在巴黎的话，那除了搞破坏之外，他什么也做不了。"

在这个肤浅而耀眼的上流社交圈里，温莎公爵夫人注定了会被誉为时尚女王，拥有与其身份相称的华丽珠宝和时装。在温莎公爵夫妇的理念中，丑陋的政治并不妨碍追寻被视为美丽的东西。沃利斯的忠实朋友戴安娜·莫斯利于 1936 年 10 月在戈培尔的家中与她的第二任丈夫、英国法西斯联盟领导人奥斯瓦尔德·莫斯利（Oswald Mosley）爵士结婚，希特勒为婚礼主宾。戴安娜赞赏地写到，沃利斯是如何艳压寒酸的王室的："公爵夫人穿着巴黎的衣服，包裹在繁花和柔软的大衣中，看起来就像是另一个星球的居民。"戴安娜的妹妹南希·米特福德对此印象不深。她在一封信中说，公爵夫人"就像一只小鸟的骨架，罩着累赘的裙子蹦蹦跳跳"，而且这对夫妇都"饱受痛苦"。然而，1945 年 10 月，皮埃尔·巴尔曼开设了自己的时装店，公爵夫人是其早期客户之一，当时公爵夫人被视为被王室认可的标志。巴尔曼在回忆录中回忆道："沙龙必须用于展示和装饰，我们在最远端安装了折叠式屏风作为更衣室。一天，温莎公爵夫人的屏风倒下撞到了博蒙特伯爵夫人的屏风，两位女士露出了内衣，整个挤满了人的沙龙大为震惊。这是成功！"

克里斯汀·迪奥的传记作家玛丽-法兰西·波希纳称，甚至在迪奥时装屋正式开业之前，他的销售总监苏珊·吕玲就将沃利斯列为潜在客户。波希纳写道，温莎公爵夫人从迪奥那里得到的订单反映了"她知道低调优雅的风格最适合她，并毫不动摇地坚持这个风格，简单的晚礼服最能衬托她的珠宝"。塞西尔·比顿于 1950 年拍摄了这位公爵夫人的照片，她身穿一件精心制作的无肩带晚礼服，名为"费加罗的婚礼"（Noces de Figaro）。她还拥有一件装饰华丽的冰蓝色缎子连衣裙，取名为"巴尔米拉"（Palmyre），出自 1952 年秋冬高级定制系列，上面缀有珍珠、亮片和宝石。1955 年，她买了一套"惊喜"（Surprise）套装：一条裙子和一件粉色丝绸锦缎的卡夫坦上衣，上面用象牙色丝线绣着中国风的图案。

凭借自己的眼界和才能，克里斯汀·迪奥得以为年轻的王室少女做造型，效果与 1947 年已年满 51 岁的温莎公爵夫人一样成功。然而，在他的回忆录中，迪奥根本没有提到公爵夫人。相反，他真心实意地描述了与玛格丽特公主和王后的会面，这表明她们的支持对他来说至关重要。这或许可以解释为什么玛格丽特公主是迪奥回忆录中唯一一位被点名的客户，也许她的支

上图：克里斯汀·迪奥陪同玛格丽特公主参观他的时装屋。

下图：1957 年 2 月，在迪奥一场拥挤的时装秀上，温莎公爵夫人不得不坐在楼梯旁边。

持代表了最高的赞誉，超越了任何电影明星或富有的社交名流。

　　尽管王后担心玛格丽特的第一件迪奥礼服是否合适，但在1950年4月迪奥来到伦敦时，她还是陪着年幼的女儿去见了这位服装设计师，并观看了他的最新系列。迪奥在萨伏伊酒店（Savoy Hotel）出席了他在英国的首场时装秀，该活动旨在为一家时装博物馆筹集资金。4月25日两场时装秀的预定门票很快就售罄了，以至于当天晚上又增加了第三场。时装秀总共有1600人参加，引起了巨大的轰动。第二天，在大使夫人马西格利（Mme Massigli）的安排下，法国大使馆为王室成员举办了一场私人时装秀。女王和玛格丽特公主，以及肯特公爵夫人和她的妹妹、希腊和丹麦公主奥尔加（Princess Olga）出席了活动。迪奥说，整个活动全程保密。"这些带有宽大裙摆的舞会礼服都被罩子遮住，从萨伏伊酒店的员工出口偷运进去。整个活动的准备过程，都是在一片衣物摩擦的窸窸窣窣以及着急忙慌的'嘘'声中进行的。"抵达大使馆后，进行了"最后的、混乱的、相当激动人心的彩排"。模特们按照王室礼节练习倒退着走出房间，但王后要求她们转过身来，以便她和同伴们能全方位欣赏她们华丽的衣服。

　　时装秀结束后，迪奥被介绍给王后，并被她的魅力所折服："我立刻被她的魅力所打动，这是我完全没有预料到的——她的优雅，以及她的亲切。她穿着一条淡紫色连衣裙，戴着带褶皱的帽子，这穿在其他任何人身上都令人难以想象——事实上，在她身上它们看起来很漂亮，我觉得没有其他东西能显示出她这样的优势了。"

　　迪奥对他遇到的其他英国女性也同样热情，他回忆录中的赞美之词似乎让他坚定地站在传统一边，伊丽莎白王后就是一个缩影。"我崇拜英国人，"

他宣称，"不仅穿着非常适合他们的粗花呢，而且还穿着那些颜色微妙的飘逸裙子，自庚斯博罗（Gainsborough）时代以来，她们就一直这么穿。"事实上，他所说的"英国狂热"还不止于此："除了我自己的国家，世界上没有其他国家让我如此心仪。我喜欢他们的生活方式。我喜欢英国的传统、英国的教养、英国的建筑，我甚至喜欢英国的烹饪！我喜欢约克郡布丁、肉馅馅饼、填馅鸡，最重要的是，我热爱英式早餐，包括茶、粥、鸡蛋和培根。"在这一点和其他问题上，他的品位似乎更符合这位富有母性的王后，而非身材纤细的温莎公爵夫人。

事实上，迪奥早在 1926 年第一次访问英国之前就已经是一名亲英派。他写道："我说服父母允许我在英国待上几个月，以完善我的语言学习。是因为我才 21 岁吗？是因为我有生以来第一次完全自由吗？我觉得离我的家人足够远，可以独立；同时又离他们足够近，如果需要的话，可以召唤他们援助我。还是仅仅因为那一年伦敦比以往任何时候都美丽？说实话，这次访问给我留下了难忘的记忆。"

尽管迪奥热爱着英国，但谁也不能确定英国王室成员是否愿意请巴黎时装设计师做造型。在迪奥成名之际，玛格丽特公主正成为战后的焦点。爱德华八世退位后的 10 年里，王室已经做了很多工作，为自己重建强大的视觉神话。作为年幼的女儿，玛格丽特与未来的女王截然不同，她的魅力中带有一丝叛逆。对于王后或王位继承人来说，穿着法国时装会被视为不爱国，但玛格丽特被允许在 21 岁生日时选择一件迪奥礼服裙，并于 1951 年 7 月穿着这件礼服裙在白金汉宫由塞西尔·比顿拍摄纪念肖像。这是迪奥最浪漫的舞会礼服之一，由白色丝绸和欧根纱制成的，7 层的大裙摆巧妙地拼接成 21.5 英寸的腰围，其上绣有花卉图案，衬托着这朵童话般的英伦玫瑰。这件礼服裙体现了迪奥工坊在巴黎工艺方面的专长，但它也类似于温特哈尔特 19 世纪宫廷肖像中的长袍。公主的父亲曾将这幅画推荐给诺曼·哈特内尔。也许，这就为迪奥的时装外交提供了参考的线索。

2019 年，维多利亚与阿尔伯特博物馆（Victoria & Albert Museum）举办了备受欢迎的迪奥大展，事实证明，玛格丽特公主的生日礼服裙丝毫没有失去其原有的吸引力，在展览中吸引了大批观众，成为现场的明星展品。我去看了它好几次，包括在一天晚上，我被允许在博物馆关门后独自在其间漫步。维多利亚与阿尔伯特博物馆是我在伦敦最喜欢的地方之一，我小时候就常去那里，但这是我第一次有机会独自享受它的珍宝。一个人欣赏服装展览，并不完全是孤独的。在空调不断的嗡嗡声中，衣服们似乎在互相低语。每当我背对着一群模特人台时，我都会想象它们在不知不觉中向我靠近，就像在玩一场秘密游戏。

这件生日礼服裙在展览中的位置相当醒目，对面就悬挂着比顿所拍摄的那张容光焕发的公主的肖像。在这张照片中，礼服裙的面料仍然保持着当年纯洁的白色，而实际上它已经褪色为柔和的象牙色，有些地方已经泛黄。比顿在拍下玛格丽特身穿迪奥礼服裙的照片后，在日记中写到，玛格丽特说她喜欢这件衣服上的金色装饰，"因为就像沾了一些土豆皮"。事实上，它最不寻常的特点就是其复杂的刺绣，在发光的珍珠贝母、闪耀的亮片和莱茵石之中，还加入了拉菲草和稻草。

1951 年 8 月，公主在巴尔莫勒尔的生日派对上穿上了这条裙子，同年

1951 年 11 月 21 日，在巴黎的一个舞会上，身穿迪奥礼服裙的玛格丽特公主向戴安娜·库珀女士致意。

1952 年 6 月，伊丽莎白二世和玛格丽特公主在阿斯科特赛马会。
公主穿着 1952 年春夏高级定制系列的迪奥礼服裙。

11 月 21 日，她再次穿上这件礼服裙来到巴黎参加慈善舞会。舞会在 1917 年成立的巴黎行际盟友联盟俱乐部（Cercle de l'Union interalliée）举行——该俱乐部位于圣奥诺雷街（Rue du Fauburg Saint Honoré）一座 18 世纪建造的酒店中——旨在庆祝法国与英美之间的军事同盟。活动结束后的第二天早上，《费加罗报》头版报道了这位穿着白色迪奥礼服裙的美丽公主，世界各地的报纸也都刊登了她在舞会上跳舞的照片。当天晚些时候，在爱丽舍宫吃过午饭后，她再次拜访迪奥，观看了 1951 年秋冬高级定制系列的展示，据报道，她选择了带有银灰色阿留申纱褶裙的"黄玉"（Topaze）午后礼服裙。

然而，玛格丽特公主被拍到的下一件迪奥礼服裙是 1952 年春夏高级定制系列中的"玫瑰花球"（Rose Pompon），那年夏天她穿着这件礼服出席前往阿斯科特赛马会。这件礼服裙于 1952 年 2 月 5 日首次出现在迪奥时装系列中，采用粉色印花丝绸。玛格丽特随后订购了属于自己的白色版本。

她的父亲乔治六世国王在罹患肺癌后，于 1952 年 2 月 6 日在睡梦中平静去世，享年 56 岁。随着伊丽莎白登上王位，两姐妹之间的差异不可避免地变得更加明显。1952 年 6 月，玛格丽特公主在阿斯科特赛马会身穿白色迪奥礼服裙的照片显示，她跟随在新登基的女王姐姐身后的几步。她们都很漂亮，但玛格丽特公主看起来更时髦，她戴着饰有黑色丝带的宽边帽，与她的黑手套和凉鞋相配。珍珠首饰则与那条长及小腿肚的白色连衣裙完美呼应。

1951 年 12 月，玛格丽特公主首次出现在国际最佳着装排行榜上。这是一个由纽约服装学院于 1940 年设立的年度排行榜，温莎公爵夫人经常出现在该排行榜上。公主排在第 13 位，公爵夫人排在首位。然而到了 1953 年，玛格丽特已经上升到第 8 位，比沃利斯高出两位。这一排名虽然浅薄而无聊，但在国际媒体上却得到了广泛报道，人们对她着装的关注，丝毫不亚于对她动荡爱情生活的兴趣。正如《图片邮报》（Picture Post）在 1953 年 6 月评论玛格丽特与时尚的关系时所说："她的穿着就是新闻。几千名女性目睹，几十万人看了新闻短片，还有数百万人阅读了报纸和杂志。她的衣服、帽子都被复制、修改，并在几周内出售给全国各地的女孩。她的一生都暴露在公众视野之中。她作为一名热爱时装的公主为人们所熟知。"

因此，玛格丽特于 1954 年 11 月 3 日在布伦海姆宫（Blenheim Palace）举办的迪奥时装秀上作为荣誉嘉宾亮相，意义重大。这次活动由马尔博罗公爵夫人（Duchess of Marlborough）筹办，是一次支持英国红十字会组织的慈善活动。公爵夫人对慈善机构十分忠诚，她在巴黎的克里斯汀·迪奥总部与迪奥会面时，甚至就身着红十字会制服。迪奥对这套装束赞不绝口，表示这是"很显高挑的时髦穿着"。很明显，这次时装秀对迪奥来说是一个重要的时刻，因为他在回忆录中提到了这一盛事，谈及当时的壮观场景，以及模特在 2000 名观众面前展示的 14 个时装系列。他还指出，布伦海姆宫最初是为第一位马尔博罗公爵而建的，"以纪念他战胜法国的伟大胜利"。"但当我看到法国和英国的国旗在午后的风中飘扬在宫殿上空时，我就默默地请求马尔博罗原谅我在这样一个地方，树立了法国时尚的胜利标准。我随时都会想到他那愤怒的鬼魂会加入模特的行列。"幻影没有出现，迪奥获得了观众的喝彩，受到了媒体的欢迎，并获得了玛格丽特公主颁发的英国红十字会终身会员证书。

当我第一次在巴黎迪奥档案馆看到布伦海姆宫时装秀的照片时，我惊讶地发现自己正盯着我丈夫的母亲艾琳·阿斯特夫人（Lady Irene Astor）的眼睛，她就坐在玛格丽特公主的后面，她丈夫加文·阿斯特（Gavin Astor）的旁边。我并不曾认识我丈夫的父母——他们两人都在我们第一次见面之前去世了，但从我的丈夫菲利普1984年父亲去世后继承的苏格兰家宅里四处挂着的照片中，我已经很熟悉他们的面容。艾琳年轻时是个大美人，晚年仍保持着淡雅的容貌。后来，当我看到菲利普的侄女们穿着来自她们祖母的华美衣服时，立刻就可以判定她从20世纪50年代起就是迪奥的客户。

几年后，当克里斯汀·迪奥的展览在维多利亚与阿尔伯特博物馆开幕时，艾琳夫人再次出现在一段记录当时布伦海姆宫盛况的黑白影像中。在闪烁的图像里，我寻找线索，希望通过我未曾谋面的婆婆获得一些启示。艾琳出生于一个世纪前的1919年，是陆军元帅黑格最小的孩子，她见证了一些让我感兴趣的历史事件，这对我来说意义非凡。1936年，她被送到慕尼黑的一所精修学校（为富家女子学习上流社会行为所办的私立学校）。在战争期间，她在红十字会工作，时而骑自行车穿过被炸弹袭击的伦敦。1945年10月，她与加文·阿斯特结婚。他曾作为英国士兵在北非和意大利作战，也曾沦为德国的战俘，同样也在战争中经历了改变人生的重大事件。我常常希望在为这本书考证史实细节时能征求她的意见。

但是艾琳……她是布伦海姆宫历史照片中的神秘人物，眼睛盯着镜头，好像一直在等我注意到她。她似乎离我很近，我甚至希望听见她的低语……但是只有一片沉默，以及意味深长的表情——这位穿着迪奥时装的难以捉摸的英国女人。

1954 年 11 月 3 日，玛格丽特公主与马尔博罗公爵夫人在布伦海姆宫参加迪奥时装秀，
这次活动旨在帮助英国红十字会。

一排红十字会护士观看迪奥模特走秀。

玛格丽特公主坐在马尔博罗公爵和公爵夫人之间，出席布伦海姆宫的迪奥时装秀。
第二排，在玛格丽特公主和公爵之间的是艾琳·阿斯特女士。

1952 年 11 月，丹尼斯·德尔福（站立者）和庞贝街的其他盖世太保成员在巴黎军事法庭受审。

表明立场

　　1952 年 11 月 22 日，关于"庞贝街的盖世太保"（Rue de la Pompe Gestapo）的审判在巴黎举行，包括 12 名法国公民和 2 名德国人在内的 14 人面临战争罪的指控。针对他们的案件经过了 7 年多的调查，在此期间收集了数百份包括卡特琳娜·迪奥在内的幸存者的证人证词。然而，在这重大诉讼的第一天，司法宫宏伟的重罪法院，公众旁听席上空无一人。为《世界报》（Le Monde）报道这一审判的记者让-马克·塞奥利尔（Jean-Marc Théolleyre）痛苦地意识到，他的报道似乎会被无视。他写道："没有人对此感兴趣。"但他相信细节不应该被遗忘。因为塞奥利尔在战争期间也是抵抗运动的一员，并在他 19 岁的时候被驱逐到布痕瓦尔德。虽然他没有成为庞贝街刽子手们的猎物，但塞奥利尔依然因为法国似乎已经忘记了战时合作主义者的罪恶而感到愤怒。他继续说，至少这次审判"一定能让人们愤怒而惊讶……监狱里仍然有我们无法判罪的人"。

　　事实上，案件中还有 7 名被告缺席审判，下落不明。缺席者中最引人注目的是该团伙的德国头目弗里德里希·伯杰，他在解放前连同一群法国同伙和盖世太保官员逃离了巴黎。为《纽约客》报道审判的珍妮特·弗兰纳描述了法庭上对伯杰的讨论："他就像一个可怕的传说……一个虐待狂、毒枭、杀人犯，可能还是疯子。"至于出庭的 14 名被告人，他们如同两排样貌平凡的囚犯，面对由 18 名身穿制服的军官组成的军事法庭。庭审由一名身着正式猩红长袍的民事法官罗伯特·查德福（Robert Chadefaux）主持。查德福要求证人讲述他们的经历，如果可能的话，从离他们只有几英尺远的囚犯中找出折磨他们的人。"每一天，"弗兰纳写道，"证人都在一个病房般安静的法庭上讲述他们所遭受的、看到的或听到的一切——男人被殴打，直到他们的衣服与血肉粘连在一起；女人被脱光衣服，手腕被铐在脚踝上，遭受无情鞭打。"

卡特琳娜·迪奥也在证人之中，此前她已经接受了调查小组的多次采访，指认了两名曾经虐待她、在庞贝街放满冰块的浴缸中对她施以水刑的男子。其中一名男子是蒂奥多尔·莱克勒克，但当卡特琳娜指认他时，他的律师表示她错了，酷刑是由拉希德·祖尔加达尔和曼努埃尔·谢尔比纳实施的，他们两人都没有出庭，轻而易举就消失得无影无踪。律师随后向卡特琳娜指出，她错认了莱克勒克，因为他和祖尔加达尔十分相像（尽管后者比他年轻 10 岁，有伊朗血统）。此时，卡特琳娜已无法控制自己的愤怒。据塞奥利尔说，她转向法官发言："法官先生，我知道我自己在说什么。这桩案件夺去了人们的生命，但现在他们却在这里，为这些猪大声地辩护！"卡特琳娜此时表现出的暴怒，与她在漫长的调查过程中一贯的谨慎冷静完全不同。她在法庭上变得情绪化丝毫不足为奇，因为她面对的，是那些使她和无数其他人遭受最恶劣待遇的人，他们谋杀了她的 F2 情报网络战友让·德斯博尔德斯，并把她驱逐到德国。

在关于此次审判的记录中，仅有《世界报》的报道简短提及了卡特琳娜。这似乎令人惊讶，因为此时她的哥哥正是世界上最著名的法国人之一。

《世界报》写出了她的名字，但没有说明卡特琳娜与克里斯汀·迪奥是兄妹关系。《纽约客》的文章根本没有提到卡特琳娜；《泰晤士报》也没有写到她，只是将法庭上的场景描述为"从某种程度上来说，如同但丁笔下所呈现的地狱一般"。卡特琳娜也没有出现在《时代》（*Time*）杂志发表的一篇相关的报道中，该报道的笔墨主要落在伯杰的前情人、14 名被告人中唯一的女性丹尼斯·德尔福身上。（玛德琳·马钱德曾代表伯杰渗入 F2 情报网络，但是被认定病得太重，无法出庭受审，直到 1954 年 7 月才出庭。）《时代》杂志对德尔福在庞贝街扮演的角色进行了丰富多彩的描述："红发的丹尼斯·德尔福坐在浴缸边，摆动着美丽的双腿，心满意足地在笔记本上乱涂乱画。一切都很愉快，除了浴缸里那个赤裸呻吟的生物痛苦捶打时偶尔溅到她衣服上的水。"珍妮特·弗兰纳在介绍被告人时也详细介绍了她的情况："这个叫丹尼斯·德尔福的女人是盖世太保酷刑负责人的速记员和情妇，她被指控用自己的香烟烫受害者。她看起来非常糟糕，眼袋很大，脸色蜡黄。这些人看起来只不过是些粗俗的小罪犯。而目击者对他们的描述，使他们显得阴森而危险。"

审判持续了一个月，在圣诞节前几天结束。8 名法国被告人被判处死刑，3 人被判处终身监禁和劳改，丹尼斯·德尔福被判处 20 年苦役。直接监管伯杰及其帮派的党卫军军官阿尔弗雷德·文泽尔被判处 5 年监禁。级别较低的沃尔特·克里被判无罪，理由是他只是在服从命令。阴险的法国医生费尔南多·卢梭曾自愿为伯杰服务，并于 1944 年 8 月随伯杰逃离巴黎。卢梭被传唤为证人，但检察官不情愿地得出结论，他们没有足够的证据指控卢梭。7 名失踪的被告人，包括弗里德里希·伯杰（各种传言称他在德国担任中情局线人，或为苏联情报部门工作），均被缺席判处死刑。在这起事件中，只有 3 起死刑判决被执行，分别针对费迪南德·波佩特（Ferdinand Poupet）、蒂奥多尔·莱克勒克和乔治·法夫里奥特（Georges Favriot）。1954 年 5 月 24 日，他们在文森堡被行刑队处决。1944 年 8 月 20 日，就是在那里，26 名法国警察和反抗军成员被即将离境的党卫军枪杀，并抛尸在一个乱葬坑里。

与此同时，媒体猜测伯杰在愈演愈烈的冷战中被雇用为间谍。但事实上，法国司法调查人员一直无法找到他，他好像幽灵一样消失在了迷雾中。战争结束时，德国被划分为 4 个占领区，分属英国、美国、苏联和法国，许多前纳粹分子从不同政府管理的缝隙中逃离了被摧毁的城市。类似弗里德里希·伯杰这样的案例，各自为政的军事当局手头积压了有数十万个，同时他们还要着手解决平民无家可归、营养不良和疾病等灾难性问题，以及生活在临时营地中的数百万"流离失所者"。当人们试图通过英国和美国情报部门的官方文件追踪伯杰时，会明显地感受到其间的混乱状况。伯杰使用了几个不同的别名（包括冯·萨托利斯），这使得情况更加复杂。尽管如此，仍然可以从档案记录中拼凑出某种线索。在巴黎进行恐怖统治之后，伯杰的罪行无情地继续着，直到他和他那些三教九流的行刑者、敲诈勒索者、情妇和盖世太保的同谋——其中包括卢梭医生和夫人——在 1944 年秋天取道法国东部离境。在此期间，伯杰及其党羽参与绑架、滥施酷刑、谋杀或驱逐无数无辜受害者，理由是他们可能与抵抗运动有联系，即使这种关系是微不足道的。1944 年 9 月，他们甚至参与了对 8 名英国伞兵的抓捕和拘留，这些伞兵在英国特种空军部队（SAS）行动中空降在法国孚日省（靠近德国边境的山区）敌后，随后被党卫军突击队射杀。

1945 年 5 月 8 日，伯杰终于在米兰附近被盟军士兵俘虏，并在罗马接受一名英国情报官员的审问。伯杰在意大利被英国当局拘留期间，曾主动提出担任对抗苏联的反情报人员。然而，当局认为他不可靠。一份早期报告总结称："他是一名迫害狂，而不是一名情报官员。"在英方关于他的档案中，出现了一系列越来越恼怒的评语，其中一条说"伯杰在……大放厥词"；而另一条则表明伯杰精神状态不稳定，因此他被转移到了一家军事医院，在那里"像哈姆雷特一样，他可能不太会被特别注意到，因为那里的人都和他一样疯狂"。

最终，英国人似乎对伯杰失去了兴趣。直到 1946 年 11 月，他被遣返回德国。1947 年 2 月，他被英国移交给巴登的法国当局，并在 6 月从巴登逃到苏区。1 个月后，伯杰在东柏林被捕，直到 1955 年之前都一直被苏联控制，在西伯利亚的集中营服刑。1955 年 10 月，在他返回联邦德国后（巧合的是，就在同一周，克里斯汀·迪奥正在德国旅行），法国当局要求将他引渡到巴黎。然而，这被联邦德国政府拒绝了，使得伯杰仍然逍遥法外。

1956 年 4 月初，伯杰在慕尼黑接受了一名中情局官员的访问，他表示愿意为美国从事反苏工作，以换取财政支持。他提议"组织一个特工网络，改进反间谍工作"。这位中情局官员不相信伯杰的投机主义言论，认为"他可能是苏联情报机构的特工"，可能"在西方执行任务"。事情可能就此结束，但中情局的档案记录了 1957 年 4 月 14 日与伯杰的最后一次会面，地点在他当时在慕尼黑开的一家名为"格里塔"（Greta）的小酒吧。那天晚上，伯杰开始与一名卧底特工"畅所欲言"，后者报告说，他"声称自己曾是纳粹，并且，当时仍然是纳粹……他声称自己在战争期间曾是盖世太保官员，并去过巴黎。然后，他讲述了他在巴黎发生的几次滑稽的经历"。

中情局档案没有提供这些所谓的"滑稽经历"的细节，但它确实揭示了伯杰被视为"一个有争议的人物，不确定是否有必要去处理"。历史并没有记载他作为酒吧老板的职业生涯是否成功，但无论如何，伯杰于 1960 年 2 月 10 日在慕尼黑以自由人的身份去世，时年 48 岁。

就在巴黎举行对庞贝街纳粹人员审判的同时，克里斯汀·迪奥的工作日程依然繁忙。1952 年 11 月 25 日，按照时装业的惯例，迪奥时装屋举行了一年一度的圣凯瑟琳节（Saint Catherine's Day）庆典。迪奥延续了法国的传统，被称为凯瑟琳娜（Catherinettes）的年满 25 岁的未婚女性要头戴化装帽子出席庆典。迪奥在他的回忆录中写道："你真的应该在圣凯瑟琳节那天参观蒙田大道 30 号。在我们这个行业中，这场守护神盛宴有着巨大的意义。对我来说，这很重要。我走访了所有部门，在向每个工坊发表的简短演讲中，我试图表达对所有与我一起努力的人最真挚和温柔的感情，无论他们的职责是重大还是琐碎，都是为了实现我们企业的成功……我的指尖仿佛触碰到了整座大楼的脉搏。没有什么比圣凯瑟琳节更快乐了。每个工坊都有自己的管弦乐队……还有一场持续不断的舞会。"

迪奥对节日欢乐的描述，也表明他相信生活中的乐趣自有其价值。尽管他以腼腆著称，更喜欢在家里的小聚会上与朋友和家人见面，但他还是破例参加了化装舞会，这在二战前是巴黎社会的一大特色。

1947 年，随着时尚界对"新风貌"中浪漫风情的追捧，正如迪奥所言："战后精神激发了一系列的舞会。克里斯汀·贝拉尔组织了一场'羽毛

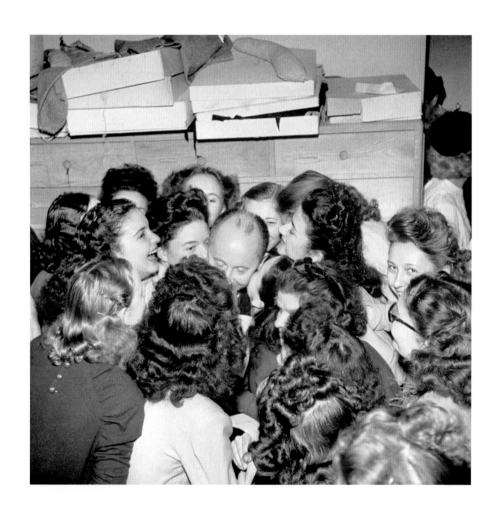

在圣凯瑟琳节庆典期间，克里斯汀·迪奥被他的女裁缝包围。

舞会'，那一天，全世界最优雅的人头上都装饰着各种羽毛，包括天堂鸟、鸵鸟、白鹭……"随之而来的是 1949 年艾蒂安·德·博蒙特伯爵（Comte Etienne de Beaumont）的"众王舞会"（Ball of Kings），"巴黎的每一位名人都头戴着纸板王冠亮相"。这位伯爵在战前举办的主题舞会在他位于马塞兰街（Rue Masseran）的 18 世纪宅邸举行，一直是当季社交生活的焦点。在德国占领期间，尽管参加了德国机构举办的招待会，并接受了奥托·阿贝茨的各种邀约，德·博蒙特的社交生活质量还是比之前有所下降。到了 20 世纪 40 年代末，属于他自己的娱乐活动又开始了。

克里斯汀·迪奥以"丛林之王"的身份出席了众王舞会，身穿年轻的皮尔·卡丹为他设计的狮子装（与迪奥通常穿着的朴素剪裁的灰色西装形成了惊人的对比）。克里斯汀·贝拉尔以英国亨利八世的造型出现。雅克·法特身穿着豹皮紧身短上衣，饰演的是查理九世，而他的妻子则是饰演奥地利的伊丽莎白皇后。在众王舞会之后不久，贝拉尔于 1949 年 2 月 11 日死于心脏病发作，享年 46 岁。贝蒂娜·巴拉德自 20 世纪 30 年代起就认识贝拉尔，当时他们一起为 *Vogue* 杂志工作，她早已意识到贝拉尔鸦片成瘾，再加上疯狂的社交活动，使他无法实现成为一名伟大艺术家的梦想。在他的葬礼后，她写道："他生前生活在巴黎优雅而肤浅的氛围之中，现在他又在同样的氛围中被埋葬。"她注意到吊唁者中还有他的密友，时髦而才华横溢的玛丽·路易斯·布斯凯。"他曾在她的沙龙里闪耀光芒，并用一种不同寻常的诚实笔触描绘了她的肖像，展示了她哗众取宠背后的悲伤。"

众王舞会是艾蒂安·德·博蒙特举办的最后一场盛大派对。1951 年 9

左页图：克里斯汀·贝拉尔，《舞会上的优雅》。

359

月 3 日，富可敌国的的卡洛斯·德·贝斯特古（Don Carlos de Biestegui）在他位于威尼斯的家拉比亚宫（Palazzo Labia）举办了一场更为奢华的化装舞会。这座宫殿建于 17 世纪末 18 世纪初，俯瞰着威尼斯大运河，其宴会厅里装饰着提埃坡罗（Tiepolo）价值连城的湿壁画，该壁画描绘了莎士比亚创作的戏剧——安东尼和克莉奥佩特拉的故事。在第二次世界大战期间，这座建筑年久失修，其地基因一艘运载弹药的船只爆炸而严重受损。

贝斯特古（或者叫查理，包括温莎公爵和公爵夫人在内的朋友们都这么叫他）是墨西哥银矿的继承人。战争的大部分时间，他都在位于巴黎以西 30 英里左右的法国乡村庄园格罗赛（Groussay）中度过。贝斯特古在西班牙大使馆随员的外交身份保护下，继续奢侈地招待客人，他的酒庄在战火和侵略中毫发无伤。1948 年，贝斯特古买下了拉比亚宫，经历了一番耗资巨大的修复之后，他邀请了 1200 名客人参加了这场被媒体称为"世纪派对"的活动。据《生活》杂志报道，"世界上最尊贵和最有钱的居民"都参加了这次舞会，但这场奢华无度的舞会也引发了一些争论。苏珊·玛丽·帕顿承认，她和丈夫感到"很不舒服，在我们的清教徒良心和对参加聚会的巨大好奇心之间左右为难"。最后好奇心占了上风："毕竟我们不太可能再看到类似的场景了。"

克里斯汀·迪奥作为嘉宾出席，并负责提供许多服装。苏珊·玛丽·帕顿在与丈夫前往威尼斯的途中正好目睹了这一幕。"我们在洛桑美岸酒店（Beau Rivage）过夜时，在院子里遇到了这个派对。上午 9 点，这里挤满了司机，正忙着将迪奥的盒子绑在劳斯莱斯的车顶，为开过辛普朗山口做准备……"

黛西·费洛斯乘坐她的私人游艇抵达威尼斯，并穿着据说代表"18世纪50年代美国"精神的服装参加了舞会：一件由黄色缎子和豹纹雪纺制成的迪奥礼服裙，头发上插着琴鸟的羽毛。陪同她的人也都身穿迪奥服装，其中包括她的女儿埃梅林（曾因战时合作而服刑，后来完全恢复了社会地位）和几名身穿豹纹服装的半裸年轻男子。

温斯顿·丘吉尔也被邀请参加舞会，但他选择不去。南希·米特福德也选择拒绝。"我想，不去参加舞会太傻了，"她当时在一封信中写道，"但一件最便宜的裙子都要200英镑……几乎不值得。"然而，南希的妹妹戴安娜·莫斯利还是去了，达夫和戴安娜·库珀、丘吉尔的妻子克莱门汀和侄女克拉丽莎（她在第二次世界大战期间曾在外交部破译密码，1952年嫁给了政治家安东尼·伊登）也去了。克拉丽莎在她的自传中回忆道："在威尼斯美丽的拉比亚宫举行的舞会，似乎和凡尔赛宫的一些皇室活动一样令人担忧。人们因没有收到邀请而发了狂。一些美国人乘坐游艇抵达丽都岛，停泊在那里等待，希望能参加派对。要我说，他们不必担心。拉比亚宫灯火通明，宾客们悉心准备的所有精美服装都会显得黯然失色。只有戴安娜·库珀扮演的克莉奥佩特拉脱颖而出，在大厅里的提埃坡罗的壁画之下闪耀着光芒……"

雅克·法特身着金色服装，打扮成18世纪的太阳王，他光彩夺目的妻子装扮成太阳女王，陪他隆重登场，再次引发人群的轰动。据苏珊·玛丽·帕顿说，这种效果"就像甜点太甜了"。贝斯特古本人在宾客面前鹤立鸡群，从正常身高5英尺6英寸变成了一个身材高大的人：他脚踏16英寸厚的高跟鞋，头戴18世纪的涂粉假发，身穿威尼斯共和国检察官的猩红长袍。

或许当晚最不寻常的是萨尔瓦多·达利、克里斯汀·迪奥和玛丽·路易斯·布斯凯的服装：三人穿着白色长袍，戴着黑色面具，扮演"威尼斯的幽灵"。从他们在舞会上拍的照片上看，他们的脸完全被遮住，几乎无法辨认。他们在现场神出鬼没，就像宴会上的鬼魂。而迪奥自己对这一时刻的回忆，则是一种神奇的狂喜。他在回忆录中写道："这是我所见过的，或将要看到的最华美的景象。"他接着说了一段话，为这一事件进行了一长段激烈的辩护："我可以毫不掩饰地说，贝斯特古的舞会是一次我庆幸曾经拥有过的美好记忆。像这个档次的庆典才是真正的艺术品。因为这样铺张的舞会也许会激怒某些人——但它们依然令人向往，并且在我们这个时代的历史上具有重大意义……欧洲已经被扔下太多炸弹，现在只想放烟花……令人欣慰的是，黑市商贩的粗俗盛宴正逐渐被后起阶层更优雅的奢华所取代。"

　　重读迪奥的话，我被他提到的炸弹和黑市所震惊，因为这两者在战后都没有真正消失。许多欧洲经济体遭到破坏，导致食品、燃料和药品的短缺，这意味着黑市将继续繁荣，尤其是在德国和奥地利。

　　事实上，我们很容易想象那些逃避了司法审判的原盖世太保成员重操旧业，倒卖起配给商品。1948 年冬天，卡罗尔·里德（Carol Reed）在被炸毁的维也纳街头和下水道拍摄的经典黑色电影《第三人》（The Third Man），生动地展现了这个充满诡计和腐败的阴暗世界。（奥森·威尔斯在影片中饰演哈里·莱姆，一名道德败坏的敲诈勒索者，他也是贝斯特古舞会上最引人注目的嘉宾之一。）《第三人》的原著作者格雷厄姆·格林（Graham Greene）还利用自己作为英国间谍的经历，探索国家机密的非法交易，并将其作为冷战间谍剧的核心。格林的朋友、军情六处前主管、双重间谍金·菲尔比（Kim Philby）在 20 世纪 50 年代被指控为"真正的第三人"，也许这并非巧合。

在所有的幕后交易中，最危险的是与发展核武器相关的那些。1949 年 8 月 29 日，苏联成功地引爆了第一颗原子弹，这让西方大为震惊。随着地缘政治紧张局势愈演愈烈，军备竞赛也随之升级，苏联和美国各自进行了一系列成功的核弹试验，并各自扩充了大规模杀伤性武器库。

1953 年 8 月 13 日，让·谷克多在日记中透露，他对报纸给迪奥"把裙长缩短了 4 厘米"的版面与苏联氢弹发展的报道一样而感到惊讶。"我认为任何比例感都消失了。"他愤怒地写道。在谷克多埋怨的同一周，克里斯汀·迪奥的照片出现在《巴黎竞赛画报》的封面上。这位服装设计师拿着一把卷尺，旁边是一张裁剪过的模特身穿稍短裙子的照片。该杂志在报道中宣布"迪奥发起了裙子之战"，而该期的另一篇报道则引起了人们对东柏林最近发生事件的关注：在那里，人们抗议食物短缺和物价上涨。

事实上，克里斯汀·迪奥并没有忽视全球政治，他对战后的和解和欧洲统一的承诺就是明证。作为一个年轻的波希米亚人，他甚至在 20 世纪 30 年代初前往苏联进行了一次考察，在回忆录中他将之描述为"不顾一切地寻找新的解决方案，以解决资本主义危机所带来的尖锐问题"。尽管迪奥很喜欢化装舞会，但他也很清楚，时尚必须与政治变化相适应。"1952 年从一开始就是严肃的一年，"他写道，"'新风貌'带来的兴奋之情已逐渐消散，前一年的浮夸奢华也开始平息。眼下时尚的要点，是谨言慎行。"

迪奥的话虽然有些反常，但他这种对着装的谨慎态度却不妨碍他推出引人注目的红色晚礼服和缀满花朵的雪纺鸡尾酒礼服。毕竟，他的客户总是少不了社交名流，对他们来说，政党和政客的概念仅出现在拟定的嘉宾名单里，而不是出现在国家政府的活动上。然而，他对时装艺术的执着源自一种真诚的信念，即它代表了法国文明最好的那个部分。正如他在回忆录中所写的那样："真正的奢侈品需要好的材料和做工。除非其根源深植于清醒的影响力和诚实的传统中，否则它永远不会成功。"从这个意义上讲，一件看似轻浮的派对礼服可能展现了真正的努力。除了适合轻松场合的套装，迪奥的时装系列总是提供堪称典范的剪裁。例如，在1952年，他的时装系列中包括高贵的灰色"晚宴礼服"（dinner dress）、整洁的鱼骨纹羊毛外套，以及由深色绒面呢或黑色针织物裁剪而成的"午后聚会"（afternoon ensembles）。

同年12月，卡特琳娜在司法宫对庞贝街纳粹人员的审判中出庭作证时，克里斯汀正在创作他1953年春夏的高级定制系列，他将其命名为"郁金香"系列。这一系列的标志性单品是一件定制的灰色羊毛日礼服，有着端庄的领口和整齐的腰带下裙。这件礼服优雅而保守，也许正适合身负历史使命，出席外交领馆发起的巡回法庭。

就像往常一样，即使在隆冬时节，迪奥仍在勾勒自己的设计草图，他丰富的想象力即使在这个季节也可以造就花朵：一件精致的天蓝色欧根纱连衣裙，点缀着精致的春蕾。该系列中的明星是美丽得惊人的"五月时分"舞会礼服裙，上面绣着优雅的嫩绿枝叶、玫瑰粉和丁香紫的花瓣。我想知道，在这些充满艺术气息的设计中，有哪些是他想着卡特琳娜设计的。最初的"五月时分"礼服裙仍保存在迪奥档案馆中。一位知识渊博的馆长表示，这件礼服的灵感来自卡特琳娜，再次致敬了她对鲜花的热爱。但相反，我正想象着卡特琳娜穿着那件经典永恒的灰色礼服，站在司法宫为自己辩护，捍卫自己的立场。

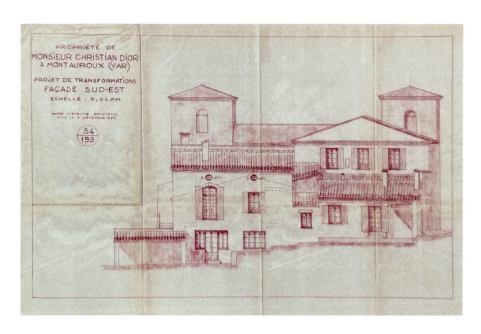

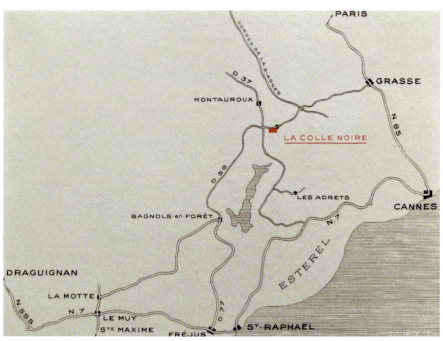

墨山城堡

　　在蜿蜒曲折的道路上，很容易错过通往墨山城堡（La Colle Noire）的转弯。这条道路穿过费耶斯（Fayence）的群山，一直到达蒙塔罗（Montauroux），但当克里斯汀·迪奥于 1950 年买下这处房产时，他已经对这一地区非常熟悉了。纳依塞斯农舍就位于几英里之外。20 世纪 30 年代初，在他母亲去世、父亲莫里斯遭遇灾难性破产和丧亲之痛后，这处僻静的农舍曾是他的避难所，也曾在战争初期为克里斯汀和卡特琳娜提供安身之处。1946 年，卡特琳娜继承了纳依塞斯农舍的遗产后，每年都会去那里过夏天，而克里斯汀仍然在小农舍里保留有自己的卧室，有空的时候也会去与卡特琳娜团聚。

　　墨山城堡要比纳依塞斯农舍大得多。这是一座建于 11 世纪中叶的大型庄园，最初由一位当地著名的律师建造，他还在庭院中修建了一座小教堂。当克里斯汀发现这处房产待售时，它已经陷入了破败的状态，但它居高临下、可以俯瞰周围乡村的地形和有 90 公顷广阔土地的特点吸引了他。在买下墨山城堡之后，他委托建筑师安德烈·维钦尼斯（André Svetchine）负责翻新改造。维钦尼斯出生于俄罗斯，工作室位于尼斯，经手的项目包括为马克·夏加尔（Marc Chagall）建造一座别墅，以及为迪奥工坊总监雷德

左页上图：安德烈·维钦尼斯创作的《墨山城堡立面平面图》，1954 年。
左页下图：迪奥的地图，上面标注了墨山城堡的位置。

367

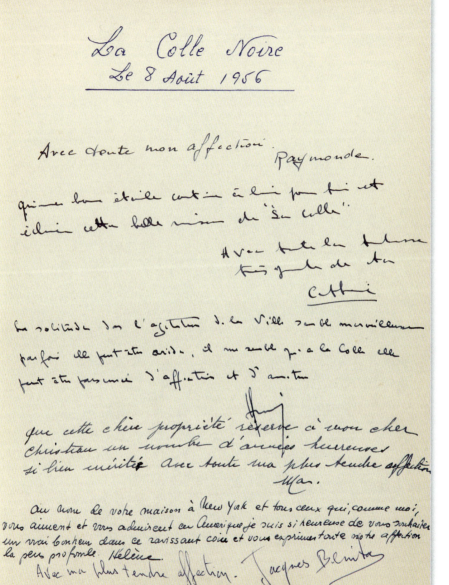

La Colle Noire
Le 8 Août 1956

Avec toute mon affection.   Raymonde.

qu'une bonne étoile continue à luire pour toi et
éclaire cette belle maison de "La colle".

Avec toute la tendresse
profonde de ton

Cathi

La solitude dans l'agitation de la Ville semble merveilleuse
parfois elle peut être aride, il me semble qu'à la Colle elle
peut être parsemée d'affection et d'amitié

que cette chère propriété réserve à mon cher
christian un nombre d'années heureuses
si bien méritées Avec toute ma plus tendre affection
Mar.

au nom de votre maison à New York et tous ceux qui, comme moi,
vous aiment et vous admirent en Amérique je suis si heureuse de vous souhaiter
un vrai bonheur dans ce ravissant coin et vous exprimer toute notre affection
la plus profonde. Hélène

Avec ma plus tendre affection.   Jacques Bénita

上图：墨山城堡访客手册，包括卡特琳娜·迪奥写给哥哥的留言。
右页图：马克·夏加尔的一幅画。

368

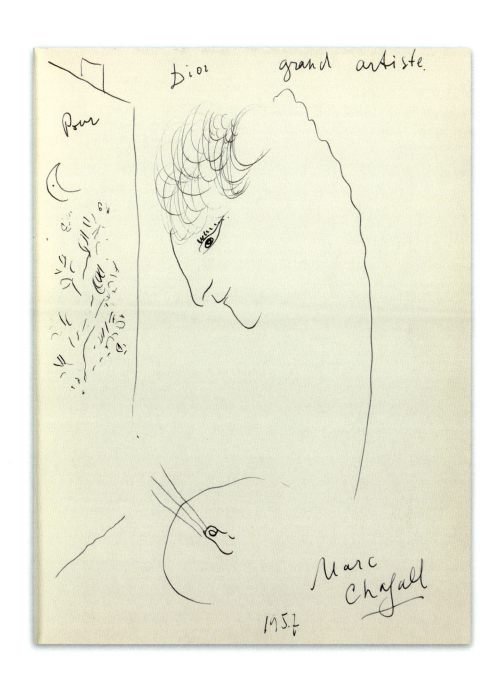

369

蒙·泽纳克尔翻修一座旧磨坊。然而，房子的大部分设计将由克里斯汀自己构想，他还监督了葡萄园、果园和花园的大规模重新种植。

墨山城堡的翻新工程持续了数年时间，虽然花费了大量资金，但却为这座建筑带来了持久和优雅。房屋外的石头立面看起来安静而高贵，而不是浮夸或宏伟。高大的柏树像哨兵一样矗立在通往前门的砾石大道两侧。在大厅里，克里斯汀的个人风格扑面而来，比如用鹅卵石镶嵌的罗盘玫瑰造型的马赛克图案，这是他童年时期在格兰维尔的家勒伦布庄园的重要特征。内厅的一张桌子上，放着一本摊开的宾客手册。当我翻阅时，最为欣赏马克·夏加尔留下的一幅画和一条信息，他写道："献给伟大的艺术家克里斯汀·迪奥。"但最令人感动的是克里斯汀的小妹妹在扉页上写下的一句话："愿幸运之星继续为你闪耀，照亮这座美丽的墨山城堡。致以最温柔的问候，你的卡特琳娜。"

沿着走廊走进克里斯汀的私人空间，壁龛床上方悬挂着他象征性的白色石膏幸运星，仿佛他只是刚刚溜走了一会儿。老花图案的路易威登手提箱上，放着他的旧草帽。桌上的花瓶里，插着从花园里摘来的五月玫瑰，花香混合着他自己选择的古龙香水的幽香。卧室旁边是克里斯汀的书房，书房里有一张桃花心木书桌，他在那里写下了回忆录的最后一章。正是在这里，他描述了自己对未来的希望，他的声音在他去世后很久仍然回荡着。他写到，墨山城堡"简单、古老、高贵。我希望它的尊严，也恰好展现我即将进入的人生阶段。我把这所房子当作我真正的家。如果上帝允许的话，我希望有一天退休后可以回到这里，有一天我会忘记服装设计师克里斯汀·迪奥，重新成为被忽视的那个人……"。

我坐在克里斯汀的办公桌前重新阅读了这一章，然后从敞开的窗户向外看去，目之所及是山顶上的卡利安村。在树林和土地的自然轮廓中，掩映着卡特琳娜的玫瑰花田以及她的房子。今天早些时候，我在花园里吃午饭时遇到了劳伦特·德斯·查尔伯尼（Laurent des Charbonneries），他是卡特琳娜的伴侣埃尔维的孙子，曾经常去纳依塞斯农舍看望他们。劳伦特解释说，对他来说，卡特琳娜就像埃尔维的妻子露西一样，都是祖母。他把卡特琳娜描绘成一个矜持、谨慎但有力量和尊严的人。他说，她从不提及战争或者私事。正如劳伦特所说："卡特琳娜·迪奥的字典里不会有很多单词。但她总是愿意讨论政治和时事。"卡特琳娜是戴高乐主义者，他的祖父埃尔维也是。他们都是爱国者，都相信戴高乐将军所说的"法国的某种理念"。

劳伦特本人曾作为军医从军。他认为卡特琳娜对此感到欣慰，尽管她从来没有这么直接地告诉过他。她不是一个善于表达爱意的女人，尽管他觉得她深深地关心着她所爱的人。劳伦特对卡特琳娜最深刻的记忆之一是她的气味，因为她每天都喷着迪奥小姐的香水，无论是在花园里劳作还是采摘她所种植的玫瑰。在梳妆台上，她放着一瓶迪奥小姐香水和几支迪奥口红。劳伦特说，她不是一个"时尚女性"，但她总是很优雅，总是泰然自若，穿着得体。

至于克里斯汀，他在劳伦特出生之前就去世了。但劳伦特说，自己的父亲休伯特记得他对人的友善和礼貌，以及他与卡特琳娜的亲密无间。在墨山城堡里，至今依然可以寻到卡特琳娜的身影，尤其是在房子深处的一条走廊上挂着的一组照片中。照片中，有童年时期住在格兰维尔的卡特琳娜，也有

下页和下下页图：墨山城堡，1957年。威利·梅沃德摄。

371

纳依塞斯农舍的花园里成为一位年轻女子的卡特琳娜：她穿着一件简单而别致的迪奥棉质连衣裙，站在农舍的露台上，面带微笑，手里拿着一个玻璃杯。

克里斯汀和卡特琳娜之间的联系，在书房中体现得更加明显。桌子上放着他当年使用的黑色胶木电话，其中一条直拨电话线就通往妹妹在卡利安的家。我试着拨打了一下，线路当然不通了……这座房子如此生机勃勃，电话怎么会不通呢？当我写字的时候，房间里似乎有电流在脉动。我的头发充满静电，我的笔记本电脑也是。当我的手指敲击键盘时，我感觉到了轻微的电击。我再次拿起听筒，聚精会神地听着。寂静中有一种轻柔的嗡嗡声，就像贝壳中传来大海的声音，或是逝去时间的回声。壁炉台上的时钟在嘀嗒作响，金色的钟摆平稳地回荡着。墙上有一个气压计，指示着天气的变化。外面开始下起了小雨，微风吹过树林，树叶在风中低语。花园里的某个地方有一只孔雀在鸣叫，阳台外长水池上喷泉还在喷水。我拿起克里斯汀的回忆录，重新阅读他在这张书桌前写下的文字："事实上，当我写下最后几行时，我就在蒙塔罗。命运把我带到普罗旺斯乡村的平静与安宁中，好让我完成这项工作。夜幕降临，随之而来的是无限的宁静。蒙田大道似乎很遥远。而我在葡萄藤下度过了一天，观察未来葡萄的收成。第一颗星星已经出来了，星光落在我窗户对面的水池之中……"

我继续坐在办公桌前，等待天黑，希望看到克里斯汀曾看到的星星。最后，云层终于散去，月亮在夜空中闪烁着微光，随后又像是被一层黑色天鹅绒遮住了。办公桌对面是一张牌桌，上面有两副扑克牌，仍然可以玩克里斯汀热衷的卡纳斯塔纸牌游戏。橱柜里还有其他几副纸牌。其中一副看起来年代似乎可以追溯到克里斯汀的童年时代，因为它描绘的是穿着 19 世纪服装的高雅人物。旁边还有他的一套占卜卡片，上面手写着注释。这些会是克里斯汀最爱的占卜师德拉哈耶夫人给他的吗？要是德拉哈耶夫人现在能给我一个线索，为我指明迪奥的方向就好了。我洗了洗牌，望向天空寻找指引，然后挑了一张：右上角标着字母 J，左上角是两个梅花，上方手写着"财富"二字。画面为一组 6 名女性。其中一人指向天空，在那里，由 7 颗星星组成的星座（昴宿星团？）被一系列的线段连接起来，形成了一幅神秘的天文学图案。女人的下方是另一幅画：一束鲜花，放在两块岩石堆或悬崖之间。一只鸟坐在左边的岩石上。在右边，另一只鸟似乎正在降落。卡片底部的手写笔迹是 titres renomée。（我仍在困惑，在解读塔罗牌的神秘语境中应该如何翻译这些词，也许预示着迪奥的名利？）

传说，德拉哈耶夫人于 1957 年 10 月警告克里斯汀·迪奥不要去意大利，因为她在塔罗牌上看到了不祥的预兆。但这一次，他无视她的建议，前往托斯卡纳温泉小镇蒙特卡蒂尼，希望在那里减肥。同他一起前去的还有雷德蒙·泽纳克尔和他 17 岁的教女玛丽·皮埃尔·克勒（Marie Pierre Colle），其父皮埃尔曾是克里斯汀的朋友以及画廊的合伙人，已经于 1948 年去世。他们的原计划是让克里斯汀享受一次恢复活力的休养，释放压力、舒畅身心。当时他已经患有心脏病，体重和压力的增加加剧了他的病情，但他一直对外隐瞒着这一切。在外界看来，迪奥一直维持着冷静而专业的风度，然而塞西尔·比顿在 1954 年对这位服装设计师的描述，敏锐地点出了这位设计师冷漠的外表下隐藏着的不安和焦虑。比顿在 The Glass of Fashion 一书中写道："迪奥的外表就像是一个乏味的乡村助理牧师，用粉色杏仁膏制作而成。他表面上的沉着是一种欺骗，掩盖着他天生的焦虑和神经质。在每一个新的系列问世之际，这种神经质都几乎会让他彻底崩溃。"

比顿敏锐地意识到了驱动迪奥的压力，尤其是他对现在已经超过 1000 名的员工所负有的责任。但比顿也认为，在这样一个充斥着名媛和戏精的行业里，迪奥是一个具有思想的人，比大多数人更善于透过表象看到本质，因此永远也不会沦为时尚界的怪物："一个脚踏实地的资产阶级，尽管人们对他赞不绝口，但他仍然保持着如紫罗兰般的谦虚。他那蛋形的脑袋可能会摇来晃去，但它永远不会被成功所改变。迪奥并没有误解自己的公众形象，尽管当他抵达纽约时，他得到的报纸版面和温斯顿·丘吉尔一样多。他很庆幸，当时尚厌倦了他（即使是最伟大的人，在这个世界里也无法占据王位超过几十年）时，他早有足够的运气和智慧，为自己存了一个安身之巢，可以在退休后回到他的农场和花园里潜心耕种。"

事实上，还有一个连比顿这样的时尚界人士都不知道的秘密：迪奥欠了大量未缴的政府税款。据他的传记作家玛丽-法兰西·波希纳称，到 1957 年，他的未缴税款为 4000 万法郎，约合 100 万美元（约合 700 万元人民币）。考虑到迪奥公司惊人的成功，迪奥负债累累的说法似乎令人难以置信。例如，据报道，1956 年，迪奥一家公司就贡献了法国对美国出口总额的一半。但克里斯汀的花费超出了应有的范围：首先，他在 1950 年从皇家街租来的公寓搬出来后，在巴黎买下了一大幢联排别墅。这座豪宅位于巴黎第十六区儒勒·桑多大街 7 号，随后由维克多·格朗皮埃尔和乔治·杰弗里进行了昂贵的翻新和装饰。它配有 18 世纪的法国古董、水晶枝形吊灯和奥比松地毯。哥特式挂毯旁挂着一幅马蒂斯绘制的画作。别墅内的日常维护和运营，需要 6 名家庭工作人员，包括一名管家和一名厨师。此外，还有墨山城堡的额外支出：克里斯汀对建筑完美的追求并不便宜，他对花园的雄心壮志

右页图：1957 年 1 月，克里斯汀·迪奥在巴黎的家中。卢米斯·迪恩摄。

也同样昂贵。看起来很自然的游泳池是奥运会竞赛标准的大小。为了照顾新种植的杏树、橄榄林、葡萄园，以及大量茉莉花、鸢尾花、百合花和玫瑰，他安装了覆盖面积巨大的灌溉系统。无论是对巴黎的工作人员，还是对普罗旺斯的当地事务，他都出手慷慨，例如，他出资翻修了附近蒙塔罗村中历史悠久的圣巴塞勒米教堂，并于1953年将其捐赠给社区。

无论是对丰盛的食物、甘甜的美酒、精致的房子还是奢华的生活，克里斯汀的胃口越大，他就越焦虑，越不喜欢自己。玛丽-法兰西·波希纳引用了他给一位老朋友的信中一句悲伤的话，他说，当他在镜子里看到自己时，他的倒影让他感到羞愧："你的老服装设计师在他枯萎的过程中变得越来越胖。"1956年，克里斯汀爱上了一个英俊的年轻人，摩洛哥出生的歌手雅克·贝尼塔（Jacques Benita）。但这种关系似乎并没有缓解他的焦虑，也没有阻止他在工作中对完美的不断追求。因此，克里斯汀于1957年10月20日抵达蒙特卡蒂尼的格兰德大酒店时，他的焦虑也如影随形。

这次旅行原本是让他休息一下，但抵达后第二天的大部分时间他都一直在给巴黎办公室打电话。当他终于离开房间时，他表现出了他标志性的礼貌，酒店员工都被他的礼貌风度所吸引。10月23日晚，克里斯汀与雷德蒙和玛丽·皮埃尔玩纸牌游戏，然后早早回到卧室。过了一会儿，雷德蒙决定去看看他——事后她说她有"预感"——发现他倒在浴室地板上不省人事。医生很快就来了，但克里斯汀已经因心脏病发作被宣布死亡，死亡时间是午夜之后。雷德蒙立刻给卡特琳娜打了电话，她直接动身去了意大利。卡特琳娜赶到蒙特卡蒂尼，看着她哥哥身穿黑色衣服躺在床上，然后被放入棺材中，遗体随着马塞尔·布萨克的私人飞机返回巴黎。

克里斯汀·迪奥在 52 岁时突然去世的消息迅速曝光，成为国际头条新闻。他在改变时装业 10 年后就去世了，这让人们为此震惊。1957 年 3 月，迪奥手持一把巨大的剪刀出现在《时代》杂志的封面上，似乎象征着他对时尚有着至高无上的影响力。一些观察家认为，他是不可替代的，因此迪奥时装屋不可避免将走向消亡。事实上，一位杰出的继任者已经就位——自 1955 年以来一直为迪奥工作的年轻人伊夫·圣·洛朗（Yves Saint Laurent）。但即便如此，他的去世也标志着一个时代戏剧性的结束。与他同时代的一些人大多也英年早逝：罗贝尔·比盖于 1953 年去世，享年 54 岁；1954 年雅克·法特去世，时年 42 岁；1955 年去世的是 53 岁的马塞尔·罗切斯。这也在业内引发了争议，人们开始审视这个行业是否对从业人员带来了太大的损耗。

卡特琳娜·迪奥后来在接受斯坦利·加芬克尔的采访时表示，她哥哥巨大的工作量可能是导致他早逝的原因："我哥哥的工作量太大了，这可能是他无法忍受这场持久竞争的原因之一。这场竞争就是服装设计师的竞争，持续了十多年。他的健康状况相当脆弱，他全身心地投入自己的职业中，投入创作中，投入时装屋的管理中，投入自己的生意中，投入他在美国所做的各种演讲中。所有这些对他来说都很累……"她继续说到，随着克里斯汀的工作日程变得越来越紧张，"我们不能像以前那样经常见面了，尽管我们之间的感情纽带非常牢固"。

显然，时尚的需求变得越来越强烈。克里斯汀·迪奥的去世则带来了一种远远超出时装界范围的损失。迪奥的朋友皮埃尔·贝杰（Pierre Berge）后来成为圣·洛朗的合伙人，他将迪奥的去世描述为"全国性事件。就好像法国已经不复存在了"。葬礼于 10 月 29 日在圣奥诺德·埃劳教堂举行，规模之宏大如同国丧，教堂外聚集了大量的人，其中包括 2000 名哀悼者。温莎

左页图：克里斯汀·迪奥的葬礼，1957 年 10 月 29 日在巴黎圣奥诺德·埃劳教堂举行。

上图：在卡特琳娜的安排下，祭奠的鲜花被放置在凯旋门无名士兵墓旁。卢米斯·迪恩摄。

公爵夫人出席了葬礼，让·谷克多、卡梅尔·斯诺和迪奥的大多数同行：吕西安·勒龙、雅克·海姆、让·德塞斯（Jean Dessès）、皮尔·卡丹、休伯特·德·纪梵希（Hubert de Givenchy）和克里斯托巴尔·巴伦西亚加都出席了葬礼。可可·香奈儿没有来，但送来了一个红玫瑰花圈。事实上，现场有太多的花，包括克里斯汀最喜欢的铃兰，它们布满了整个教堂，花瓣沿途撒在街上。卡特琳娜嘱咐说，这些鲜花祭品应该在葬礼之后移到凯旋门无名士兵墓下。卡特琳娜也为她哥哥在卡利安公墓的最后安息之地做了安排，她佩戴着黑色的哀悼面纱，陪同克里斯汀的棺材从巴黎出发，连夜赶往卡利安。

皮埃尔·贝杰也在随同葬礼车队向南行进的一小群朋友中，他回忆起当灵车驶向卡利安时，看到"村里所有的女人都从家里出来，手中扔出鲜花"，他感到非常惊讶。当地牧师在那里举行了另一场葬礼弥撒，直到棺材最终被安放在坟墓里，卡特琳娜在一旁看着，悲伤地低着头，眼睛被传统的面纱遮住了。"亲爱的弟兄们，你们感到悲伤，"牧师说，"但请记住，上帝呼唤迪奥前往，那是因为他需要迪奥给天使们做衣服……"

让·谷克多是一个更加世故的人，他提供了另一种视角。谷克多在给迪奥写悼词时写道："他的善良与令人愉悦的才华相得益彰，这让他超越了时尚轻浮的潮流。这位光明的王子了解并尊重黑暗王子……克里斯汀·迪奥的突然去世证明了一条规则，即烟花燃放后，夜晚必须把所有人送回家。"

午夜将至，墨山城堡的院墙中一片寂静。我爬上楼梯，来到房子顶部卡特琳娜的避难所。今晚我要在那里过夜。1958年纳依塞斯农舍进行现代化改

1957 年 10 月 30 日，卡特琳娜·迪奥（左边，戴着黑色面纱）在卡利安举行的葬礼上，陪同她的还有埃尔维·德斯·查尔伯尼和玛斯·勒费弗尔。

造时，她和埃尔维·德斯·查尔伯尼在这里住了 6 个月（在此之前农舍都没有通电，只有简陋的水管）。她哥哥的遗愿很简单——他把一切都留给了卡特琳娜和雷德蒙·泽纳克尔，这两个女人代表了他生活的两个不同方面：普罗旺斯乡村的自然韵律，以及巴黎时尚的狂热商业。但他的债务太重了，墨山城堡连同他在巴黎的联排别墅都将被出售。卡特琳娜被任命为"道德继承人"，负责保护克里斯汀·迪奥的艺术遗产。她以其特有的忠诚承担了这项任务，确保他的自传得以出版，将他的时装创作保存在各种档案中，并支持了迪奥博物馆在格兰维尔的创建。

克里斯汀去世后，卡特琳娜放弃了在巴黎的鲜切花生意，决定搬到卡利安定居，在那里集中精力种植玫瑰和茉莉花。但首先，必须解决哥哥的财产问题，处理完他未尽的事务。墨山城堡花了一段时间才得以出售，几经转手，最终在 2013 年被克丽丝汀·迪奥香水化妆品公司（该公司的注册名，现在该公司是 LVMH 集团的一部分，也是整个迪奥时尚业务的一部分）收购。幸运的是，卡特琳娜保护了这座建筑的原始风貌，那里甚至连克里斯汀的一副扑克牌都完好无损，这一切与 LVMH 收购的其他纪念品一起被恢复原状。

这就是墨山城堡修复过程中所体现出来的爱与关怀，它不像是对过去生活的模仿，也不像是刻意的设计，卡特琳娜的房间就是明证。她的卧室有两扇窗户，可以俯瞰花园和远处的小山；另一面墙上有一个小舷窗，就像在船上的那种。房间是精致的女性化风格，用迷人的老式印花棉布做装饰，黄色和粉色花环之间编织着蝴蝶和鸟的纹样。卧室的角落里藏着一架螺旋楼梯，通向楼上的另一个房间，那是庄园两座塔楼之一的顶部房间。

在这个 5 月的夜晚，窗户敞开着，我眯着眼睛躺在卡特琳娜的床上，下面喷泉的水声令人心旷神怡。熟铁框架上刻着她名字的首字母，与她哥哥名字的首字母相同。迪奥回忆录的原本保存在巴黎迪奥档案馆之中，卡特琳娜手边留存了一份副本。我记得我在其中看到过一封手写的献词，他在文末署名为"汀"（Tian）："给我的卡特琳娜，你哥哥，以最大的忠诚和最深的温柔，汀"。我等待着幽灵的出现，但一个都没有。我沉沉睡去，一夜无梦，黎明时分醒来时，耳畔是欢快的鸟鸣。昨晚的雨过后，天空被洗刷得分外明净，周围的山峦依然湿透，漆黑一片——黑色的山峦，正如墨山城堡的名字。

　　这片土地美丽无比，但它仍然承载着战争的伤痕。当地至今仍然会举办活动，纪念那些死于抵抗运动的烈士。1944 年 7 月初，卡特琳娜在巴黎被捕的同时，山顶上的卡利安和蒙塔罗村被德国人包围，挨家挨户搜查之后，15 名抵抗军成员被抓获、审问和监禁。其中一人——亨利·布吉尼翁（Henri Bourguignon）被驱逐到达豪集中营，并于 1944 年平安夜去世。卡利安教堂的墙上挂着一块纪念他的牌匾。蒙塔罗则记住了另外 17 名当地抵抗军的名字，其中 3 名为自由的事业献出了生命，包括贾斯汀·布兰科（Justin Blanc），他也被送往达豪集中营，并于 1945 年 3 月 19 日在那里去世。在墨山城堡大门的正对面，矗立着一座著名的石头纪念碑，纪念一位名叫贾斯汀·拉蒙达（Justin Ramonda）的时年 20 岁的当地牧羊人。拉蒙达于 1943 年加入抵抗运动，负责保管所在队伍的机枪。1944 年 8 月 15 日，也就是盟军在附近的地中海海岸登陆、卡特琳娜从巴黎被驱逐到拉文斯布吕克的同一天，拉蒙达参加了一次行动，在美国空军抵达之前阻击一支德国护卫队。他被当场抓获并枪杀，战后被追授十字勋章。拉蒙达的哥哥曾是党卫军安全警察，被军事法庭判处终身监禁和苦役。这段历史没有那么光荣，但却代表了战争期间法国国内存在的严重分歧。

就像永恒的玫瑰花田、高耸的尖塔、古老的石墙、高大的柏树和广阔的普罗旺斯天空一样，这段历史构成了墨山城堡周围景观的一部分。克里斯汀·迪奥的领地并没有——也不能——排除对战时历史的观照。当然，这是一个充满魅力的地方。在这里，安全地身处于坚实的围墙内，或漫步在绿意盎然的花园里，在常绿树篱的荫蔽和树木的环绕中，时时会让人感觉自己走进了一个神奇的所在。而卡特琳娜存在过的痕迹，仍然有力地提醒着人们自由的重要性，以及为什么值得为之奋斗。1954年，克里斯汀·迪奥说："迪奥小姐诞生于普罗旺斯的夜晚。在那里，夜色因飞舞的萤火虫而生机勃勃，初绽的茉莉花在夜晚和大地的乐章中奏响旋律。"这款香水诞生于战争结束后不到两年的时间里，而它的原料，则生长在饱经流血和牺牲的土地上。

　　正是在墨山城堡，克里斯汀写下了回忆录的最后几行，谈及自己人格的双重性。"是时候让两位克里斯汀面对面了，我和这位同名同姓的兄弟。我的成功都归功于他。这里的葡萄树和茉莉花丛的生长之处，正适合我们的相聚。因为当我靠近土壤时，我总是更加自信。"如果他真的觉得自己被一分为二——作为一个公众人物和一个普通人，一个服装设计师和一个乡下人——那么人们可以理解这种分裂的自我是如何导致疾病和不稳定的。这也许是迪奥的悲剧，也是他伟大的源泉：一个是了解黑暗力量的光明王子；一个是温柔的哥哥，无法忘记妹妹的痛苦和牺牲，即使他用印满繁花的丝绸和爱的香味把她裹得严严实实。

右页图：克里斯汀在回忆录中手写的给卡特琳娜的献词。

CHRISTIAN
DIOR
ET
MOI

pour
ma catherine
son frère, avec
tout ce que ce mot
comporte d'attachement
et de profonde tendresse

tian

387

没有不带刺的玫瑰

当我写作时，身畔弥漫着玫瑰花的香味。就在我旁边的木桌上，放着一瓶玫瑰花。这是卡特琳娜的玫瑰，从她在纳依塞斯农舍亲手种植的灌木中繁衍而来。透过开着的窗户，我可以看到她种下玫瑰的草地，有两个女人正在晨曦中摘花。

纳依塞斯农舍四周是一片鲜花盛开的田野，田野中点缀着野生罂粟花和柏树。农舍隐匿在卡利安山顶村庄的下方，这是一片隐秘的领地，地图上没有标记。你要先穿越一片在隆冬风暴期间无法通行的河中浅滩，再抵达一条狭窄的长巷尽头。即使在温和的 5 月，河水也比我想象的要深，它在纳依塞斯农舍和外界之间形成了另一道屏障。但卡特琳娜就喜欢这样。她让松树长得更高，树篱也长得更高，野蔷薇的尖刺对不受欢迎的游客形成了另一种威慑。

在克里斯汀去世后，卡特琳娜和埃尔维一起住在这里。埃尔维的 3 个孩子会在假期留下来小住，她的教子尼古拉斯每年也会在复活节和茉莉盛开的7 月来住。因此，他们并非完全谢绝访客。卡特琳娜和尼古拉斯的母亲、她在抵抗运动中的同志莉莲保持着非常密切的关系，她和埃尔维与 F2 情报网

左页图: 1945 年夏天，卡特琳娜从德国回来后，在纳依塞斯农舍的花园里。

上图：卡特琳娜·迪奥和埃尔维·德斯·查尔伯尼在纳依塞斯农舍的花园和玫瑰田中。

右页图：纳依塞斯农舍的玫瑰大丰收。

络的其他人也一直有联系。客人们通常在夏天造访，那时玫瑰和茉莉花的香味最为浓郁，花园里到处都是鲜花。今天仍然是很美的一天。小黄蝴蝶在薰衣草丛中翩翩起舞，空气中弥漫着迷迭香和百里香的香气。一片橄榄树林投下了斑驳的阴影，葡萄树和紫藤也郁郁葱葱，就像克里斯汀坐在露台上学习绘制时尚插图的时候一样。

那些尚在世的朋友和邻居在描述卡特琳娜时往往会使用同一个词：Fort（直译为堡垒，但在法语中是"强大"的意思）。我听到过太多遍这个词了，以至于我开始把纳依塞斯农舍看作一座堡垒——一座属于她的要塞。"她在自己的领域里工作很努力，"卡特琳娜的一位邻居回忆道，"她完全沉迷于玫瑰和葡萄藤之中。她性格坚强，但很复杂，与当地大部分社区隔绝开来。"卡特琳娜通常不参加当地教堂的活动，但会参加 8 月 24 日在蒙塔罗圣巴塞勒米教堂举行的年度仪式，以纪念她的哥哥克里斯汀。晚年，她接受了当地一所学校的邀请，向孩子们讲述第二次世界大战。她永远不会错过每年为抵抗运动献身者举办的纪念活动。有一次，一位曾来卡利安参加过纪念活动的退伍老兵告诉我，他以前从未见过卡特琳娜，但当他介绍自己是二战后某场战争的老兵，并问起卡特琳娜的经历时，他说，她看起来很吃惊，但并没有转身离开。"她只是简单地说：'要热爱生活，年轻人……'"

在她的花园里，可以一眼看出卡特琳娜对生活的热爱，因为种植橄榄树、葡萄藤和玫瑰田就是为了表达对未来的希望。并不是每一株玫瑰都能在冬季风暴中存活下来，而那些能够存活下来的玫瑰仍会带刺。正如卡特琳娜半个多世纪以来所做的那样，照料她的土地就是她一生奉献精神的体现。从这个意义上讲，卡特琳娜的园艺技艺与克里斯汀的时装哲学并无不同。他在回忆录的最后一页（我一次又一次地重复那些话）中写道："对时尚的维护，成了一种信念

上图：卡特琳娜·迪奥在卡利安举办的年度纪念活动上，纪念那些为自由法国而战和牺牲的人。

下图：卡特琳娜的被驱逐者协会会员卡，记录了她在德国被监禁的详细情况。

的表现。在这个试图破解所有奥秘的世纪里，时尚很好地守护了自己的秘密，其魅力最好的证明就是，它对于外国人来说依然是如此神秘。"

在卡特琳娜的花园里欣赏光芒万丈的日出和日落，景象令人惊叹。我很理解为什么她要在德国努力活下去，好再次看到这耀目的天空。然而，没有魔术师可以挥舞魔杖，消除她饱受折磨的伤疤和集中营的罪恶：卡特琳娜的医疗记录显示，她的余生中健康一直受到影响。但她以惊人的毅力，在纳依塞斯农舍一直活到 90 岁。1989 年 9 月，埃尔维去世后，她独自住在那里。她于 2008 年 6 月 17 日去世，生前的最后时光也一直坚持在花园里劳作。

卡特琳娜比她亲近的人——克里斯汀、埃尔维和她的朋友莉莲——都更长寿。莉莲于 1997 年 2 月去世。认识她的人说，在经历了这些伤痛之后，是她对纳依塞斯农舍的爱以及她自己非凡的性格力量支撑了她。莉莲的儿子尼古拉斯告诉我，卡特琳娜是他母亲"一生中最信任的人"，他自己也很钦佩和热爱卡特琳娜。但他也承认，作为一个孩子，他"有点害怕她"："当她按铃提醒要吃饭时，你必须在两分钟内赶到那里。她不会表现出温柔关怀，但如果出了问题，她总是知道该怎么办。有一天我在那里做客时，手指被严重割伤了，而她就是那个知道该如何处理的人。"

和埃尔维的孙子劳伦特一样，尼古拉斯也记得卡特琳娜的标志性香味，迪奥小姐香水似乎是她不可或缺的一部分。卡特琳娜曾经在纳依塞斯农舍的更衣室已经重新装修，但我看到了房间当时的样子：墙壁上覆盖着与她在墨山城堡的卧室相同的花卉图案，梳妆台上放着一瓶迪奥小姐香水。还有一个大衣橱，里面摆满了克里斯汀从他每一个时装系列中选出来送给她的衣服。尼古拉斯告诉我，卡特琳娜曾有一次把它们全部展示给他的父亲、著名的艺术评论家和作家让·保罗·克雷斯佩尔（Jean-Paul Crespelle）。她为哥哥的艺术才华感到骄傲，并深知他最伟大的作品超越了一时的潮流。然而，卡特琳娜永远不会夸耀自己的成就，也不会夸耀她因勇气而获得的奖牌，包括她在 1994 年获得的法国荣誉军团勋章。

恰逢一年一度的玫瑰丰收期，我有幸在纳依塞斯农舍度过了一个星期。在那里的最后一天，我沿着一条迂回的小路跋涉到了卡特琳娜与埃尔维合葬的墓地，不远处埋葬着的是克里斯汀、莫里斯和玛斯·勒费弗尔。这里很安静，除了燕子偶尔的鸣声，它们在坟墓上方飞翔，俯冲着，回旋着，仿佛是为活着而感到纯粹的快乐。看着飞翔的鸟儿，我感觉自己洋溢着希望和幸福，当我走回纳依塞斯农舍时，这种感觉也一直伴随着我。我回到农舍，打开通往花园的大门，卡利安教堂适时敲响了钟声，一条狗在吠叫，好像是在回应。从附近看不见的地方，传来孩子的歌声。我在屋外露台上的一张木桌旁坐下，一只母鸡在高高的草丛里刨着土，后面跟着 3 只小鸡。

玫瑰园里传来了轻柔的低语，今年的收获还在继续。这些花将被直接送到格拉斯，蒸馏出花瓣中的珍贵精华，随后成为迪奥小姐香水的关键成分。在纳依塞斯农舍生长的玫瑰的香味，与我皮肤上的香味融为一体。采花女人们的声音此起彼伏，伴随着黑鸟的歌声。覆盖在农舍石墙上的攀缘玫瑰正在盛开。昨晚的雨过后，伤痕累累的花瓣落在地上，另一些崭新的花蕾就会在今天温暖的阳光中绽放。云层掠过，遮住了太阳，然后再次露出了一片片蓝天。

我等待着，希望听到卡特琳娜·迪奥的声音在我脑海中低语。我闭上眼睛，但她沉默着，就像我的妹妹露丝一样，每次出现在我的梦中都是无言。然而，我在脑海中看到了卡特琳娜的脸，她在微笑：一个年轻的女孩，一个勇敢而有韧性的女人，按照自己的方式生活……她那神秘的笑容依旧，似乎好奇地扬起了一条眉毛，就像我妹妹一样。我屏住呼吸，回答那个无声的问题："我爱生活。"

是的，在经历了这段旅途之后，我更加珍惜生命。在那些绝望的时刻，我苦苦寻找一个消失的女孩，我曾经以为我迷失了路途，而她也已经永远消失。但当你曾凝视过黑暗，光明就变得如此不可思议。玫瑰指引我的道路，从咆哮不息的大海之上的格兰维尔花园，一路来到拉文斯布吕克湖边灰白的土地，那里种植着名为"复活"的玫瑰。它们绽放、凋谢、死亡。然而，如果我们找到不失去希望的力量，我们就将继续种植并珍惜它们。因此，现在，我发誓要忠实于卡特琳娜·迪奥的精神，创建我自己的玫瑰花园，以纪念我所爱的人，并在我去世后为子孙后代而留存。

卡特琳娜·迪奥生前最后的肖像照之一。

Fédération Nationale des Déportés et Internés patriotes
10, Rue Leroux — PARIS (16e

AMICALE DES DÉPORTÉS POLITIQUES DE
RAVENSBRÜCK   N° 64
ET DES COMMANDOS DÉPENDANTS

DÉPORTÉ   Carte d'Adhérent 1946

Nom : Melle DIOR

Prénoms : Catherine

Date et lieu de naissance : 2.8.1917

Adresse : 10 rue Royale Paris 8e

Commando :

N° Matricule : 57813

Le Titulaire,   Le Secrétaire,   Le Président,

1946年,卡特琳娜的拉文斯布吕克被驱逐者协会会员卡。

致 谢

在许多人的帮助下，这本书才能完成。卡特琳娜·迪奥的教子尼古拉斯·克雷斯佩尔和他的朋友安妮·齐林斯卡（Anne Zylinska）慷慨地分享了他们的个人记忆和见解，还有加比·迪奥（Gaby Dior）、劳伦特·德斯·查尔伯尼（Laurent des Charbonneries）和扎哈瓦·萨兹·斯特塞尔。我也非常感谢迪奥创意总监玛丽亚·嘉茜娅·蔻丽带给我的灵感和友谊；感谢克丽丝汀·迪奥香水化妆品公司国际公关传讯总监杰罗姆·普利斯（Jérôme Pulis），感谢他一贯的理解和支持；克丽丝汀·迪奥时装公司首席传讯官奥利维尔·比亚洛博斯（Olivier Bialobos）分享了他宝贵的知识。我非常感谢当我为这本书进行研究时，在迪奥公司帮助我的所有人，特别是弗朗索瓦·德马希（François Demachy）、马蒂尔德·法维尔（Mathilde Favier）、弗洛伦斯·费拉奇·莱塔克（Florence Ferracci-Letac）、丽贝卡·菲默尔（Rebecca Filmer）、盖亚·佩斯（Gaia Pace）、雷切尔·里贾尼（Rachele Regini）和佩林·舍勒（Perrine Scherrer）。悉尼·芬奇（Sydney Finch）给了我无限的鼓励和宝贵的友谊。弗里德里克·布德利耶、文森特·勒雷、桑德琳·达梅·布鲁（Sandrine Damay Bleu）和索伊齐克·普法夫（Soizic Pfaff）耐心地回答了我的问题，他们引导我流畅地游览了位于巴黎和格兰维尔的迪奥档案馆。

奥里奥尔·库伦（Oriole Cullen）是维多利亚与阿尔伯特博物馆克里斯汀·迪奥展览的策展人，他是我专业知识和建议的长期来源。《哈泼芭莎》的利兹·皮尔恩（Liz Pearn）也是如此，他对杂志档案有着无与伦比的了解。我发自内心地感谢法国兴业银行的格雷戈里·克莱因（Gregory Klein），还有莉莲·巴斯曼的儿子埃里克·希梅尔（Eric Himmel）。

我衷心感谢纪尧姆·加西亚·莫罗（Guillaume Garcia-Moreau）在我访问普罗旺斯时的热情和体贴；感谢朱利安·德查恩（Julien Decharne）和他的家人，感谢他们在纳依塞斯农舍的热情接待；感谢萨宾·阿伦德博士（Dr. Sabine Arend）和莫妮卡·施奈尔（Monika Schnell）对我在拉文斯布吕克的研究给予了帮助；感谢沃尔夫冈·奥列辛斯基（Wolfgang Oleschinski）在托尔高的导览；感谢玛丽·法兰西·卡贝扎-玛尼特（Marie France Cabeza-Marnet）在拉文斯布吕克之友（Amicale de Ravensbrück）对我的帮助；还有玛雅·斯莱特（Maya Slater），感谢她在辨识法文手写文件方面的才华。

在亚历克斯·鲍尔（Alex Bowler）全心全意的指导下，费伯出版社（Faber）出色的编辑团队为我提供了最好的服务。非常感谢劳拉·哈桑（Laura Hassan）非凡的敏感性和洞察力，感谢凯特·沃德（Kate War）完美的设计眼光，感谢埃莉诺·里斯（Eleanor Rees）细致的文案编辑，感谢唐娜·佩恩（Donna Payne）富有想象力的艺术指导，感谢阿曼达·拉塞尔（Amanda Russell）进行了艰苦的图片考据。我同样感谢纽约法勒、施特劳斯和吉鲁出版社（Farrar, Straus and Giroux）的编辑伊莱恩·史密斯（Ileene Smith）和总裁乔纳森·加拉西（JonathanGalassi），他们从一开始就对这本书充满信心。

我还要感谢无与伦比的经纪人莎拉·查尔芬特（Sarah Chalfant），在成书的过程中以她准确无误的判断力指导我。她在威列经纪公司（Wylie agency）的一众杰出同事，尤其是阿尔巴·齐格勒·贝利（Alba Ziegler Bailey）在此过程中提供的支持。

我也非常感谢以下的各位提出的富有洞察力的建议：杰西卡·亚当斯（Jessica Adams）、卡罗琳·德·吉塔特（Caroline de Guitaut）、吉勒·杜福尔（Gilles Dufour）、普罗斯珀·基廷（Prosper Keating）、安娜·墨菲（Anna Murphy）、尼古拉斯·乌切尼尔（Nicolas Ouchenir）、亚当·菲利普斯（Adam Phillips）、克莱尔·威特·凯勒（Clare Waight-Keller）。向姐妹情谊致敬，致意莉迪亚（Lydia）和萨莎·斯莱特（Sasha Slater）。我亲爱的儿子杰米·麦克科尔（Jamie MacCol）和汤姆·麦克科尔（Tom MacColl），以及他们各自的伙伴伊莎贝尔·佩里（Isabel Perry）和伊莎·布鲁克斯（Isa Brooks），感谢你们一直以来所做的一切。

最后，感谢我亲爱的丈夫菲利普·阿斯特（Philip Astor），他带着我穿过庞贝街调查的迷宫，我亦曾在柏林靠着他的肩膀哭泣。他是一位严谨的评论家、明智的顾问，也是我在改变人生旅途上的忠实伴侣……我要给你一个深深的、深深的吻。

引用来源说明

克里斯汀·迪奥本人无可取代的作品是本书的重要引用来源。他的回忆录《克里斯汀·迪奥与我》写于 1956 年，由安东尼娅·弗雷泽（Antonia Fraser）翻译成英文，1957 年由韦登菲尔德和尼科尔森出版公司（Weidenfeld & Nicolson）首次出版。目前版本的 Dior by Dior 由 V&A 出版，还有《迪奥的时尚笔记：写给每位女士的优雅秘诀》（*The Little Dictionary of Fashion: A Guide to Dress Sense for Every Woman*）。早期的一本书 *Talking about Fashion* 已不再出版，但我买到了一本罕见的古董书。这本书通过迪奥与两位作家埃利·拉鲍丁（Elie Rabourdin）和爱丽丝·查万（Alice Chavane）的对话，深入解析了迪奥的工作方法以及他对时装艺术的全情付出。

我还得以深入访问了巴黎的迪奥档案馆，并从档案馆中敬业的员工，尤其是弗里德里克·布德利耶、文森特·勒雷和桑德琳·达梅·布鲁的专业知识中受益良多。

走进玫瑰园

我有幸多次访问了墨山城堡，并从迪奥档案馆中受益匪浅。这些档案记录了这座房子及其居民的历史。玛丽-法兰西·波希纳为克里斯汀·迪奥撰写的第一本传记也是重要的资料来源。该书 1994 年由法国弗拉玛里雍出版社（Flammarion）出版，1996 年以英文出版，书名为 *Christian Dior: The Man Who Made the World Look New*。

迷宫花园

迪奥在格兰维尔的家现在是一个博物馆,我在多次参观中,得到了博物馆中博学多才的员工的帮助,也受益于文森特·勒雷的敏锐观察。他在博物馆工作时认识了卡特琳娜·迪奥。我还借鉴了弗里德里克·布德利耶对雷蒙德·迪奥在第一次世界大战中作为一名士兵经历创伤的研究。弗雷德里克和文森特帮助查阅了伯纳德·迪奥的病历,其中记录了他从第一次精神崩溃到1960年去世的不幸生活。

镜中世界

关于克里斯汀和卡特琳娜·迪奥的生活,以及席卷他们家庭的一系列危机的原始资料来自迪奥档案馆。

我对20世纪30年代巴黎时尚社会的描述部分基于对《哈泼芭莎》和 *Vogue* 杂志档案资料的广泛查阅。珍妮特·弗兰纳为《纽约客》撰写的"巴黎来信"专栏是另一个宝贵的资料来源,以下回忆录也是如此:贝蒂娜·巴拉德的 *In My Fashion*,艾尔莎·夏帕瑞丽的 *Shocking Life*,卡梅尔·斯诺与玛丽·路易丝(Mary Louise)合著的 *The World of Carmel Snow*,黛安娜·弗里兰的自传《黛安娜·弗里兰自传》(*DV*)。此外,弗朗西斯·罗斯爵士的回忆录 *Saying Life* 生动地描述了20世纪20年代末和30年代初的法国波希米亚生活方式,当时他遇到了年轻的克里斯汀·迪奥。

有许多优秀的书籍研究了1940年法国的沦陷以及维希政权的建立。这张简短列表中的书籍,对我在阐释历史、军事和政治背景方面特别有用:阿利斯泰尔·霍恩(Alistair Horne)的 *To Lose a Battle: France 1940*,朱利安·杰克逊(Julian Jackson)的 *France: The Dark Years*,伊安·奥斯比(Ian Ousby)的 *Occupation: The Ordeal of France*,罗伯特·O. 帕克斯托(Robert O.Paxto)的 *Vichy France: Old Guard and New Order*,爱德华·斯皮尔斯少将的 *Assignment to Catastrophe*,理查德·维南

（Richard Vinen）的 *The Unfree French: Life under the Occupation*。

珍妮特·弗兰纳关于菲利普·贝当的专著 *Pétain, The Old Man of France*，现在看来仍然像她在战争年代刚写完这本书时一样令人思绪万千。西蒙娜·德·波伏瓦的战时日记也是如此。我还引用了让·保罗·萨特写给德·波伏瓦的信 *Quiet Moments in a War* 和萨特的战争日记 *Notebooks from a Phoney War*。

阴影之地

我采访了埃尔维·德斯·查尔伯尼的孙子劳伦特·德斯·查尔伯尼和卡特琳娜·迪奥的教子尼古拉斯·克雷斯佩尔，后者的母亲莉莲与卡特琳娜一起在 F2 情报网络工作。我还幸运地遇到了埃尔维的一位还在世的亲戚安妮·齐林斯卡，她已故的丈夫是 F2 情报网络的成员。安妮和她的丈夫都与埃尔维和卡特琳娜保持着深厚而持久的友谊。

法国国家档案馆一份关于 F2 情报网络组织架构和工作内容的档案 "Réseau franco-polonais F2"，资料翔实，由其领导人之一莱昂·斯里温斯基撰写。

吉塔·塞雷尼对 F2 情报网络的描述以及莉莲和卡特琳娜在组织中参与的工作，都包含在她的散文集 *The German Trauma: Experiences and Reflections* 中。有关 F2 情报网络的更多资料，请参见简·梅德拉拉（Jean Medrala）的 *Les Réseaux de renseignements franco-polonais*。波兰前指挥官和情报官员 M.K. 杰万诺夫斯基（M.K.Dziewanowski）在其著作 *War at Any Price* 中探讨了第二次世界大战期间波兰抵抗运动在法国和其他地方的重要作用。

我从以下作品中获得了背景信息，所有这些作品都提供了学术细节和权威分析：马修·科布（Matthew Cobb）的 *The Resistance*，罗伯特·吉尔迪亚（Robert Gildea）的 *Fighters in the Shadows*，乔治·G. 昆达尔（George G. Kundahl）的 *The Riviera at War*，奥利维尔·维奥尔卡（Olivier Wieviorka）的 *The French Resistance*。

我也被 *Jacques and Lotka: A Resistance Story* 所感动，作者奥德·扬-德·普雷沃（Aude Yung-de Prévaux）讲述了她未曾谋面的父母的勇气和痛苦，他们都曾在 F2 情报网络服役，并于 1944 年死于法国抵抗运动中。

皇家街

除了最初在迪奥档案馆的研究外，我还借助了皮埃尔·巴尔曼生动的回忆录 *My Years and Seasons* 和菲利普·德·罗斯柴尔德的自传 *Milady Vine*。

我使用了以下资料来追踪时装业如何应对德国的控制：艾琳·根瑟（Irene Guenther）的 *Nazi Chic: Fashioning Women in the Third Reich*，*Paris Fashion and World War Two*，由卢·泰勒（Lou Taylor）和玛丽·麦克劳林（Marie McLoughlin）主编；还有多米尼克·维隆（Dominique Veillon）的 *Fashion under the Occupation*。

苏珊·罗纳德（Susan Ronald）是 *A Dangerous Woman: The Life of Florence Gould* 一书的作者，她慷慨地与我分享了有关古尔德在德国占领期间在巴黎活动的相关档案材料，包括与玛丽·路易斯·布斯凯有关的美国情报报告。

Dior and His Decorators 一书的作者莫林·福特尔（Maureen Footer）对乔治·杰弗里和他的社交圈中的其他人提出了经过深思熟虑的个人见解。

关于被占领期间巴黎生活的当代描述，我引用了恩斯特·荣格尔详尽的日记 *A German Officer in Occupied Paris*。

让·谷克多的写作对本章同样重要，尤其是他的 *Journal, 1942–1945*。关于谷克多的其他信息来自两本传记：克劳德·阿尔诺（Claude Arnaud）的 *Jean Cocteau: A Life* 以及弗雷德里克·布朗（Frederick Brown）的 *An Impersonation of Angels*。

弗朗西斯·罗斯爵士在回忆录 *Saying Life* 中描述了赫尔曼·戈林对珠宝的迷恋。（罗斯是戈林的朋友，在战争爆发前一直住在他家中）。

音乐家昂尔·苏格尔的回忆录 *La Musique, ma vie* 中提到了卡特琳娜·迪奥住在皇家街，以及她与其他抵抗运动成员的活动。

我从大卫·普莱斯 - 琼斯所著的 *Paris in the Third Reich* 中进一步搜集了资料，其中包括对通敌作家、法国法西斯分子和德国官员的一系列重要的第一人称采访。我引用了普莱斯 - 琼斯对格哈德·海勒的采访。也正是由于这本重要的书，我才意识到安德烈·祖卡的摄影作品展现了对这个时代的另一种看法。

最后，有 4 本杰出的书对本章和其他章节产生了影响：艾伦·瑞丁（Alan

Riding）的 *And the Show Went On: Cultural Life in Nazi-Occupied Paris*，安妮·塞巴（Anne Sebba）的 *Les Parisiennes*，弗里德里克·施波茨（Frederic Spotts）的 *The Shameful Peace: How French Artists and Intellectuals Survived the Nazi Occupation*，罗莎娜·沃伦（Rosanna Warren）的 *Max Jacob*。

庞贝街

本章中的大部分信息，以及其中提及的弗里德里希·伯杰及其帮派，都来自巴黎解放后发起的对庞贝街盖世太保的司法调查。这一漫长的调查终于 1952 年军事法庭的审判。证人证词和其他法律文件保存在法国军事司法档案馆。这些文件共有 14 箱，共计约 1.5 万份，其中许多是手写的，既没有索引，也没有按时间顺序排列。我的丈夫以前是一位律师，他花了几个月的时间阅读这些文件，并将其整理成统一的格式，从而使我能够拼凑出一个故事。

我也得以与作家普洛斯珀·基廷，以及 *Tortionnaires, Truands et Collabos: La bande de la rue de la Pompe* 的作者玛丽·若泽·博内（Marie Josèphe Bonnet）就此话题进行比对。关于其他法国合作主义者罪行的更多背景信息来自贝特（Beate）和塞尔吉·克拉斯菲尔德（Serge Klarsfeld）夫妇的著作 *Hunting the Truth*，菲利普·瓦洛德（Philippe Valode）和热拉尔·肖维（Gérard Chauvy）的著作 *La Gestapo Française*，以及 *The King of Nazi Paris: Henri Lafont and the Gangsters of the French Gestapo*，克里斯托弗·奥森（Christopher Othen）著。

黑暗降临

除了我在本章中提到的法国军事档案馆中卡特琳娜·迪奥的档案，我还借助了抵抗运动中经历过类似经历的女性所写的记录。尤其重要的是弗吉尼亚·阿尔伯特 - 雷克的日记和回忆录。她与卡特琳娜同时被囚禁在弗雷斯纳和罗曼维尔，并在从巴黎到德国的火车上与卡特琳娜一起被驱逐出境。弗吉尼亚·阿尔伯特 - 雷克于 1997 年去世，她的战时日记随后出版成书：*An American*

Heroine in the French Resistance。

　　另一个重要消息来源是杰奎琳·弗莱里-马里耶。她于 1944 年与母亲一起被捕，并记得被锁在同一辆火车车厢里的卡特琳娜·迪奥，随后她们又经历了同样的系列奴隶劳改营。她在 *Résistante* 一书中讲述了自己的故事。另外两本重要的回忆录是阿格尼丝·亨伯特的 *Résistance* 和梅西·雷诺的 *La Grande Misère*。

　　本书中提及了苏珊娜·埃默尔-贝斯尼的绘画作品，要了解更多，我推荐去上网阅读皮埃尔-伊夫·科德尔（Pierre-Yves Cordel）关于她作品的文章（www.cnap.fr/le-temoignage-graphique-de-suzanne-emmer-besniee-deportee-ravensbrueck）。她的一组 25 幅画在贝桑松（Besançon）的抵抗与驱逐博物馆（Musée de la Résistance et de la Déportation）展出。这些强有力的图像值得人们更好地了解。该博物馆还收藏了大量有关法国战争和大屠杀经历的档案和艺术品，这些都影响了我撰写关于被驱逐者的章节。

　　克里斯汀·迪奥试图将妹妹解救出来的描述，来自苏珊·吕玲的回忆录 *Mes années Dior*。我从马修·科布的 *Eleven Days in August*，拉莱·科林斯（Larry Collins）和多米尼克·拉皮埃尔（Dominique Lapierre）的《巴黎烧了吗？》（*Is Paris Burning?*），迈克尔·内伯格（Michael Neiberg）的 *The Blood of Free Men* 等书中，了解到了更多关于拉乌尔·诺德林的情况。

　　玛丽-赫莱内·勒法乔克斯和她的丈夫皮埃尔的非凡故事当然可以讲得更详细。他们两人都是抵抗运动的领军人物，她最终设法把丈夫从布痕瓦尔德救了出来。《巴黎烧了吗？》中的一条记录显示，皮埃尔在战后成为雷诺汽车公司新的管理者，1956 年在一场车祸中丧生。1964 年，成为法国驻联合国代表团成员的玛丽-赫莱内在一场空难中丧生。

深　渊

　　在研究这本书的过程中，我两次访问了拉文斯布吕克，并直接阅览了它的档案，以及在纪念博物馆举行的永久性展览和收藏品，从中受益匪浅。

　　一些在拉文斯布吕克幸存下来的法国女性所写的日记和回忆录对本章同样

具有至关重要的价值。我怀着恭敬之情在此列出：弗吉尼亚·阿尔伯特-雷克的 *An American Heroine in the French Resistance*，杰内维·戴高乐·安东内兹的 *God Remained Outside*，丹尼斯·杜福尔尼尔的 *Ravensbrück*，杰奎琳·弗莱里-马里耶的 *Résistante*，米歇琳·莫雷尔的 *Ravensbrück*，梅西·雷诺的 *La Grande Misère*，杰曼·提里昂的 *Ravensbrück*。

一个重要的资料来源是萨拉·赫尔姆的 *If This Is a Woman*。萨拉和我曾在《星期日泰晤士报》担任记者，她对在拉文斯布吕克犯下的罪行进行了细致的调查，并创作了这本至关重要的书。

安东·吉尔另一本感人至深的书 *The Journey Back from Hell* 也启发了我。其中包括对丹尼斯·杜福尔尼尔的采访，我引用了其中的内容。

其他有助于我理解拉文斯布吕克的重要书籍有：彼得·朗格里希的 *Heinrich Himmler*，卡罗琳·穆尔黑德（Caroline Moorehead）的《冬日列车》（*A Train in Winter*），杰克·G.莫里森（Jack G.Morrison）的 *Ravensbrück*，罗谢尔·G.赛德尔（Rochelle G. Saidel）的 *The Jewish Women of Ravensbrück Concentration Camp*，尼古拉斯·瓦克斯曼（Nikolaus Wachsmann）的《纳粹集中营史》（*KL: A History of the Nazi Concentration Camps*）。

关于希姆莱及其与情妇海德薇·波塔斯之间关系的更多信息，来自他的侄女卡特琳·希姆莱（Katrin Himmler）的一本引人入胜的书：《希莱姆兄弟》（*The Himmler Brothers*）。

我从拉文斯布吕克纪念馆以前或永久展览的目录中获益匪浅：*The Ravensbrück Women's Concentration Camp: History and Memory*，由埃林·比斯曼（Alyn Bessmann）和爱萨·艾申巴赫（Insa Eschebach）编辑；卡洛琳·斯坦克（Karolin Steinke）的 *Trains to Ravensbruck*；以及梅吉·皮舍尔（Meggi Pieschel）、爱萨·艾申巴赫和埃米莉·楚·奥伊伦伯格（Amélie zu Eulenburg）所著的 *The Roses in Ravensbrück: A Contribution to the Bistory of Commemoration*。

2011 年在斯特拉斯堡安德烈·马尔罗博物馆（Médiathèque AndréMalraux）举办的展览"灰裙"（Les Robes Grises）在目录中提供了有关珍妮特·勒米尼尔的秘密绘画和杰曼·提里昂的手稿和更多信息。

来自拉文斯布吕克之友的玛丽·法兰西·卡贝扎-玛尼特提供了有关"复活"玫瑰以及马塞尔·杜达赫·罗塞特的相关诗歌的信息。

地下世界

在这一章中，我有赖于弗吉尼亚·阿尔伯特-雷克的日记和杰奎琳·弗莱里-马里耶的回忆。珍妮·卢梭与萨拉·赫尔姆关于托尔高事件的谈话 *If This Is a Woman* 是另一个重要来源。同样还有 1998 年 12 月 28 日《华盛顿邮报》（*Washington Post*）所刊登的专栏作者大卫·伊格纳修斯（David Ignatius）对卢梭的采访。

托尔高英国特别行动处特工的详细信息包含在伦敦克佑区的国家档案馆的档案中关于特种作战执行官的 HS 9 系列，包括特工的人事档案。艾琳·尼尔内的记录对本文尤其重要，因为她与卡特琳娜·迪奥在同一支队伍中，一同从拉文斯布吕克前往托尔高、阿伯特罗达和马克莱堡。

有关英国特别行动处特工的其他信息可从以下书籍中获得：中队队长贝丽儿·E. 埃斯科特（Beryl E. Escott）的 *The Heroines of SOE*，迈克尔·理查·丹尼尔·福特（M.R.D.Foot）的 *SOE in France*，萨拉·赫尔姆的 *A Life in Secrets*，苏珊·奥塔维的 *Sisters, Secrets and Sacrifice*，瑞克·斯特劳德（Rick Stroud）的 *Lonely Courage*。

扎哈瓦·萨兹·斯特塞尔在经历了奥斯威辛、贝尔根-贝尔森和马克莱堡等一系列集中营的苦难之后幸存下来，她与我分享了自己的回忆。扎哈瓦对纳粹奴隶劳动制度，以及马克莱堡和其他地方女性囚犯的经历进行了广泛的研究。这出现在她的著作 *Snow Flowers* 中。

回　家

弗里德里克·布德利耶对埃尔维的儿子休伯特·德·查尔伯尼的采访是本章的一个重要信息来源。我还查阅了迪奥档案中有关卡特琳娜返回法国的家庭信件和文件。

关于 1945 年 4 月抵达巴黎的拉文斯布吕克幸存者，以及战后对贝当和赖伐尔的审判的同期报道，我参考了《纽约客》中珍妮特·弗兰纳的"巴黎来信"专栏。

关于丹尼斯·杜福尔尼尔返回法国之旅的自述出现在安东·吉尔的 *The Journey Back from Hell* 中。我还和她的女儿卡罗琳·麦克亚当·克拉克（Caroline McAdam Clark）谈过。我又一次引用了弗吉尼亚·阿尔伯特 - 雷克、杰奎琳·弗莱里 - 马里耶和米歇琳·莫雷尔的回忆录和日记。黛布拉·沃克曼（Debra Workman）在其论文 "Engendering the Repatriation: The Return of Political Luckers to France After the Second World War" 中引用了西蒙娜·罗纳关于被误认为合作者的报告。菲利普·德·罗斯柴尔德的引言来自他的自传。本章的另一个重要来源是马尔科姆·穆格里奇的回忆录：*Chronicles of Wasted Time, Vol. 2: The Infernal Grove*。

我还从以下几本书中学到了很多东西：苏珊·玛丽·阿尔索普（Susan Mary Alsop）的 *To Marietta from Paris*，安东尼·比弗（Antony Beevor）和阿尔特米斯·库珀（Artemis Cooper）的 *Paris after the Liberation*，珍妮特·弗兰纳的 *Paris Journal 1945–1955*。

玻璃宫殿

《哈泼芭莎》的历史杂志是本章信息的重要来源。该杂志创办于 1867 年，定期刊登关于查尔斯·弗雷德里克·沃思、保罗·波烈、可可·香奈儿、吕西安·勒龙、马塞尔·罗切斯、雅克·法特和其他巴黎时装公司的插图报道。

关于战后对女装行业合作倾向调查的更多细节，来自多米尼克·维隆的 *Fashion under the Occupation*，以及由卢·泰勒和玛丽·麦克劳林编辑的 *Paris Fashion and World War Two*。

我还查阅了以下回忆录和日记：贝蒂娜·巴拉德的 *In My Fashion*，皮埃尔·巴尔曼的 *My Years and Seasons*，塞西尔·比顿的 *The Glass of Fashion* 和 *The Happy Years: 1944-1948*，保罗·波烈的 *King of Fashion*，艾尔莎·夏帕瑞丽的 *Shocking Life*，卡梅

尔·斯诺的 *The World of Carmel Snow*，吉内特·斯潘尼尔（Ginette Spanier）的 *It Isn't All Mink*。

关于英国大使馆的社交圈部分，我再次参阅了贝蒂娜·巴拉德和马尔科姆·穆格里奇的回忆录，以及苏珊·玛丽·阿尔索普的信件。当然，我还参考了以下书籍：*The Duff Cooper Diaries*，由约翰·朱利叶斯·诺维奇（John Julius Norwich）编辑；安东尼·比弗和阿尔斯特米·库珀的 *Paris after the Liberation*；菲利普·齐格勒的 *Diana Cooper*。

"时装剧院"一节的主要信息来源是玛丽希尔艺术博物馆（Maryhill Museum of Art），该博物馆永久陈列着展览中的微缩人体模型。博物馆还出版了一本资料丰富的书 *Théâtre de la Mode: Fashion Dolls: The Survival of Haute Couture*，其中附有原版人体模型和布景的照片。

魔法思维

克里斯汀·迪奥对占卜的敬畏贯穿了他的整部自传。皮埃尔·巴尔曼的回忆录也提到了迪奥对占卜的"激情"。

关于"巴黎的鬼魂"部分，我受到了两本有趣的书的影响：吕克·桑特（Luc Sante）的 *The Other Paris* 和雅克·扬内的 *Paris Noir: The Secret History of a City*。1954年，扬内的这本书最初以 *Rue des maléfices: Chronique secrète d'une ville* 为名出版，是我所读过的被占领巴黎最陌生、最有说服力的编年史之一。

保罗·莫兰德在 *The Allure of Chanel*（《香奈儿的态度》于2008年出版的英文版）的一书中展现了香奈儿的神秘感。卡梅尔·斯诺和艾尔莎·夏帕瑞丽的回忆录同样揭示了"超自然"的主题。更多细节来自斯诺的传记，佩内洛普·罗兰兹（Penelope Rowlands）的 *A Dash of Daring*，梅利·西柯斯特（Meryle Secrest）的 *Elsa Schiaparelli*。

贝蒂娜·巴拉德和卡梅尔·斯诺的回忆录中提到了迪奥对吕西安·勒龙设计的重要性。迪奥的回忆录全面介绍了他自己时装店的建立过程，以及雷德蒙·泽纳克尔、玛格丽特·卡雷和米萨·布里卡尔在其中扮演的角色。娜塔莎·弗雷泽·卡瓦索尼（Natasha Fraser Cavassoni）的 *Monsieur Dior: Once Upon a Time* 同样大有裨益。

关于迪奥小姐香水的起源细节包含在迪奥档案中，其中包括爱丽丝·查瓦恩的笔记。

简·阿布迪写给米萨·布里卡尔的悼词于 1978 年在《哈泼芭莎》杂志上发表。皮埃尔·巴尔曼和贝蒂娜·巴拉德的回忆录中有关于布里卡尔夫人的生动的第一视角描述。勒内·格鲁瓦对米萨·布里卡尔的描述来自 *René Gruau*。文森特·勒雷和西尔维·尼森（Sylvie Nissen）的《勒内·格鲁瓦的第一世纪》（*René Gruau: The First Century*）也很有启发性。

新风貌

本章的大部分研究来自迪奥档案，包括卡特琳娜·迪奥与历史学家斯坦利·加芬克尔的访谈记录。我很幸运在皮尔·卡丹去世前几个月采访了他。他 20 岁出头就为克里斯汀·迪奥工作，至今仍记得"新风貌"系列的确切细节。更多描述摘自贝蒂娜·巴拉德和卡梅尔·斯诺的回忆录。迪奥首次亮相时，英国版《哈泼芭莎》的时尚编辑欧内斯汀·卡特在她的回忆录 *With Tongue in Chic* 中对"新风貌"进行了最令人难忘的描述。

塞西尔·比顿对迪奥美学的敏锐分析出现在 *The Glass of Fashion* 一书中。南希·米特福德关于迪奥的信件载于夏洛特·莫斯利（Charlotte Mosley）编辑的 *Love from Nancy*。苏珊·玛丽·帕顿的回信刊登在 *To Marietta from Paris*，落款是苏珊·玛丽·阿尔索普。［她的第一任丈夫、外交官威廉·帕顿于 1960 年去世，随后她嫁给了有影响力的美国记者约瑟夫·阿尔索普（Joseph Alsop）。］弗朗辛·杜普莱塞克斯·格雷关于迪奥的文章《诱惑的先知》（"Prophets of Seduction"），刊登在《纽约客》（1996 年 11 月 4 日）上。奥利维尔·赛拉德（Olivier Saillard）撰文、拉齐兹·哈马尼（Laziz Hamani）摄影的 *Christian Dior, 1947–1957*，是迪奥时装的重要汇编。

根据阿曼达·麦肯锡·史都华（Amanda Mackenzie Stuart）所著的 *Empress of*

Fashion 的记载，黛安娜·弗里兰承认自己实际上没有穿上"新风貌"。弗里兰对"新风貌"的矛盾心理也明显体现在《滚石》（*Rolling Stone*）杂志的一次采访中：拉里·韦厄斯（Lally Weymouth）的《关于风格的问题：与黛安娜·弗里兰的对话》*"A Question of Style: A Conversation with Diana Vreeland"*（1977 年 8 月 11 日）。

烬中重生

对拉文斯布吕克事件首次审判的描述，来自贾拉德·蒂克尔的 *Odette*。这本关于奥黛特·桑索姆的书，完成于战后不久（1949 年首次出版）。因此，本书得益于它的即时性，以及作者在审判中作为观察员的地位。杰曼·提里昂也出席了审判，并在 *Ravensbrück* 一书中写到了此事。

我通过基尤国家档案馆查阅了与拉文斯布吕克审判有关的法律文件和信件。有关纽伦堡审判的成绩单、证人证词和其他材料可在哈佛法学院图书馆在线查阅（https://nuremberg.law.harvard.edu/）。

诺伯特·沃尔海姆关于在法本公司的审判中出庭作证的相关评论，摘自他在安东·吉尔的 *The Journey Back from Hell* 中的采访。丹尼斯·杜福尔尼尔的话来自她自己的回忆录，以及安东·吉尔对她的采访。

以下书籍是关于这一时期不可或缺的资料来源：迈克尔·J.巴齐勒（Michael J. Bazyler）和弗兰克·M.图尔凯姆（Frank M. Tuerkheimer）的 *Forgotten Trials of the Holocaust*，G.M.吉尔伯特（G.M.Gilbert）的 *Nuremberg Diary*，玛丽·富尔布鲁克的 *Reckonings: Legacies of Nazi Persecution and the Quest for Justice*，伊恩·克肖爵士的 *To Hell and Back*，威廉·曼彻斯特的《克虏伯的军火》。

在研究克里斯汀·迪奥与德国之间的关系时，我在一本照片和散文集中找到了有价值的细节，这本书是 2007 年迪奥在柏林举办展览时配套出版的 *Christian Dior and Germany, 1947 to 1957*，由阿德海德·拉什（Adelheid Rasche）与克里斯蒂娜·汤姆森（Christina Thomson）合编。

1950 年 6 月，格雷戈·齐默在《扶轮月刊》（*The Rotarian*）上发表了关于沃纳·乌尔曼在一家纳粹武器工厂建立袜业的报道。

花之少女

这一章写于迪奥档案馆，几乎完全参考保存在那里的记录和时装藏品。我还参考了珍妮特·勒尔米尼尔的画作，研究了巴黎自由秩序博物馆的这部分藏品。

迪奥公主

本章的原始资料来源于我在巴黎迪奥档案馆和伦敦 V&A 档案馆的研究。在这一章中，我与奥里奥尔·库伦 [2019 年于 V&A 举办的顶级展览"克里斯汀·迪奥：梦之设计师"（*Christian Dior: Designer of Dreams*）的策展人] 的无数对话对我产生了特别的影响。我还发现，展览附带的这本书是最有用的资料：*Christian Dior*。

我从伦敦博物馆的时装和装饰艺术部高级策展人比阿特丽斯·贝伦（Beatrice Behlen）的一篇文章中发现了更多有关玛格丽特公主和克里斯汀·迪奥之间关系的信息。这出现在《服装》（*Costume*）杂志（第 46 卷，2012 年第 1 期）中。玛格丽特公主对她的迪奥礼服的评论发表在安吉拉·胡斯的 *The Englishwoman's Wardrobe* 上。

除了本章引用的塞西尔·比顿和达夫·库珀的日记，我还参考了以下书籍：萨利·贝德尔·史密斯（Sally Bedell Smith）的《伊丽莎白女王传》（*Elizabeth the Queen*），黛博拉·吉百利（Deborah Cadbury）的《战争中的王子》（*Princes at War*），诺曼·哈特内尔的 *Silver and Gold*，戴安娜·米特福德（Diaha Mitford）的 *The Duchess of Windsor*，安妮·塞巴的 *That Woman: The Life of Wallis Simpson, Duchess of Windsor*，威廉·肖克罗斯（William Shawcross）的 *Queen Elizabeth the Queen Mother*，罗伊·斯特朗（Roy Strong）的 *Cecil Beaton: The Royal Portraits*，雨果·维克斯的 *Elizabeth, the Queen Mother* 和 *Behind Closed Doors*，菲利普·齐格勒的 *King Edward* Ⅷ 和 *George* Ⅵ。

我访问了布伦海姆宫档案馆，以便研究 1954 年在那里举办的迪奥时装秀，公爵的妹妹罗斯玛丽·缪尔夫人（Lady Rosemary Muir）向我分享了他们对这一事件的记忆。

表明立场

我从《世界报》《战斗》《纽约客》《纽约时报》《时代》和《泰晤士报》的法庭案件报道中获得了庞贝街审判的消息来源。我从玛丽·若泽·博内的著作 *Tortionnaires, Truands et Collabos: La bande de la rme de la Pompe*，以及凯莉·里奇亚尔迪·科尔文（Kelly Ricciardi Colvin）的 *Gender and French Identity after the Second World War* 那里获得了背景信息。

关于弗里德里希·伯杰的部分摘自各种档案，主要来自解密的中情局情报文件（其中包含数百页关于伯杰的资料，包括维希时代的文件和其他有关他在苏联和联邦德国战后生活的文件），以及基尤国家档案馆。

战后派对和舞会的细节收集自以下回忆录、信件和日记：苏珊·玛丽·阿尔索普的 *To Marietta from Paris*，贝蒂娜·巴拉德的 *In My Fashion* 和 *The Duff Cooper Diaries*，克拉丽莎·伊登（Clarissa Eden）的 *Clarissa Eden: A Memoir*，夏洛特·莫利斯编辑的 *Love from Nancy*，大卫·赫伯特（David Herbert）的 *Second Son*。背景信息来自尼古拉斯·福尔克斯（Nicholas Foulkes）的 *Bals: Legendary Costment Balls of the 20th Century*。

让·谷克多在 1953 年 8 月对迪奥的评论载于他的期刊《确定的过去》（*Le Passédéfini Vol. 2*）。

墨山城堡

在这一章中，我大量借鉴了墨山城堡以及巴黎的迪奥档案馆的档案资料。

塞西尔·比顿对克里斯汀·迪奥的描述取自 *The Glass of Fashion*。

克里斯汀·迪奥生命最后一年的财务和情感压力的背景信息来自玛丽-法兰西·波希纳为他撰写的传记。

以下书籍也很有价值：亚历山德拉·帕尔默（Alexandra Palmer）的 *Dior: A New*

Look，戴安娜·德·马利（Diana de Marly）的 *Christian Dior*。

没有不带刺的玫瑰

纳依塞斯农舍的现任业主们好心地让我查阅了有关该房产的历史照片和文件，其中包括卡特琳娜·迪奥在那里居住时留下的资料。

参考书目

克里斯汀·迪奥的回忆录、传记和研究

Oriole Cullen, and Connie Karol Burks, *Christian Dior* (V&A, 2019)

Christian Dior, *Dior by Dior*, trans. Antonia Fraser (V&A, 2018)

————, *The Little Dictionary of Fashion* (V&A, 2008)

————, *Talking about Fashion*, as told to Elie Rabourdin and Alice Chavane, trans. Eugenia Sheppard (Hutchinson, 1954)

Maureen Footer, *Dior and His Decorators* (Vendome, 2018)

Natasha Fraser-Cavassoni, *Monsieur Dior: Once Upon a Time* (Pointed Leaf, 2014)

Suzanne Luling, *Mes années Dior* (Cherche Midi, 2016)

Diana de Marly, *Christian Dior* (Batsford, 1990)

Alexandra Palmer, *Dior: A New Look, a New Enterprise* (V&A, 2009)

Marie-France Pochna, *Christian Dior: The Man Who Made the World Look New*, trans. Joanna Savill (Arcade Publishing, 1996)

Adelheid Rasche, ed., with Christina Thomson, *Christian Dior and Germany, 1947 to 1957* (Arnoldsche, 2007)

Olivier Saillard, *Dior by Christian Dior, 1947–1957*, photography by Laziz Hamani (Assouline, 2016)

延伸阅读

Virginia d'Albert-Lake, *An American Heroine in the French Resistance* (Fordham University Press, 2006)

Susan Mary Alsop, *To Marietta from Paris* (Doubleday, 1975)

Claude Arnaud, *Jean Cocteau: A Life*, trans. Lauren Elkin and Charlotte Mandell (Yale University Press, 2016)

Bettina Ballard, *In My Fashion* (Secker & Warburg, 1960)

Pierre Balmain, *My Years and Seasons*, trans. Edward Lanchbery with Gordon Young (Cassell, 1964)

Michael J.Bazyler, and Frank M. Tuerkheimer, *Forgotten Trials of the Holocaust* (New York University Press, 2014)

Cecil Beaton, *The Glass of Fashion* (Weidenfeld & Nicolson, 1954)

———, *The Happy Years: 1944–1948* (Weidenfeld & Nicolson, 1972)

Simone de Beauvoir, *Wartime Diary*, trans. Anne Deing Cordero (University of Illinois Press, 2009)

Sally Bedell Smith,*Elizabeth the Queen* (Penguin, 2017)

Antony Beevor, and Artemis Cooper, *Paris after the Liberation* (Penguin, 2007)

Marie-Josèphe Bonnet, *Tortionnaires, Truands et Collabos: La bande de la rue de la Pompe* (Editions Ouest-France, 2013)

Frederick Brown, *An Impersonation of Angels* (Longmans, 1969)

Deborah Cadbury, *Princes at War* (Bloomsbury, 2015)

Ernestine Carter,*With Tongue in Chic* (Michael Joseph, 1974)

Edmonde Charles-Roux, Herbert R. Lottman, Stanley Garfinkel and Nadine Gasc, *Théâtre de la Mode: Fashion Dolls: The Survival of Haute Couture* (Palmer/Pletsch, 2002)

Matthew Cobb, *Eleven Days in August* (Simon & Schuster, 2013)

———, *The Resistance* (Simon & Schuster, 2009)

Jean Cocteau,*Journal, 1942–1945* (Gallimard, 1989)

———, *Le Passé défini, Vol. 2* (Gallimard, 1985)

Larry Collins, and Dominique Lapierre, *Is Paris Burning?* (Simon & Schuster, 1965)

The Duff Cooper Diaries, ed. John Julius Norwich (Phoenix, 2006)

Denise Dufournier, *Ravensbrück* (George Allen & Unwin, 1948)

M. K.Dziewanowski, *War at Any Price* (Prentice-Hall, 1987)

Clarissa Eden, *Clarissa Eden: A Memoir*, ed. Cate Haste (Weidenfeld & Nicolson, 2007)

Beryl E.Escott, *The Heroines of SOE* (The History Press, 2012)

Janet Flanner, *Paris Journal 1945–1955* (Harcourt Brace Jovanovich, 1965)

———, *Paris Was Yesterday: 1925–1939* (Virago, 2003)

———, *Pétain, The Old Man of France* (Simon & Schuster, 1944)

Jacqueline Fleury-Marié,*Résistante* (Calmann-Lévy, 2019)

M. R. D.Foot, *SOE in France* (Routledge, 2006)

Nicholas Foulkes, *Bals: Legendary Costume Balls of the Twentieth Century* (Assouline, 2011)

Mary Fulbrook, *Reckonings: Legacies of Nazi Persecution and the Quest for Justice* (Oxford University Press, 2018)

Geneviève de Gaulle Anthonioz, *God Remained Outside*, trans. Margaret Crosland (Souvenir Press, 1999)

G. M.Gilbert, *Nuremberg Diary* (Eyre & Spottiswoode, 1948)

Robert Gildea, *Fighters in the Shadows* (Faber & Faber, 2015)

Anton Gill, *The Journey Back from Hell* (HarperCollins, 1994)

Irene Guenther, *Nazi Chic: Fashioning Women in the Third Reich* (Berg, 2004)

Norman Hartnell, *Silver and Gold* (Evans Brothers Ltd, 1955)

Max Hastings, *Overlord: D-Day and the Battle for Normandy 1944* (Pan, 1999)

Sarah Helm, *If This Is a Woman* (Little, Brown, 2015)

———, *A Life in Secrets* (Little, Brown, 2005)

John Heminway,*In Full Flight* (Knopf, 2018)

David Herbert,*Second Son* (Peter Owen, 1972)

Katrin Himmler,*The Himmler Brothers* (Pan Macmillan, 2008)

Alistair Horne,*To Lose a Battle: France 1940* (Penguin, 1990)

Agnès Humbert,*Résistance*, trans. Barbara Mellor (Bloomsbury, 2009)

Angela Huth,*The Englishwoman's Wardrobe* (Century Hutchinson, 1986)

Julian Jackson, *France: The Dark Years* (Oxford University Press, 2001)

Keith Jeffery,*MI6: The History of the Secret Intelligence Service, 1909–1949* (Bloomsbury, 2011)

Ernst Jünger, *A German Officer in Occupied Paris: The War Journals, 1941–1945*, trans. Thomas S. Hansen and Abby J. Hansen (Columbia University Press, 2018)

Ian Kershaw, *To Hell and Back: Europe 1914–1949* (Penguin, 2016)

Beate Klarsfeld,and Serge Klarsfeld, *Hunting the Truth*, trans. Sam Taylor (Farrar, Straus and Giroux, 2018)

George G.Kundahl,*The Riviera at War* (I. B. Tauris, 2017)

Vincent Leret,and Sylvie Nissen, *René Gruau: The First Century* (Thalia, 2010)

Peter Longerich,*Heinrich Himmler* (Oxford University Press, 2012)

Amanda Mackenzie Stuart,*Empress of Fashion* (Thames & Hudson, 2013)

William Manchester,*The Arms of Krupp* (Michael Joseph, 1969)

Micheline Maurel, *Ravensbrück*, trans. Margaret S. Summers (Anthony Blond, 1959)

Jean Medrala,*Les Réseaux de Renseignements Franco-Polonais* (L'Harmattan, 2005)

Diana Mitford,*The Duchess of Windsor* (Gibson Square, 2012)

Love from Nancy: The Letters of Nancy Mitford, ed. Charlotte Mosley (Sceptre, 1994)

Caroline Moorehead, *A Train in Winter* (HarperCollins, 2012)

Paul Morand,*The Allure of Chanel*, trans. Euan Cameron (Pushkin Press, 2008)

Jack G.Morrison,*Ravensbrück* (Markus Wiener, 2000)

Malcolm Muggeridge,*Chronicles of Wasted Time, Vol. 2: The Infernal Grove* (Collins, 1973)

Michael Neiberg,*The Blood of Free Men* (Basic Books, 2012)

Christopher Othen,*The King of Nazi Paris: Henri Lafont and the Gangsters of the French Gestapo* (Biteback Publishing, 2020)

Susan Ottaway,*Sisters, Secrets and Sacrifice* (HarperCollins, 2013)

Ian Ousby,*Occupation: The Ordeal of France* (John Murray, 1997)

Robert O.Paxton,*Vichy France: Old Guard and New Order* (Columbia University Press, 2001)

Jacqueline Péry d'Alincourt,*Témoignages sur la Résistance et la Déportation* (L'Harmattan, 2008)

Justine Picardie,*Coco Chanel: The Legend and the Life* (HarperCollins, 2017)

Paul Poiret,*King of Fashion* (V&A, 2009)

David Pryce-Jones,*Paris in the Third Reich* (Collins, 1981)

Maisie Renault,*La Grande Misère*, trans. Jeanne Armstrong (Zea Books, 2014)

Kelly Ricciardi Colvin,*Gender and French Identity after the Second World War* (Bloomsbury

Academic, 2017)

Alan Riding, *And the Show Went On: Cultural Life in Nazi-Occupied Paris* (Duckworth, 2011)

Susan Ronald, *A Dangerous Woman: The Life of Florence Gould* (St. Martin's Press, 2018)

Sir Francis Rose, *Saying Life* (Cassell, 1961)

Philippe de Rothschild, with Joan Littlewood, *Milady Vine* (Jonathan Cape, 1984)

Penelope Rowlands, *A Dash of Daring* (Atria Books, 2005)

Rochelle G.Saidel, *The Jewish Women of Ravensbrück Concentration Camp* (University of Wisconsin Press, 2006)

Luc Sante, *The Other Paris* (Faber & Faber, 2015)

Jean-Paul Sartre, *Quiet Moments in a War*, trans. Lee Fahnestock and Norman MacAfee (Scribner, 1993)

———, *War Diaries: Notebooks from a Phoney War, 1939–1940*, trans. Quintin Hoare (Verso, 2012)

Henri Sauguet, *La Musique, ma vie* (Séguier, 1990)

Elsa Schiaparelli, *Shocking Life* (V&A, 2007)

Anne Sebba, *Les Parisiennes* (Weidenfeld & Nicolson, 2016)

———, *That Woman: The Life of Wallis Simpson, Duchess of Windsor* (Phoenix, 2012)

Meryle Secrest, *Elsa Schiaparelli* (Fig Tree, 2014)

Gitta Sereny, *The German Trauma: Experiences and Reflections* (Allen Lane, 2000)

William Shawcross, *Queen Elizabeth the Queen Mother* (Vintage, 2010)

Carmel Snow, with Mary Louise Aswell, *The World of Carmel Snow* (McGraw-Hill, 1962)

Ginette Spanier, *It Isn't All Mink* (Robert Hale, 1959)

Major-General Sir Edward Spears, *Assignment to Catastrophe* (Heinemann, 1954)

Frederic Spotts, *The Shameful Peace: How French Artists and Intellectuals Survived the Nazi Occupation* (Yale University Press, 2008)

Roy Strong, *Cecil Beaton: The Royal Portraits* (Thames and Hudson, 1988)

Rick Stroud, *Lonely Courage* (Simon & Schuster, 2017)

Zahava Szász Stessel, *Snow Flowers* (Fairleigh Dickinson University Press, 2013)

Lou Taylor, and Marie McLoughlin, eds, *Paris Fashion and World War Two* (Bloomsbury Visual Arts, 2020)

Jerrard Tickell, *Odette* (Headline, 2008)

Germaine Tillion, *Ravensbrück*, trans. Gerald Satterwhite (Anchor Press, 1975)

Philippe Valode, and Gérard Chauvy, *La Gestapo Française* (Acropole, 2018)

Dominique Veillon, *Fashion under the Occupation*, trans. Miriam Kochan (Berg, 2000)

Hugo Vickers, *Behind Closed Doors* (Arrow, 2012)

———, *Elizabeth, the Queen Mother* (Arrow, 2006)

Richard Vinen, *The Unfree French: Life under the Occupation* (Penguin, 2007)

Diana Vreeland, *DV* (Knopf, 1984)

Nikolaus Wachsmann, *KL: A History of the Nazi Concentration Camps* (Abacus, 2016)

Rosanna Warren, *Max Jacob* (W. W. Norton, 2020)

Olivier Wieviorka, *The French Resistance*, trans. Jane Marie Todd (Harvard University Press,

2016)

Jacques Yonnet, *Paris Noir: The Secret History of a City*, trans. Christine Donougher (Dedalus, 2006)

Aude Yung-de Prévaux, *Jacques and Lotka: A Resistance Story*, trans. Barbara Wright (Bloomsbury, 2000)

Philip Ziegler, *Diana Cooper* (Hamish Hamilton, 1981)

———, *George* VI (Penguin, 2014)

———, *King Edward* VIII (HarperCollins, 1990)

图片版权

扉页前插图 1 Collection Christian Dior Parfums, Paris. © René Gruau/www.renegruau.com

扉页前插图 2 Photograph © Estate of Lillian Bassman.

P.　04 © Antoine Kralik pour Christian Dior Parfums.

06 Collection Christian Dior Parfums, Paris. © René Gruau/www.renegruau.com

08 Collection Christian Dior Parfums, Paris.

005 Collection Christian Dior Parfums, Paris.

006 Collection Christian Dior Parfums, Paris.

010 Collection Musée Christian Dior, Granville.

014 (above left & right) Collection Christian Dior Parfums, Paris; (centre left) Collection Musée Christian Dior, Granville; (centre right) Collection Christian Dior Parfums, Paris; (below left & right) Collection Christian Dior Parfums, Paris.

015 (above left) Collection Musée Christian Dior, Granville; (above right) Collection Christian Dior Parfums, Paris; (centre left) Collection Musée Christian Dior, Granville; (centre right) DR/Collection Christian Dior Parfums, Paris; (below left & right) Collection Musée Christian Dior, Granville.

016 (above left & right) Collection Christian Dior Parfums, Paris; (centre left) Collection Christian Dior Parfums, Paris; (centre right) Collection Geneviève Vasseur Gentil; (below left) Collection Musée Christian Dior, Granville; (below right) Collection Christian Dior Parfums, Paris.

017 (above left & right) Collection Christian Dior Parfums, Paris; (centre left) Collection Musée Christian Dior, Granville; (centre right) Collection Christian Dior Parfums, Paris; (below) Collection Christian Dior Parfums, Paris.

021 Collection Christian Dior Parfums, Paris.

022 (above) Collection Musée Christian Dior, Granville; (below) Collection Christian Dior Parfums, Paris.

024 Collection Musée Christian Dior, Granville.

026 Collection Musée Christian Dior, Granville.

030 Collection Musée Christian Dior, Granville. © Paul Strecker Estate, Mainz.

031 Colourised picture by Composite. Collection Christian Dior Parfums, Paris.

033 (all) Collection Christian Dior Parfums, Paris.

039 © LAPI/Roger-Viollet/Getty.

040 Photograph by Heinrich Hoffmann/Roger-Viollet via Getty Images.

044 (above) World History Archive/Alamy Stock Photo; (below) Süddeutsche Zeitung Photo/Alamy Stock Photo.

045 © 2021. RMN-Grand Palais/Dist. Photograph SCALA, Florence.

048 Photograph by Robert Doisneau/Gamma-Rapho via Getty Images.

050 Collection Christian Dior Parfums, Paris.

051 Everett Collection Inc./Alamy Stock Photo.

058 Colourised picture by Composite. Collection Christian Dior Parfums, Paris.

063 Photograph by Robert Doisneau/Gamma-Rapho via Getty Images.

064 Photograph by André Zucca/BHVP/Roger-Viollet.

067 Photograph by Robert Doisneau/Gamma-Rapho via Getty Images.

070–071 Photograph by André Zucca/BHVP/Roger-Viollet.

076 Photograph by Frank Scherschel/The LIFE Picture Collection via Getty Images.

080 Bridgeman Images.

083 (above) Fratelli Alinari Museum, Collections-Favrod Collection, Florence/Bridgeman Images; (below) photograph by Pierre Jahan/Roger-Viollet via Getty Images.

086 Max Jacob (*c.* 1943) *Vision of the War*. Orléans, Musée des Beaux-Arts © François Lauginie. MO.66.1454.

087 Jean Cocteau, *Jean Desbordes* (1928). Pen and black ink. Given in memory of Charles Barnett Goodspeed by Mrs Charles B. Goodspeed, 1947.851. Chicago IL. © 2021. The Art Institute of Chicago/Art Resource, NY/Scala, Florence. © ADAGP/DACS/Comité Cocteau, Paris 2021.

090 De Agostini Picture Library/Getty Images.

095 © Historical Defense Service.

107 (both) © Historical Defense Service.

110 © René Saint-Paul/Bridgeman Images.

121 Suzanne Emmer-Besniée, *Voyage de Compiègne à Ravensbrück en wagon plombé*. FNAC 20345 (1). On deposit since 2016 at the Museum of Resistance and Deportation of Besançon National Center for Plastic Arts. © Rights reserved/Cnap/Photographer: Hélène Peter.

124 Ravensbrück Memorial Museum, Photo Nr. 1699 (detail).

131 Ravensbrück Memorial Museum, Photo Nr. 1624.

132 Ravensbrück Memorial Museum, Photo Nr. 2019/5.

137 Ravensbrück Memorial Museum, Photo Nr. 2008-1749.

145 United States Holocaust Memorial Museum Collection, gift of Ilya Kamenkovitch.

146 (above) Embroidered miniature heart. Ravensbrück Memorial Museum, V548 D2. Photograph: Dr Cordia Schlegelmilch, Berlin; (below) Basket carved from a cherry stone, a birthday present for Vera Vacková-Žahourková in March 1944. Ravensbrück Memorial Museum, V2194 D2. Photograph: Cordia Schlegelmilch, Berlin.

149 (above) Jeannette L'Herminier, *Deux 27000 devisent à l'étage supérieur*. 987.1032.02-42 © Musée de la Résistance et de la Déportation de Besançon, France; (below) Jeannette L'Herminier, *Mathilde Fritz ('Tilly') et Eliane Jeannin*. 987.1032.01-38. © Musée de la Résistance et de la Déportation de Besançon, France.

152–153 (all) The estate of Violette Rougier Lecoq. All Rights Reserved.

156 Card for Vera Vacková-Žahourková on her twentieth birthday, 18.3.1945. Ravensbrück Memorial Museum, V2652 F3.

158 Matteo Omied/Alamy Stock Photo.

164 (above left) Photograph by Universal History Archive/Universal Images Group via Getty Images; (above right) Historic Collection/Alamy Stock Photo; (below left & right) Private Collection.

165 (above left) GL Archive/Alamy Stock Photo; (above right) History and Art Collection/Alamy Stock Photo; (below left) PA Images/Alamy Stock Photo; (below right) Pictorial Press Ltd/Alamy Stock Photo.

170 United States Holocaust Memorial Museum, courtesy of Yad Vashem.

174 Suzanne Emmer-Besniée, *L'Appel du travail*, 1945–1947. FNAC 20345 (6). On deposit since 2016 at the Museum of Resistance and Deportation of Besançon. National Center for Plastic Arts. © Rights reserved/Cnap/Photographer: Hélène Peter.

175 Suzanne Emmer-Besniée, *Corvée de réfection des chaussées*, 1945–1947. FNAC 20345 (8). On deposit since 2016 at the Museum of Resistance and Deportation of Besançon National Center for Plastic Arts. © Rights reserved/Cnap/ Photographer: Hélène Peter.

181 Photograph by Richard Peter/Getty Images.

182 Colourised picture by Composite. Collection Christian Dior Parfums, Paris.

184–185 Collection Christian Dior Parfums, Paris.

188 (above) Photograph by STAFF/AFP via Getty Images; (below) Collection Christian Dior Parfums, Paris.

191 Collection Christian Dior Parfums, Paris.

197 Collection Christian Dior Parfums, Paris.

201 Photograph by Robert Capa/Getty Images.

208 Look and Learn/Valerie Jackson Harris Collection/Bridgeman Images.

212 Dress by Lucien Lelong, hat by Janette Colombier, illustration by André Delfau (1942). Collection Gregoire/Bridgeman Images.

213 Tailored suit by Marcel Rochas, hat by Legroux, illustration by André Delfau (1942). Collection Gregoire/Bridgeman Images.

218 Photograph by David E. Scherman/ The LIFE Picture Collection via Getty Images.

219 Photograph by David E. Scherman/ The LIFE Picture Collection via Getty Images.

224 Photograph by Bob Landry/The LIFE Picture Collection via Getty Images.

229 Collection of Maryhill Museum of Art.

230–231 Photograph by Robert Doisneau/Gamma-Rapho/Getty Images.

232 Photograph by Ralph Morse/The LIFE Picture Collection via Getty Images.

234 Lenormand Prophecy Cards. Grand Jeu de Mlle Lenormand by B. P. Grimaud.

237 Collection Musée Christian Dior, Granville.

241 © Association Willy Maywald/ADAGP, Paris 2021.

246 © Association Willy Maywald/ADAGP, Paris 2021.

248 (both) Collection Christian Dior Parfums, Paris.

255 Collection Christian Dior Parfums, Paris. © René Gruau/www.renegruau.com

256 Collection Christian Dior Parfums, Paris. © René Gruau/www.renegruau.com

257 Collection Christian Dior Parfums, Paris. © René Gruau/www.renegruau.com

258 © Christian Bérard.

261 © Christian Bérard.

264 Photograph by Loomis Dean/The LIFE Picture Collection via Getty Images.

265 Photograph by Loomis Dean/The LIFE Picture Collection via Getty Images.

267 © Association Willy Maywald/ADAGP, Paris 2021.

268–269 Catherine Dior legacy. Collection Musée Christian Dior, Granville.

273 © Archives Charmet/Bridgeman Images.

275 Photograph by Loomis Dean/The LIFE Picture Collection via Getty Images.

278 © Association Willy Maywald/ADAGP, Paris 2021.

284 both Polish Research Institute, Lund. Photographer: Presse-Bilderdienst, Hans Koch.

287 Photograph by ullstein bild via Getty Images.

304 Photograph by Margaret Bourke-White/The LIFE Picture Collection via Getty Images.

305 Photograph by Ralph Crane/The LIFE Picture Collection via Getty Images.

306 Photograph © Estate of Lillian Bassman.

312 (above) DR/Collection Christian Dior Parfums, Paris; (below) Collection Christian Dior Parfums, Paris.

313 DR/ Collection Christian Dior Parfums/Fonds Nicolas Crespelle.

315 Collection Dior Heritage, Paris.

318 Photograph by Cecil Beaton. © Victoria and Albert Museum, London.

322 Photograph by Fayer/Getty Images.

325 Photograph by Underwood Archives/Getty Images.

329 Photograph by Keystone-France/Gamma-Rapho via Getty Images.

330 Photograph by Popperfoto via Getty Images.

333 Photograph by Fox Photographs via Getty Images.

334 Photograph by Popperfoto via Getty Images.

338 (above) Corbis/视觉中国; (below) Photograph by Keystone/Getty Images.

342 Photograph © AGIP/Bridgeman Images.

343 PA Images/Alamy Stock Photo.

347 Photograph by Keystone-France/Gamma-Rapho via Getty Images.

348 Photograph by Popperfoto via Getty Images.

349 Photograph by KEYSTONE-FRANCE/Gamma-Rapho via Getty Images.

350 akg-images.

357 Photograph By Tony Linck/The LIFE Premium Collection via Getty Images.

358 Illustration by Christian Bérard. Photograph © Christie's Images/Bridgeman Images.

366 (above) André Svetchine, Luc Svetchine collection; (below) Collection Christian Dior Parfums, Paris.

368 Collection Christian Dior Parfums, Paris.

369 Illustration by Marc Chagall from the visitors' book at La Colle Noir. Collection Christian Dior Parfums, Paris. © Marc Chagall/ADAGP, Paris-SACK, Seouls, 2023.

372–373 © Association Willy Maywald/ADAGP, 2021.

377 Photograph by Loomis Dean/The LIFE Picture Collection via Getty Images.

380 Photograph by Loomis Dean/The LIFE Picture Collection via Getty Images.

381 Photograph by Loomis Dean/The LIFE Picture Collection via Getty Images.

383 Collection Christian Dior Parfums, Paris.

387 Collection Christian Dior Parfums, Paris.

388 Collection Christian Dior Parfums, Paris.

390–391 Collection Christian Dior Parfums, Paris.
393 (all) Collection Christian Dior Parfums, Paris.
397 Collection Christian Dior Parfums, Paris.
398 Collection Christian Dior Parfums, Paris.